한국 교회를 섬겨 온
장로열전 1

김수진 지음

쿰란출판사

머리말

'장로 열전'은 〈한국장로신문〉에 2009년 4월 11일부터 2014년 3월 8일 현재까지 205회로 매주 토요일 신문에 연재해 오고 있다.

여기 《한국 교회를 섬겨 온 장로 열전 1》에 수록된 장로님들은 생존해 계신 분들은 다루지 않았다. 이미 하나님의 부르심을 받은 장로님들이 하늘나라에서 우리 한국 교회를 지켜보고 있으리라.

'장로 열전'과 비슷한 구성으로 《총회를 섬긴 일꾼들》이 발간됐는데 총회장 열전이다. 2005년 9월부터 2006년까지 88명(1-90회)의 총회장을 〈한국기독공보〉에 1년에 걸쳐 연재하고 책으로 결실을 맺게 되었다.

이번에 《한국 교회를 섬겨 온 장로 열전 1》을 발간하는 이 일은 얼마나 귀한 일인지 말로 다 표현할 수 없다. 식민지 억압, 동족상잔의 비극 속에서 고통당하던 어두운 이 땅에 복음이 들어와 교회가 세워지고, 교회의 리더로 온 삶을 불태운 귀한 장로님들의 삶을 돌아보면서 얼마나 감사한지 모른다. 고난 속에서 주님을 사랑하는 뜨거운 신앙으로 자신의 생명도 아까워하지 않고 교회와 이 민족을 위해 헌신하고 썩어지는 밀알의 삶을 통해, 오늘날 한국 교회가 이만큼 성장하고 한국 사회가 발전하게 되었다고 믿는다.

믿음의 선배들의 삶을 바라보면서 예수님의 사랑을 다시 한번 발견하고 우리 한국 교회도 그 믿음의 길을 뒤따르게 되길 바란다.

《한국 교회를 섬겨 온 장로 열전 1》을 책으로 발간할 수 있게 허락해 주신 하나님께 감사와 영광을 돌린다. 또 흔쾌히 이 책을 발간해 주신 쿰란출판사 이형규 장로님께 고마운 마음을 전한다.

이번에 우리 신앙에 귀감이 되는 99명의 장로들을 소개하면서, 독자들의 사랑을 힘입어 조속한 시일 내에 2권도 내게 되기를 희망한다.

2014년 7월 1일
김수진 목사

 목 차

머리말 ··· 2

01 유기공장 사환에서 33인 민족 대표가 된 **이승훈** 장로 ··· 9
02 '걸어 다니는 성경책' **계원식** 장로 ··· 14
03 일본 중의원 방청석에서 "여호와의 대사명이다!"라고 외친 **박관준** 장로 ··· 19
04 서울 승동교회에서 백정 **박성춘**이 초대 장로가 되다 ··· 25
05 서울 연동교회 천민 갖바치 출신 **고찬익** 장로 ··· 30
06 지주 조덕삼을 물리치고 머슴이 먼저 장로가 된 김제 **금산교회** ··· 35
07 '한국의 간디'라고 불리는 고당 **조만식** ··· 40
08 노비를 해방시켜주고 함께 자천교회를 설립한 **권헌중** 장로 ··· 45
09 충남 금산 지방 최초의 장로인 **류기택** ··· 50
10 완도 관산리에서 순교한 **최병호** 장로 ··· 55
11 전도운동을 하다가 일경에 체포되었던 **우호익** 장로 ··· 60
12 장로회신학대학교에서 국문학 교수로 인기를 끌었던 **윤영춘** 장로 ··· 65
13 충남 금산읍교회의 첫 순교자 **이덕봉** 장로 ··· 70
14 황해도 소래교회 출신 **서병호** 장로 ··· 75

15 만주 삼원포에서 독립운동을 했던 **방기전** 장로 ··· 80
16 전북 오수 지방의 만세 주동자 **이윤의** 장로 ··· 85
17 한국 장로교회의 최초 여장로 **김말봉** ··· 89
18 서울 신광교회 설립에 큰 힘이 되었던 **우덕순** 장로 ··· 93
19 3·1 독립운동 33인에 참여한 **이명룡** 장로 ··· 97
20 장로 투표 시 천민에게 밀렸던 **이원긍** 장로 ··· 101
21 제주의 첫 열매 **홍순홍** 장로 ··· 105
22 농민운동가 **김용기** 장로 ··· 109
23 경북 안강 육통교회를 지킨 **심능양** 장로 ··· 114
24 평생을 섬 교회에 찾아다니면서 목회했던 **문재연** 장로 ··· 118
25 33인 중 이명룡 장로의 아들 **이경선** 장로 ··· 122
26 서울 거리의 번개 비 **김규식** 박사 ··· 126
27 끝까지 신앙을 지킨 **조용석** 장로 ··· 130
28 한석진 조사의 전도를 받고 축복받은 **유계준** 장로 ··· 134
29 계명대학교 초대 총장 **신태식** 장로 ··· 139
30 남선교회 전국연합회를 육성시킨 **이대위** 장로 ··· 143
31 정읍 매계교회를 재건했던 **박봉래** 장로 ··· 147
32 장로신문 창설자 **김재호** 장로 ··· 151
33 호남 지방에서 최초로 노회장을 역임한 **김준기** 장로 ··· 155
34 교토 한인중고등학교 초대 교장 **유석준** 장로 ··· 159
35 김제 지방에 지대한 영향을 준 **안백선** 장로 ··· 163
36 김건철 장로의 할아버지 **김응록** 장로 ··· 167

37 서울 남대문교회의 기둥이 된 **이용설** 장로 ··· 171
38 3대째 신안군 비금 덕산교회를 지키고 있는 **김금환** 장로와
　후손들 ··· 175
39 최초로 토마스 선교사 전기를 쓴 **오문환** 장로 ··· 179
40 치과 의사였던 서울 연동교회 **송선영** 장로 ··· 183
41 한국인의 은인 일본인 **마스도미** 장로 ··· 187
42 한신대학교 설립자 **김대현** 장로 ··· 191
43 평양 숭인상업학교 설립자 **오윤선** 장로 ··· 195
44 제헌국회 부의장을 역임한 **김동원** 장로 ··· 199
45 독학으로 의사 면허를 획득한 **김원식** 장로 ··· 203
46 전주기전대학을 설립했던 **조세환** 장로 ··· 207
47 애국가 가사를 작사했던 **윤치호** 장로 ··· 211
48 10개 교회를 개척한 장애인 **김수만** 장로 ··· 215
49 고학으로 한의사 시험에 합격한 **윤영철** 장로 ··· 219
50 부산 지방의 거목이었던 **양성봉** 장로 ··· 223
51 평북 용천의 작은 그리스도라고 불렸던 **정성초** 장로 ··· 227
52 한국전쟁 시 영락교회를 지키다 순교한 **김응락** 장로 ··· 231
53 신안군 진리교회에서 어머니와 함께 순교한 **이판일** 장로 ··· 234
54 영광 염산교회에서 부인과 함께 순교한 **허상** 장로 ··· 239
55 농민운동에 앞장선 **김규홍** 장로 ··· 243
56 군산 지방 최초의 장로 **최홍서** ··· 247
57 '삼천리 반도 금수강산'을 작사한 **남궁억** 장로 ··· 251

58 전북 군산 개복교회 초대 장로 **홍종익** ••• 255
59 탑골공원에서 독립선언서를 낭독했던 **정재용** 장로 ••• 259
60 86세의 나이로 국회의원이 된 **문창모** 장로 ••• 263
61 작은 예수로 알려진 **장기려** 박사 ••• 267
62 미국에서 민주화 운동을 이끌었던 **한승인** 장로 ••• 271
63 애국지사 박연세 목사 딸과 결혼한 **김오봉** 장로 ••• 275
64 여성 독립운동가 **손메례** 장로 ••• 280
65 평생을 북한에 남겨둔 가족을 그리워했던 화백 **김학수** 장로 ••• 284
66 일본군 막사를 뜯어다가 교회를 건축한 **김덕남** 장로 ••• 289
67 '가고파'를 작사한 이은상의 아버지 **이승규** 장로 ••• 293
68 함흥 구국투쟁위원으로 활동했던 **이순기** 장로 ••• 297
69 시인으로 우리에게 많은 시를 선물한 **박목월** 장로 ••• 301
70 대전 형무소에서 순교한 **이병휘** 장로 ••• 306
71 24명과 함께 순교한 영암읍교회 **김동흠** 장로 ••• 310
72 'Boys, Be Ambitious'를 가훈으로 삼았던 **고종성** 장로 ••• 314
73 한국 기독교 평신도 대부인 **정연택** 장로 ••• 318
74 서울 상신교회의 개척에 협력했던 **차철환** 장로 ••• 322
75 남선교회 전국연합회에 공이 큰 **노정현** 박사 ••• 326
76 전남 해남 마산 국민위원장을 역임한 **신복균** 장로 ••• 330
77 시골 오지에서 의사로 국민의 건강을 지키다 순교한
    임인재 장로 ••• 334
78 서울특별시장을 역임했던 덕수교회 **윤치영** 장로 ••• 338

79 손양원 목사 부친 **손종일** 장로 ••• 342

80 평양 장대현교회 설립에 공이 큰 **최치량** 장로 ••• 346

81 대구 제일교회 최초의 신자였던 **서자명** 장로 ••• 350

82 국내 최초로 직장예배를 실시했던 실업가 **김인득** 장로 ••• 354

83 침의학자였던 **윤화락** 장로 ••• 358

84 맹인의 아버지 **박두성** 장로 ••• 362

85 100여 편의 찬송가와 독창곡을 작곡했던 **나운영** 장로 ••• 366

86 종교사학자인 **김득황** 장로 ••• 370

87 구한말 내무차관을 역임한 **박승봉** 장로 ••• 374

88 평양 형무소에 교수대에서 처형된 **조진탁** 장로 ••• 378

89 광주 제일교회 설립에 공이 큰 **김윤수** 장로 ••• 382

90 영원한 Y. Man인 **유성준** 장로 ••• 386

91 초대 해군 제독을 역임한 **손원일** 장로 ••• 390

92 '광주 5·18의 어머니'라고 불린 **조아라** 장로 ••• 394

93 '김대중 선생 생명 지키는 회'를 조직했던
  유하사 하찌로 명예총장 ••• 398

94 목포 초대 시장을 역임한 **최섭** 장로 ••• 402

95 신사참배를 반대하다가 순교한 삼기교회 **박병렬** 장로 ••• 407

96 원님의 아들로 출생한 **백낙철** 장로 ••• 411

97 열심히 나팔을 불렀던 **봉기성** 장로 ••• 415

98 정태성 장로의 대를 이은 **정해덕** 장로 ••• 420

99 광주 전남 기독공보사 지사장을 역임한 **조병무** 장로 ••• 424

01 유기공장 사환에서 33인 민족 대표가 된 이승훈 장로

2009년 3월 1일은 3·1 운동을 일으킨 지 90주년이 되는 해다. 이러한 뜻깊은 해를 맞이해서 먼저 민족 대표의 33인 중 대표자 격인 이승훈 장로를 소개하고자 한다.

이승훈은 1864년 평안북도 정주에서 가난한 가정에서 출생하였다. 그는 소년기를 유기(鍮器)공장 사환으로 일하면서 생계를 이어나갔다. 이 소년은 한눈팔지 않고 유기공장에서 열심히 일하여 유기 행상을 하면서 돈을 저축할 수 있었다. 그는 청년이 되면서 돈이 모아지자 재투자하여 결국은 그 유기공장을 인수하여 사장으로 변신하게 됐다.

당시는 돈이 아무리 많아도 유기상은 천민의 신분이었기 때문에 그는 가는 곳마다 천민으로 취급 받았다. 하지만 천민에 대한 인식에 개의치 않고 피혁에 손을 대면서 비교적 윤택한 생활을 할 수 있게 되었다. 그가 탄탄대로를 걷던 어느 날, 무역선들이 침몰하는 바람에 좌절에 빠지게 되었다. 그는 이 일로 매일같이 술로 세월을 보냈다.

"이 사람아, 이제 정신을 차리고 재기할 수 있는 길을 찾아야지."

"뭐? 날더러 재기하라고? 이 사람아, 천민의 신분에다가 빈털털이가 어떻게 살아가라고 그러나?"

그러나 이승훈은 정신을 차리고 사업에 재기하였다. 이 일로 인하여 그를 찾아다니던 술친구들은 하나둘씩 멀어지기 시작하였다. 정신을 차렸던 그는 38세가 되던 해에 얼마의 돈이 있었기에 용동에다 약간의 토지를 매입하여 양반 행세를 하려고 하였다. 그러나 이미 그의 신분은 유기공장 사환 출신, 천민의 신분으로 알려졌기 때문에 인정을 받지 못하였다.

그는 용동 땅에 이상촌(理想村)을 설립하고 양반과 천민이 함께 사는 사회를 만들겠다는 계획을 갖고 있었다. 그때 친구의 권유로 도산 안창호의 강연을 듣기 위해서 처음으로 용동교회에 출석하여 안창호의 강연을 머릿속 깊이 간직하였다.

"여러분, 제가 말한 내용을 잘 들으세요. 우리 민족이 살 수 있는 길은 학교를 세워 자라나는 청소년들에게 민족의식을 심어 주는 일입니다."

이 말에 감동을 받은 이승훈은 안창호를 만나 몇 번이고 고맙다고 인사하였다.

"선생님의 그 정신에 놀랐습니다. 저도 선생님처럼 예수를 믿고 교육사업에 투자를 하겠습니다."

이승훈이 안창호의 강연을 들은 것은 그에게 생의 전환점이 되었다. 안창호의 말대로 일본의 그 무서운 침략이 눈앞에 다가오자 이승훈은 학교를 설립하여 민족교육에 앞장설 것을 다짐하였다. 여기에 1907년에 평양에서 일어났던 부흥 운동의 열기를 받고, 그 해 4월 정주에 오산학당을 설립하고 민족교육에 앞장섰다. 이승훈은 학교를 발전시키고 독립의 역군을 양성해야 한다는 생각에 신민회를 조직했다. 함께 애국운동을 했던 안창호, 양기탁, 김구 등은 해외로 망명하였지만 그는 끝까지 학교를 지키면서 많은 인물을 양성하였다. 오산학당에서 배출된 인물 가운데 주기철 목사나 한경직 목사 같은 분이 있다.

주기철 목사는 일제 말엽 신사참배를 반대하다가 평양 형무소에서 옥사한 순교자다. 한경직 목사는 한국 기독교의 대표적인 인물로 많은 이들에게 깨끗한 목회의 길을 보여주었다(필자는 그가 삶을 마감하자 《아름다운 빈손 한경직》이란 책을 홍성사에서 출간하기도 하였다).

이승훈은 많은 인재를 양성하였다. 이렇게 인재가 많이 배출되기까지는 오산학당 교장으로 수고했던 조만식 장로의 공을 결코 빼놓을 수 없다.

이승훈은 오산학당만 세운 것이 아니라 오산교회를 설립하였다. 오산학당 학생들은 모두 기숙사에 입사시키고 철저하게 오산교회당에서 신앙의 교육을 받게 하였다. 오산학당은 일제 치하에서 관리가 되거나 출세를 시키기 위한 교육이 아니라, 국민을 가르칠 인재를 양성하는 교육을 실시하겠다는 확고한 신념을 갖고 있었다. 그러한 신념을 갖고 싸웠던 사람이 바로 이승훈이었다.

1918년 12월 감리교 현순 목사가 상해에서 독립운동을 하기로 하여 연락하기 위해 왔다는 말을 들었다. 그때 이승훈은 "앞아서 죽을 줄만 알았는데 이제 죽을 자리가 생겼구나" 하며 3·1 운동의 주역을 맡아 일제에 대항하였다. 이미 서울에 있던 천도교 교령 손병희가 정주에 있는 이승훈 장로에게 연락하여 서울에서 만나게 되었다.

"무슨 일이라도 있습니까?"

"네, 일본 동경에서 2·8 독립 선언을 했는데 이제 우리나라도 독립할 때가 온 것 같습니다. 이 운동에 기독교가 전적으로 동참해 주면 대단히 감사하겠습니다."

"아니, 기독교가 천도교와 함께해도 됩니까?"

"나라를 찾는데 기독교면 어떻고 천도교면 어떠합니까? 이미 불교 쪽도 교섭해 놓았습니다."

"그러면 지역도 초월해서 함께합시다."

이때 지역을 초월해야 한다고 제안했던 이승훈은 곧 평양으로 올라가 길선주 목사를 만났으며, 의주에 있는 양전백 목사를 만나서 이야기하였다.

"장로님이 이 일에 앞장서면 우리도 온 교인들과 함께 나서겠습니다. 독립운동에 적극 협력해서 일본을 물리치고 독립된 조선을 후손에게 물려줍시다."

이 말에 힘을 얻은 이승훈 장로는 평북 정주와 서울을 오가면서 기독교의 민족 대표를 한곳에 모을 수 있는 중심적인 인물이 되었다. 이 일이 성사되자 손병희와 이승훈은 머리를 맞대고 독립선언서를 제작하는 일을 걱정하기 시작했다. 이때 이승훈은 "기독교의 대표적인 작가인 최남선에게 부탁하면 어떨까요?" 하고 물었다. 손병희의 동의를 얻어낸 이승훈은 곧 최남선을 만나서 조선 독립선언서를 준비하도록 하였다.

　당시 최남선은 일본 형사들의 눈을 피하기 위해서 일본인 와까구사쬬교회(若草町敎會, 현재 을지로 3가, 이 교회는 초동교회로서 종로 3가로 이전)를 다니는 어느 집사의 2층 다다미방에서 원고를 썼다. 그는 손병희에게 극비로 연락해 보신각 인쇄소에서 인쇄를 하였다. 인쇄가 완료되자 각 지역으로 비밀리에 인편으로 발송하였다. 이승훈 장로는 각 교회 교인들과 기독교 학교 학생들을 동원하는 일을 책임지고 암암리에 연락하였다.

　드디어 1919년 3월 1일 탑골공원에서 만세를 부를 준비를 하고 있었다. 약속되었던 대로 목사들은 자신의 지방에 있는 교역자들과 교인들을 동원하는 일과 함께 기독교 학교와 사립학교 학생 동원도 책임지게 됐다. 드디어 3·1 운동은 서울에서는 탑골공원, 평양에서는 장대현교회, 의주 지방에서는 의주읍교회 등에 모여 만세를 부르기로 하였다. 시간이 되자 수업을 마친 학생들과 일반 시민들이 탑골공원으로 모이고 있었다. 많은 시민과 학생들이 모였지만 독립선언서를 낭독할 사람이 나타나지 않았다.

　이때 횡해도 해주 남본정교회 정재용 전도사가 자신의 주머니에서 독립선언서를 꺼내 낭독하였다. 이 낭독이 끝나자 군중들은 "대한 독립 만세"를 세 번 외치고 손에 태극기를 들고 만세를 부르면서 질서정연하게 시가행진을 하였다. 이와 때를 같이해서 전국적으로 번지기 시작하였다. 결국 이승훈 장로나 정재용 전도사는 이 사건으로 다른 동료들과 함께 서대문 형무소에서 형을 살게 되었다.

02 '걸어 다니는 성경책' 계원식 장로

전라북도 군산에 있는 구암 예수병원에서 의사로 취직했던 계원식 장로는 일찍이 예수를 잘 믿고 만주 심양에 있는 서탑교회(西塔教會) 초대 목사인 계택선의 장남으로 태어났다. 부친 계택선 목사는 평양장로회신학교를 졸업하고 평남노회에서 목사 안수를 받은 후 평양 지방에 있는 여러 교회에서 사역하던 중, 심양 서탑교회의 초빙을 받고 그 교회에서 시무하였다. 그런데 불행하게도 계택선 목사는 서탑교회에서 설교 도중에 혈압으로 쓰러져 삶을 마감하였다.

계원식은 아버지를 일찍 하늘나라에서 보낸 것이 너무 안타까워 자신이 의술을 공부해서 많은 목회자와 가난한 민족에게 복음을 전해야겠다는 생각을 갖고 서울에서 문을 연 경성의학전문학교에 입학하였다. 4년간 의술을 연마하고 졸업을 한 후, 평양에 기성병원을 개원하였다. 그는 기도하면서 많은 환자들을 진료했다. 그는 예수의 정신을 실천해야 한다면서 가난한 사람이 진료를 받게 되면 진료비를 받지 않았다. 대신에 예수를 믿는다는 조건으로 진료비를 탕감해 주었다.

"장로님, 지금 중국 상해에 대한민국 임시정부가 출범하였습니다. 많은 사람들이 본국에서 탈출해 왔는데 군자금이 필요하니 조금만이라도 군자금을 도와주시면 독립운동을 하는 데 아주 큰 도움이 되겠습니다."

"네, 알았습니다. 자, 여기 얼마 안 되지만 가지고 가세요."

"선생님 감사합니다. 유용하게 잘 사용하도록 하겠습니다"

이렇듯 계원식 장로는 상해 임시정부의 소식을 듣고 몇 번이고 도움을 주었고 '대한민국이 하루속히 독립'할 날을 기다리며 간절히 기도했다. 3년이 지난 후, 이러한 기밀을 알았던 일본 고등계 형사가 수시로 드나들면서 계원식 장로를 괴롭혔다.

"평양 경찰서 고등계 형사입니다. 원장님, 오늘 일과가 끝나면 고등계 형사실에 잠시 방문해 주시기를 바랍니다."

이 말을 남기고 간 고등계 형사의 말이 하도 이상해서 일과가 끝나자 곧 평양 경찰서 고등계 형사실을 찾아나섰다.

"어서 오십시오. 이곳까지 오시라 해서 대단히 미안합니다. 들리는 말에 의하면, 중국 상해로 독립 자금을 보내고 있다는 말이 경찰서 내에서는 허다하게 알려진 사실입니다."

"아니, 그 일은 3년 전에 다 끝난 일이 아닙니까? 이제야 새삼스럽게 그런 말을 꺼내는 것이 좀 이상하지 않습니까?"

"뭐라고요? 끝났다니요. 그때는 업무가 폭주해서 잠시 보류해 놓은 상태였습니다. 집에 가셔서 그 후에 활동했던 상황을 백지에 잘 적어서 다시 이곳에 오시기를 바랍니다."

이렇게 해서 평양 경찰서를 빠져 나왔던 계원식은 병원에서 곰곰이 생각해 보았다. 그런데 그때 병원에서 조수로 일하는 윤 군이 들어왔다.

"원장님, 꼭 병원을 평양에서만 운영할 필요는 없지 않습니까? 제 고향 군산에 구암 예수병원이 있는데, 그곳에서 진료를 하시면 어떻겠습니까?"

"그러면 한번 기도해 보고 윤 군의 말대로 군산으로 가도록 노력해 보지."

이러한 생각을 갖고 있던 어느 날, 평양 경찰서 고등계 형사가 독립군 자금을 지원하고 있다는 냄새를 맡고 다시 기성병원을 방문하였다. 이때 윤 군은 이 사실을 소상하게 원장에게 보고하였다.

"장로님, 또 고등계 형사가 와서 장로님의 동태에 대해서 묻고 갔습니다."

"아니, 내게 잘못이 없는데 그들이 나를 찾아오는 일에 대해서 나도 잘 모르겠네."

이때 계원식 원장은 구암 예수병원으로 탈출하기로 결심하고 조수로 병원 일을 돕고 있는 윤 군의 안내를 따라 평안남도 진남포에서 배를 빌려 타고 평양을 탈출하였다. 며칠 후 군산에 도착한 이들은 구암 예수병원에서 일할 수 있는 기회를 얻었다. 그래서 조수와 그리고 가족인 부인과 자녀 계일승, 계이승, 계태승, 이렇게 3남매가 무사히 군산에 도착하였다. 계일승은 전주 신흥고등학교에 입학했고, 계이승은 군산 영명학교에 진학하였다.

1921년 군산에 자리 잡은 계원식은 매주 토요일만 되면 군산 지역과 익산 지역을 다니면서 무료진료를 실시했다. 그런데 계원식은 뜻하지 않게 농촌 오지인 익산 황등에 자리를 잡기로 하고 황등면 면 소재지에 기성의원의 간판을 내걸었다. 그곳에서 얼마 떨어져 있는 동련교회에 다니면서 전도와 진료를 하였다.

1922년에는 자신의 병원에서 주일 밤과 수요일 밤 예배를 직접 인도하면서 기도처를 마련하였다. 점점 교인이 많아지자 기도처 간판을 내리고 전북노회로부터 황등교회로 허락을 받았다. 매주 토요일이면 청진기를 넣은 왕진 가방을 들고 논길을 따라서 진료에 나섰다. 이러한 소문이 널리 퍼지면서 응급 환자들이 밤낮을 가리지 않고 기성의원으로 몰려왔다.

"원장님, 진료비가 없는데 가을 농사 지어서 갚으면 어떻겠습니까?"

"아저씨, 그러지 말고 황등교회에 출석하여 그냥 예수만 믿으면 진료비를 받지 않겠습니다."

"그 말이 진짜입니까?"

"예수 믿는 사람들은 거짓말을 하면 하나님한테 벌을 받습니다."

이러한 소문이 나자 황등 지역에 살고 있던 많은 환자들이 기성의원으로 몰려오면서 사언히 교회에도 교인들이 모여들기 시작하였다.

그런데 어느 날 익산 시내에 살고 있는 일본인 거류민단 대표들이 찾아왔다.

"원장님, 전북에서 도지사보다 더 많은 월급을 드릴테니 우리 마을 공의(公醫)로 와 주십시오. 그래서 이렇게 모시려고 왔습니다."

"저는 돈을 벌기 위해서 의사가 된 것이 아닙니다. 가난한 조선 사람들을 돌보기 위해서 의사가 된 것입니다. 그렇기 때문에 가난한 이 황등 농촌에서 일하는 이들의 건강을 계속 지키는 것이 나의 사명이라고 생각합니다."

이러한 소문이 어느덧 황등 농촌에 알려지자 예수 믿겠다는 사람들이 점점 많아졌다. 황등 장날만 되면 계원식 원장은 직접 성경책을 들고 금연 금주운동을 전개하였다. 장날만 되면 술로 재산을 탕진해 버린 사람들이 많았다. 또 시골에는 5일장만 기다렸던 사람들이 술 마시고 취하는 재미로 살았는데, 계원식 원장의 말에 감동되어 점점 술을 금하는 사람들이 장날에 모여들기 시작하였다.

"원장님, 이번 주일에는 장에 사람들이 없습니다. 모든 점포들이 문을 닫았습니다. 더욱이 놀라운 일은 술집도 모두 문을 닫았습니다. 원장님께서 말씀하신 대로 평양에는 주일이면 점포가 문을 닫는데, 늘 말씀하신 대로 '한국의 예루살렘'이 평양이 아니라 황등이 되어 가고 있습니다."

이런 놀라운 사건을 만들어 낸 사람이 바로 '걸어다니는 바이블' (성경)이었다고 지금도 익산에 사는 사람들이 말하고 있다.

계원식 장로는 그 지역에 중등학교의 필요성을 느껴 황등교회 당회의 결의를 얻어 황등중학교 설립을 신청하였다. 그러자 '황등중학교 설립자 계일승' 앞으로 허가가 나왔다. 계일승 박사가 장로회신학대학교 총장으로 재직할 당시, 나이가 많은 계원식 장로는 모아 놓은 모든 재산을 황등교회에 기증하고 맨손으로 서울로 이사하였다. 계원식 장로와 그의 부인, 그리고 계일승 박사 부부의 시신은 황등교회 동산에 안장되어 있다.

03 일본 중의원 방청석에서 "여호와 하나님의 대사명이다!"라고 외친 박관준 장로

　박관준은 1875년 4월 13일 평안북도 영변군 연주에서 지주인 박치환의 넷째로 출생하였다. 박관준은 위로 형이 세 명이나 있었지만 어려서 모두 사망하고 말았다. 이 일로 박관준은 부모의 정성어린 기도 속에서 자라게 되었다. 더욱이 자녀 세 명을 잃었던 박치환은 넷째로 출생한 박관준에 대해서 지대한 관심을 갖고 그 어느 때보다도 더 많은 기도를 했다.

　박관준이 6세가 되자 가정교사를 두고 《천자문》을 가르쳤다. 그런데 머리가 얼마나 영특힌지 1개월도 안 되어 천자문을 다 외어 버렸으며, 1년이 지나자 그 어려운 천자문을 책도 안 보고 다 기록했다는 소문이 온 동리에 퍼지게 되었다. 이 일로 인하여 다시 《사자소학》(四字小學)을 통달하자 그 지역에서는 신동(神童)으로 소문이 자자하였다.

　10세가 되던 해에는 《명심보감》(明心寶鑑)을 통달하고, 이어서 《논어》(論語), 《맹자》(孟子)를 독파하고, 15세가 되자 그 실력을 바탕으로 해서 《시전》(詩傳), 《중용》(中庸)을 비롯해서 《주역》(周易)과 《병서》(兵書) 등을 통달했을 뿐만 아니라 《노장학》(老莊學)과 불교경전(佛敎經典) 등 폭넓은 지식을 갖추게 되었다. 그래서 평북 영변에 인물이 났다고 널리 알려지게 되었다.

자연히 한학을 많이 터득하였기에 《동의보감》(東醫寶鑑)을 통달하고 간단한 한약방(韓藥房)를 운영하다가 어느 의료 선교사의 영향을 받아 신앙생활을 하게 되었다. 그 후 서울 세브란스병원에서 조수로 활동하게 되었다. 그는 머리가 영리하여 의사의 진료를 옆에서 유심히 지켜보면서 자신감을 갖게 되었다. 그때 조선 총독부에서 한시적인 의사 시험이 있다 하여 그 시험에 응시한 박관준은 합격하게 되었다. 그는 고향 영변에 내려와 영변 제중원(濟衆院)이란 간판을 걸고 개업을 시작하였다. 다시 평양으로 진출하여 평양 적십자병원 간판을 걸고 의료 진료를 하였다.

그러다가 일제가 대동아전쟁을 일으킨 후에 한국 교회로 하여금 신사참배를 강요한다는 소식을 듣게 되었다. 절대 우상을 섬길 수 없다는 굳은 의지를 갖고 있던 박관준 장로는 1939년 3월 24일 일본 한복판에 자리 잡고 있는 중의원에서 종교 법안을 심의, 처리하려고 한다는 말을 듣게 되었다. 평양 적십자병원을 운영하던 박관준 장로는 병원을 조수에게 맡기고 아들 박영창(일본신학교 재학 중)과 보성여학교 교사인 안이숙과 함께 평양에서 부산으로 가는 경부선 열차를 탔다. 부산에서 시모노세키(下關)로 가는 관부 연락선에 승선하여 시모노세키에 도착한 후, 다시 동경으로 가는 기차를 탔다. 길고도 긴 여행이었다.

박관준 장로는 자신의 뜻을 전달할 수 있는 길은 일본 중의원 회의에서 호소하는 길밖에 없다고 판단했다. 그래서 김두영(일본신학교 재학생)의 안내를 받고 일본 중의원 의원인 친일파 박춘금의 방청권으로 아들 박영창, 안이숙 등 정문을 무난히 통과해 방청석인 2층으로 올라갔다. 삼엄한 몸수색을 받지 않고 입장할 수 있었던 일에 대해서 박관준 장로는 몇 번이고 하나님의 은혜로 생각하고 감사의 기도를 드렸다.

박관준 장로가 일본 중의원까지 방문한 것은 그럴 만한 이유가 있었다. 전국에 있는 장로교회 봄노회가 개회될 무렵 이미 평북노회에서는 박능률 목사가 앞장서서 신사참배를 노회에 결의하고 총회에 상정하기로 하였다. 이러한 사실을 알았던 박관준 장로는 즉시 1938년 2월 조선 총독 우가끼를 만나기 위해서 상경하여 우가끼 총독을 만나 면회 신청을 하였다. 다행히 우가끼 총독을 만나 수 있어서 조선총독부 청사에서 우가끼 총독을 만났다.

"저는 평양 적십자병원을 운영하면서 장로교 장로로서 총독 각하에게 꼭 전할 말이 있어서 여기까지 왔습니다. 우가끼 총독 각하, 우리 기독교인들은 절대로 하나님 이외에 다른 신을 섬기는 것은 금물로 되어 있습니다. 이제라도 각 지방 경찰서에 연락해서 신사참배를 강요하는 일은 금해 주었으면 좋겠습니다."

"뭐라고요? 신사참배를 금해 달라고요? 신사참배는 우상 숭배가 아니고 대일본제국주의 국민으로서 당연히 지켜야 할 국민의례입니다. 야! 비서! 이분을 곧바로 내보내!"

이 말이 끝나자마자 박관준 장로는 비서와 그 옆에 있는 경호원의 힘에 밀려 조선총독부실에서 쫓겨나고 말았다.

"그 사람 인적 사항을 곧 평양 경찰서로 연락해서 조치를 취하라고 해!"

이 일로 인해서 박관준 장로는 곧 평양 경찰서에 수감되고 말았다. 다시 고등계 형사실에서 조서를 받기 시작했다.

"당신이 뭐가 잘났다고 총독 각하를 찾아가서 신사참배에 대해서 운운하는 거요?"

"아니, 내가 잘못한 것이 무엇이오? 나는 기독교 장로로서 내 신앙의 신념을 이야기했을 뿐인데, 그것을 갖고 유치장에 구속을 시키는 거요?"

이렇게 해서 박관준 장로는 1개월간 유치장에 감금되었다가 석방되었다. 그는 자유의 몸이 되었지만 항상 고등계 형사들이 감시하고 있었다. 다시 1938년 9월 한국 교회에 있어 치욕의 날이 점점 가까워지고 있을 때, 고등계 형사의 체포에 의해 평양 경찰서 유치장에 다시 구속되고 말았다. 이때 주기철 목사도 요시찰 인물로 지적을 받고 평양 경찰서에 수감되었다. 얼마 후에 장로교 총회에서 신사참배가 결의됐다는 소식을 듣고 주기철 목사, 박관준 장로를 비롯해서 많은 반대자들이 모두 풀려 나왔다.

이때 박관준 장로는 일본 동경에 있는 중의원들에게 호소해야 한다면서 일본으로 떠났다. 그는 중의원 2층 방청석에서 미리 준비해 갔던 유인물을 중의원 의장이 개회를 선언하자마자 중의원들을 향해서 힘있게 내던졌다. 그는 "여호와 하나님의 대사명이다!"라고 외치면서 유인물을 내던졌다.

박관준 장로의 외치는 소리에 모든 중의원들이 큰 폭탄이 내던져지는 줄 알고 장내가 한때 아수라장이 되었다. 이때 요란한 소리를 들었던 경위들은 곧 박관준 장로를 비롯해서 함께 동행했던 박영창, 안이숙을 체포하여 동경 경시청에 구속시켰다. 그들은 각각 독방에 수감되었다. 이들은 9개월간 갖은 고문을 다 받고 40일 만에 석방되어 다시 평양으로 돌아올 수 있었다. 평양에 돌아온 박관준 장로는 신사참배 반대 운동을 하다가 여러 경찰서에서 구속되어 있는 교역자를 면회하고 그들의 석방 운동에 힘썼다.

이러한 일을 알고 있었던 고등계 형사들은 다시 박관준 장로를 체포하여 아예 활동할 수 없도록 평양 형무소에 감금시키고 말았다. 그러나 박관준 장로는 감옥 안에서도 조금도 굴하지 않고 다섯 가지 목표를 세워 놓고 기도하였다.

첫째는, 함께 수감된 동지들을 위해서였으며 둘째는, 한국 교회의 최후 승리를 위하여 셋째는, 잔악한 일제의 회개를 위하여 넷째는, 산산이 흩어진 가족을 위하여 다섯째는, 자신이 순교자의 반열에 들어갈 수 있도록 기도하였다. 그는 하나님의 음성을 듣고 연약한 몸이지만 더 열심히 기도하였다.

"여보시오, 간수나리! 일본이 망할 날이 얼마 남지 않았습니다. 8월에는 일본이 망한다고 하나님이 계시해 주었습니다."

이에 놀란 간수들은 그의 말을 상부에 보고하였다. 그로 인해 그는 다시 고문실로 끌려가 가혹한 고문을 당하였다. 박관준 장로는 그 무서운 고문도 주님의 은혜로 알고 더 열심히 기도하였다. 1945년 1월이 다가오자 70일을 작정해 놓고 금식기도를 하기 시작하였다. 그는 70세란 고령의 나이에 한계를 느끼면서도 주님이 계신 그곳을 그렇게 소망하다가 1945년 3월 31일 옥사하고 말았다.

04 서울 승동교회에서 백정 박성춘이 초대 장로가 되다

　서울 승동교회는 1892년 무어(S. F. Moore, 이하 모삼열로 표기)에 의해 설립된 교회다. 모삼열 선교사는 1892년 1월에 미국 북장로교 선교부의 파송을 받고 가족과 함께 미국 샌프란시스코를 출발하여 일본 요코하마(橫浜)를 거쳐 인천 제물포항에 도착하였다. 그는 인천 제물포항에 도착하자 먼저 선교활동을 하고 있었던 밀러 선교사의 안내를 받아 서울에 정착하였다.

　그는 선배 선교사들의 인도를 받고 조선말과 조선 문화 역사를 배운 후 자신에게 맡겨진 서울 시내 백정들이 많이 모여 사는 곤당골(현 을지로 입구)에서 서상륜 권서와 함께 선교활동을 벌였다. 그런데 뜻하지 않게 반응이 좋아 1892년 6월에 16명을 모아 놓고 곤당골교회를 설립하였다. 처음에는 백정들만 모여 예배를 드렸지만 양반과 중인들이 선교사의 이야기를 듣고 천민이 모이는 교회에 합세하면서 꽤 많은 교인들이 예배를 드리게 되었다. 그런데 그렇게 열심히 모여 예배를 드렸던 양반들이 어느 날 선교사에게 면회를 요청하였다.

"선교사님, 우리 양반들은 따로 앞자리를 마련해 주면 좋겠습니다."

"예수 안에서는 양반과 천민의 구별이 없습니다."

이처럼 양반의 의견을 받아 주지 않자 이들은 곤당골교회에서 그리 멀지 않는 광교 다리 근방에 예배 처소를 마련하고 홍문삿골교회를 설립하였다. 이렇게 해서 모삼열 선교사와 서상륜 권서는 바쁜 주일을 보내게 되었다. 당시 명례동(현 명동)에는 중인들이 많이 살아서 홍문삿골교회는 계속 예배 인원이 증가해 갔으나, 불행하게도 그만 홍문삿골교회가 화재를 만나 전소되는 일이 생기고 말았다.

"선교사님, 우리가 선교사님의 말을 듣지 않고 양반이 따로 예배를 드리다가 하나님의 징계로 불타고 말았습니다."

그런데 이 무렵 곤당골교회도 부흥 성장하여 다른 곳으로 이전하려고 했다. 홍문삿골교회 교인도 한곳에서 예배를 드리기로 하고 1904년에 절간이 많이 모여 있는 인사동(仁寺洞)으로 옮기게 되었다. 인사동은 불교의 본산지인 조계종이 자리를 잡고 있었으며, 그 주위에는 크고 작은 암자들이 있었다.

이러한 환경에서 모삼열 선교사는 불교 마을에서 승리하며 신앙생활을 할 수 있도록, '이길 승'(勝)과 '마을 동'(洞)을 합성하여 승동교회(勝洞敎會)라 부르게 되었다. 이 교회는 다행히 모삼열 선교사와 서상륜 권서의 협력으로 계속 교회가 부흥 성장해 갔다. 그러면서 일꾼이 요청되자 상회의 허락을 받고 장로 1인을 선출하게 되었다. 드디어 상회의 허락을 받고 장로를 선출하기 위해서 공동의회를 개최하였다.

"장로의 자격은 세례 받은 지 1년이 지나고 나이는 만 30세 이상 이면 누구나 자격이 있습니다."

이러한 광고를 들은 승동교회 교인들은 양반도 있고 천민이 있었지만 모삼열 선교사의 말에 따라 기도하고 투표를 실시하였다.

그런데 박성춘 백정이 공동의회에서 회원의 3분의 2 이상 득표하였기에 승동교회 초대 장로가 되는 영광을 얻게 되었다. 불행하게도 양반은 장로 투표에서 낙선되고 천민인 박성춘이 장로로 선출되는 기적의 역사가 일어나고 말았다.

그러면 언제부터 양반과 천민들의 차별이 시작되었을까? 양반과 천민의 출현은 삼국 시대부터 부족사회 출현과 함께 생겨난 신분 계급이었다. 조선 시대부터 그 신분의 차별이 두드러지게 나타나 권력적 지배와 경제적 생산 관계의 세습적 집단으로 상류(양반), 중류(상민), 하류(천민)의 계급이 형성되었다.

양반은 고려 시대부터 사용된 관리, 귀족 등에 대한 칭호로서 국가의 특전을 받는 지배층이었다. 그러나 양반의 개념이 점점 변해 조상의 혈통을 기준으로 해서 소위 사대부(士大夫) 출신을 양반이라 칭하였다. 여기에 유학(儒學), 소위 유교(儒敎)를 신봉하는 것을 자랑으로 삼으면서 차츰 가계(家系)의 신분으로 정권에 참여했다.

양반은 정부에게 많은 혜택을 받을 수 있었다. 이들은 과거시험에 응시할 수 있었으며, 병역을 비롯해서 세금, 부역을 면제 받을 수 있었다. 죄를 지어도 회초리로 정강이 밑을 형식적으로 때리는 척 흉내만 냈다. 여기에 그 대신 머슴[家奴]이 대신 매를 맞아도 되었다. 이러한 일을 통해 살펴볼 때 머슴들의 인권은 전혀 없는 시대라고 할 수 있다.

혹시 양반이 지나가게 되면 그 앞에서 가는 걸음을 멈추고 서서 머리를 숙여야 했고, 양반이 지나간 후에 다시 걸어야 했다. 더욱이 양반 앞에서 담배를 피우다가 혼이 나는 일은 보통이었다.

여기에 더욱 놀라운 사건은 천민의 처녀들이 동리 앞을 지날 때, 동리 개구쟁이 총각이나 기혼자들이 달려들어 엉덩이를 만지는 일은 흔한 일이었다. 만일 요즘 같으면 성폭행 죄에 해당되어 벌금을 물려야 하지만, 그때는 이러한 행위를 하게 되면 장수하고 더 건강해진다고 믿었다. 그래서 함부로 천민 처녀들은 동리 앞을 지나가지 못하고 가까워도 그 길을 피해 가야만 했다.

더욱 한심스러운 일은 이것으로 끝나지 않았다. 백정들은 비록 천한 일을 하지만 돈에 여유가 있었다. 하지만 이들은 집을 지어도 기와를 얹지 못하였다. 자녀가 결혼을 해도 가마를 타고 갈 수 없어서 걸어가야 했다.

어디 이뿐이겠는가! 사람이 죽게 되면 상여가 나가야 되는데 상여도 나가지 못하고 시신이 든 널을 지게에 지고 산에 묻어야 했다. 묻은 후에는 묘를 쓰고 떼로 봉우리를 쌓아야 하는데 이러한 일도 할 수 없었다.

이렇게 천대 받았던 백정이 장로로 선출되자 양반들은 백정인 박성춘 장로 밑에서 신앙생활을 할 수 없다고 하면서 양반들인 이여한, 황기연 등이 당시 승동교회 당회장 곽안련 선교사의 도움을 받아 1909년 승동교회에서 그리 멀지 않은 안국동에 한옥을 매입하고 안동교회를 설립하였다. 여기에 초대 목사는 평양장로회신학교 제

1회 졸업생의 한 사람인 한석진 목사가 부임하였다. 한석진 목사는 일본 도쿄[東京]에서 한인 동경교회의 기틀을 마련하고 귀국하여 야소교(耶蘇敎) 신문사가 출발하자 사장으로 취임했던 인물이기도 하였다.

이러한 관계로 종로 5가에 자리 잡고 있는 연동교회 출신 유성준, 박승봉, 김창제 등 일부 교인들이 여기에 합세하였으며, 1910년 유성준과 박승봉이 장로로 장립을 받으면서 자리를 잡아가게 되었다. 이 일로 양반교회(兩班敎會)로 소문이 나면서 서울의 양반들이 안동교회로 모여들기 시작하였다.

이렇듯 일부 교인들이 양반교회로 이동해 갔지만 박성춘 장로의 진실한 활동으로 백정들이 모여들면서 승동교회는 새로운 모습으로 발전해 갔다.

특별히 무어 선교사로부터 이미 신앙의 훈련을 잘 받았던 박성춘은 갑오개혁 시 계급 타파에 앞장서기도 하였으며, 종로 네거리에서 만민공동회가 모이면 연사로 많이 나가기도 하였다. 박성춘이 단상에 올라가서 "우리에게 서양 문화를 뿌려 주었던 예수의 정신을 배워야 합니다"라고 외칠 때마다 우레와 같은 박수를 받았다고 한다.

기독교적인 사상이 들어갔기에 그의 아들 박양서는 세브란스 의학전문학교에 입학하여 최초로 천민의 자녀로서 의사가 되었다. 양반들이라고 큰소리를 쳤던 이들이 병에 걸리자 천민의 자녀 앞에서 진찰을 받기 위해 줄을 섰다는 이야기도 있다.

05 서울 연동교회 천민 갖바치 출신 고찬익 장로

　무어(S. F. Moore, 한국명 모삼열) 선교사는 천민을 상대로 복음을 증거할 때 의외로 반응이 좋아지자, 갖바치들이 모여 사는 연못골 일대(현 종로 5가 일대)에 사는 나막신 갖바치들, 참우물골(현 효제동 일대)에서 가죽신을 만드는 갖바치, 방아다리(현 충신동)의 배추 장사, 두다리목(현 종로 4, 5가)의 배오개 시장 상인, 원남동과 훈정동에 걸쳐 있는 종묘의 소리꾼, 원남동의 백정들, 이화동의 무당 등을 찾아가 복음을 전했다. 이 지역 사람들은 양반과 관리들로부터 천대를 받아 왔다.
　그런데 모삼열 선교사는 서상륜과 함께 이들을 찾아다니며 전도를 실시하였다. 어느 정도 사람들을 확보하자 그레이엄 리(한국명 이길함) 선교사가 이곳에 정착하면서 큰 힘을 얻게 되었다. 그러나 그레이엄 리 선교사는 씨앗만 뿌려 놓고 마펫(마포삼열) 선교사와 함께 평양으로 이동하여 그곳에서 미국 북장로교 선교부를 설치하고, 대동강을 중심으로 해서 선교지를 확보하게 되었다. 연못골에 예배 처소를 마련했던 그 자리는 캐나다 선교사 게일(J. S. Gale, 한국명 기일)에게 맡겨졌다. 기일 선교사는 1893년에 부임하여 연동교회를 설립하게 되었다.

　기일 선교사는 1890년 마펫 선교사와 함께 황해도 장연군 대구면 소래교회를 방문하고 다시 평양을 향하였다. 그곳에서 뜻하지 않게 한석진을 만났다. 그리고 중국 심양에서 조선 선교를 위해서 기도를 많이 하고 조선어로 예수교성경전서를 번역 출간했던 로스(J. Ross) 선교사를 만나게 되었다. 이때 기일 선교사나 마포삼열 선교사는 귀국길에 함경도 원산에 들러서 그곳에 잠시 머물면서 선교활동을 하였다. 그런데 기일 선교사는 원산에서 뜻하지 않게 한 주정뱅이를 만나게 되었다.

　"아저씨, 여기에 하나님에 대한 기록이 있으니 한번 읽어 보세요."

　술에 만취된 이 주정뱅이는 받은 전도지를 주머니에 넣고는 비틀비틀 하면서 어디론가 가버리고 말았다. 이 주정뱅이는 자신의 숙소에 돌아와 그만 깊은 잠에 빠져들었는데 꿈에 하얀 도복을 입은 도사가 나타나서 마가복음 9장 1절에서 29절을 읽으라는 말을 듣자 곧바로 일어나 마가복음서를 찾아 읽었다.

　이 주정뱅이는 마가복음서를 읽은 후, 다시 기일 선교사를 만나야 한다면서 아침 일찍 세수하고 그 선교사가 항상 전도지를 나누어 준 거리로 나갔다. 기일 선교사를 만난 주정뱅이는 간밤에 일어났던 꿈 이야기를 했다.

　"선교사님, 그 사람이 나에게 이름이 무엇이냐고 묻기에 '고, 고, 고'라고 했습니다."

　"이름을 대라고 하면 'ㅇㅇㅇ입니다' 하면 되는 것입니다."

"저는 원래 천민이어서 이름은 없고 '고 씨'라고 불렀습니다. 재차 이름을 말하라고 하기에 계속해서 '내 성은 고가이고요, 이름은 싸움꾼이고요, 술꾼이고요, 망나니입니다'라고 말했습니다."

그 주정뱅이의 이야기를 다 듣고 있던 기일 선교사는 하도 신기해서 그에 대해서 관심을 갖고 그를 불러 함께 자신의 숙소로 가게 되었다. 그리고 그는 지난번에 받았던 전도지를 읽고 난 후 예수를 믿겠다고 기일 선교사에게 고백하게 되었다.

그 후 기일 선교사가 서울로 향해 가는 길에 이 불쌍한 고찬익을 원산에 놔두고 갈 수 없어서 함께 원산을 떠나 서울에 오게 되었다.

고찬익은 1861년 평안남도 안주에서 갖바치 천민 출신으로 태어났다. 갖바치로 출생한 고찬익은 전형적인 노름꾼, 사기꾼, 술꾼으로 유명하였다. 관가에 붙들려 가서 매도 수없이 맞았고, 이 일로 인하여 한때 벙어리가 된 일도 있었다. 그 당시는 인권도 없었고, 천민 정도는 죽여도 아무런 가책을 느끼지 않았던 시대였다. 하루는 빚 독촉을 받고 해결할 길이 없어서 그만 독약을 먹고 자살하려고 하였지만 구사일생으로 살아나 반병신이 되고 말았다.

이때 고찬익은 기일 선교사와 김영옥(연동교회 김형태 원로목사의 할아버지) 조사가 나눠 준 전도지를 받고, 혹시나 하고 그날 집에 가서 이 전도지를 읽었다. 그러는 사이에 잠이 들고 말았는데 잠결에 회개하였다고 한다. 고찬익은 그 꿈이 하도 생생해서 가는 곳마다 꿈 이야기를 했다고 한다.

기일 선교사는 고찬익이 회개하는 모습에 놀랐고, 한문 옥편을 펴들고 남에게 좋은 일을 주는 사람이 되라고 '찬익'(贊翼)이라 이름을 지어 주어 그 갖바치 출신은 고찬익(高贊翼)이라는 이름을 갖게 되었으며, 이때부터 연동교회를 다니기 시작하였다.

고찬익은 기일 선교사의 은혜를 갚는 일은 연동교회를 열심히 다니면서 전도하는 일이라고 생각했다. 그는 특별히 성경을 열심히 읽으면서 예수에 대한 기적의 역사를 보고 놀라고 말았다. 그는 지난날에 형편없는 인간이었으나 예수를 만나자 지난날 만났던 술주정꾼들과는 아주 거리가 멀어지고 말았다. 그리고 종로 5가에 살고 있던 갖바치들을 향해 전도를 하기 시작했다. 갖바치들은 자신들과 같은 직업이었던 고찬익의 변화된 모습에 매우 놀라워 했다.

고찬익은 기일 선교사가 번역한 존 번연의 《천로역정》(天路歷程)을 들고 다니면서 "내가 이 책의 주인공이 됐습니다. 여러분도 예수를 믿기만 하면 이 책의 주인공인 기독도(基督徒)가 될 수 있습니다"라고 전했다.

이처럼 그의 열심 있는 전도로 연동교회는 매주 새로운 신자가 등록하게 되었다. 그의 열심 있는 신앙에 놀라 1900년 기일 선교사는 그에게 조사의 직함을 주고 자신의 일을 돕도록 하였다.

여기에 교인이 점점 많아지자 기일 선교사는 연동교회의 당회장으로서 상회에 장로 가택 청원을 하게 되었다. 1905년 기일 선교사는 회중들에게 장로를 선출하겠다는 광고를 하였고 장로 선출을 위한 공동의회가 열렸다. 투표가 다 끝나자 기일 선교사는 회중들에게 발표하였다. 회중들은 긴장된 모습으로 기일 선교사의 첫 마디를 기다렸다.

"이번 선거에서 첫 장로로 고찬익 조사가 선출되었습니다."

이 말이 떨어지기가 무섭게 한쪽에서는 교회당이 떠나갈 듯이 우레와 같은 박수가 터져나왔다. 그런데 양반들이 장로 선거에서 낙선하자, 교인 일부가 종묘에서 가까운 봉익동에 묘동교회를 설립하고 나갔다.

종로 5가 일대에 사는 많은 천민들은 자신들도 예수를 믿기만 하면 훌륭한 신자가 될 수 있다는 확신을 갖고 많은 사람들이 연동교회로 몰려들기 시작하였다. 기일 선교사는 고찬익 장로의 신앙에 놀라워 하며 1908년 평양에 있는 장로회신학교에 입학시켰다. 그러나 고찬익 장로는 장차 훌륭한 목사가 되겠다는 꿈을 품었으나 아쉽게도 식중독으로 인해 삶을 마감하고 말았다.

06 지주 조덕삼을 물리치고 머슴이 먼저 장로가 된 김제 **금산교회**

지금까지는 백정과 갖바치가 장로로 선출되었다고 교회들이 천민 교회와 양반 교회로 분립이 되었지만 분립하지 않았던 교회도 있었다. 1905년 머슴과 지주가 함께 미국 남장로교 선교사 테이트(L. B. Tate, 최의덕)에게 전도를 받고 머슴과 지주가 함께 예수를 믿은 사건이 전북 김제군 금산리에서 일어났다.

테이트 선교사는 말을 타고 다니면서 선교활동을 하면서 모악산 밑에 있는 두정리에 있는 조덕삼 지주의 마방에 말을 쉬게 하고 얼마 동안 주막에서 쉬어 갔던 일이 몇 차례 있었다. 그런데 어느 날 전도를 받았던 지주 조덕삼과 마부 이자익(李自益)이 함께 예수를 믿자 조덕삼의 사랑채에서 테이트 선교사를 모시고 첫 예배를 드렸다. 이것이 금산교회의 출발이 되었다.

조덕삼 지주에게는 조영호라는 아들이 있었는데, 아들에게 한학을 가르치기 위해서 독선생을 모시고 사랑채에서 한자 교육을 시키고 있었다. 이때 이자익은 마당일을 하다 말고 창틈으로 들려오는 글 읽는 소리가 너무 좋아서 어찌할 줄을 몰라서 귀를 기울이다가 천자문을 다 외워 버렸다. 이때 이자익은 혼자서 글자는 모르지만 천자문을 다 외운 것을 조덕삼 지주에게 보여주었다. 이에 놀란 조덕삼은 그다음 날부터 아들 조영호 방에서 함께 한자 공부를 하도록 허락하였다.

이자익은 경상남도 남해도(南海島) 출신으로서, 6세 때 부모를 잃고 친척집에 가서 성장하게 되었다. 그러나 16세가 되도록 열심히 일하였지만 남은 것이란 아무런 소득이 없었다. 그래서 그는 해안가에 나가 멀리서 배가 왕래하는 것을 보고 배를 타면 육지로 나갈 수 있다는 사실 하나만 기억하고, 하루는 육지 하동으로 가는 배에 올라타 선장에게 자신의 환경을 이야기를 하였다. 그리하여 선장의 호의로 하동까지 갈 수 있었다.

비록 하동에 도착하였지만 그가 있을 만한 곳을 찾지 못하였다. 다시 전라도 남원읍에 찾아가 보았지만 마찬가지였다. 이렇게 다시 전주로 해서 김제 금산리 삼거리에 도착하였다. 삼거리에서 똑바로 가면 금산사라는 유명한 절이 있었다. 그런데 그는 그 길로 가지 않고 두정리 쪽으로 발걸음을 돌리고 제일 큰 집을 찾아나섰다.

"여보세요, 주인 어르신 계신가요?"

다른 일꾼들이 이자익의 목소리를 듣고 나왔다.

"저는 경상도 남해도란 섬에서 왔는데 주인 어르신을 뵙고 여쭐 말이 있어서 왔습니다."

이러한 사실을 조덕삼 지주에게 알리자 조덕삼은 그 길로 그 소년을 만나 사랑방으로 인도하였다. 이자익은 자신의 사정 이야기를 하더니 그 자리에서 그의 딱한 모습을 보고 당장 일감을 주었다. 그것이 마부의 직책이었다. 그는 일자리가 생겼다는 기쁨에 열심히 일하였으며, 비록 나이는 어렸지만 최선을 다해 일하였다. 이렇게 이자익은 조덕삼 지주의 신복처럼 열심히 일하다가, 테이트 선교사를 만나 함께 예수를 믿고 전주 선교부를 오고 가면서 성경을 배웠다. 매주일이 되면 사랑채에서 예배를 드리면서 이자익도 신앙이 점점 자라나고 있었다. 금산교회에서 조덕삼, 이자익, 박희서 등이 테이트 선교사의 집례로 세례를 받았다.

금산교회는 해가 갈수록 교인들이 모여들다가 1908년 장로를 선출하게 됐다. 모든 교인들이나 그 지역에 있는 교회에서도 조덕삼 지주가 장로로 선출될 줄 알았다. 하지만 이변이 일어나 머슴이며 마부인 이자익이 장로로 선출되었다. 장로가 될 줄 알았던 조덕삼은 테이트 의장에게 발언권을 얻고 앞자리로 나갔다.

"여러분, 참으로 감사합니다. 저의 마부 이자익 영수를 장로로 선출해 준 일에 참으로 감사합니다."

이렇게 해서 마부가 장로가 되었다는 소식이 금산 지역에 알려지자 많은 사람들이 금산교회로 몰려들었다. 이때 조덕삼은 자신의 배밭 일부를 교회에 기증하였다. 여기에 힘을 얻은 테이트 선교사는 이자익 장로와 의논하여 교회당을 신축하기로 하였다. 이때 조덕삼은 대지만 내어 놓은 것이 아니라 당시 모악산 중턱에 있는 재각(齋閣)을 판다는 소식을 접하고 그 재각을 매입하였다. 그리하여 교인들은 교회당을 신축하는 데 필요한 모든 목재를 재각에서 부지런히 옮기기 시작하였다.

테이트 선교사는 신축하는 교회당을 남녀를 구별할 수 있도록 기역자(ㄱ)로 신축하기로 하였다. 이렇게 해서 교회당이 완성되자 1908년 3월에 당회장 데이트 선교사의 집례하에 헌당식을 거행하였다.

이때 부락민은 기역자 건물이 하도 신기해서 여러 여자들이 와서 구경을 하고는, 그다음 주일부터 여성들을 위해 따로 좌석이 준비되어 예배를 드린다는 말을 듣고 여자 성도들이 모여들기 시작하였다. 이때 남녀를 구별하는 장소에 커튼을 걸쳐 놓고 남자는 여자를 볼 수 없도록 하였으며, 여자는 남자를 볼 수 없도록 하였다. 여기에 목사가 설교하는 강대상 쪽에 목사가 여자들을 볼 수 없도록 역시 커튼을 치고 예배를 드렸다.

이러한 소문이 금산리 마을뿐만 아니라 원평까지 들리자 원평에서도 사람들이 모여들기 시작하였다. 자연히 교인이 증가하자 장로 1인을 더 선출할 수 있도록 여건이 갖춰졌다. 테이트 당회장의 사회로 장로 1인을 선출하게 되었다. 그러자 지난번에 낙선되었던 지주 조덕삼이 장로로 선출되었다. 이때 금산교회는 말할 것도 없고 금산리에 사는 많은 주민들이 함께 좋아하면서 교회가 부흥되어 갔다.

조덕삼 장로는 이자익 장로의 설교에 은혜를 받고 그가 평양에 있는 장로회신학교에 다닐 수 있도록 전 학비는 물론 기숙사비까지 지원하기로 했다. 그러자 금산교회는 또 한 번 축제의 분위기로 바뀌기 시작하였다. 그 후 금산교회가 자립할 정도로 성장하자 최대진 목사를 초대 목사로 초빙하였다.

그 후 최대진 목사는 평양장로회신학교를 졸업하고 이웃 임실에서 목회하는 이자익 목사를 금산교회로 청빙할 수 있도록 길을 열어 놓았다. 이렇게 해서 머슴으로 금산에 왔던 이자익이 목사가 되어서 금산교회 2대 목사로 부임하였다.

이자익 목사는 조덕삼 장로의 협력으로 목회를 잘 이어갔다. 젊은 청년들이 금산교회로 모여들었다. 금산교회가 설립했던 유광학교에서 성경을 가르칠 수 있도록 교과 과정이 편성되자 학생들은 성경을 줄줄 외웠다. 각 교회학교 암송 대회를 개최하면 1등은 금산교회 소속 유광학교 몫이었다고 한다.

그 후 조덕삼 장로의 신임을 받았던 이자익 목사는 강단을 조덕삼 장로에게 맡기고 떠났던 일이 한두 번이 아니었다고 한다. 더욱 놀라운 일은, 조덕삼 장로의 전적인 협력으로 전북노회나 총회에 나가서 마음껏 활동할 수 있도록 길을 열어 주었다. 이 일로 이자익 목사는 전국적으로 알려지게 되었으며, 한국 장로교 역사상 유일하게 3번(제13회, 제33회, 제34회)이나 총회장을 역임하였다.

조덕삼 장로는 1919년 12월 하나님의 부르심을 받았다. 1950년 6·25 한국전쟁 때 금산리 마을이 다 불바다가 되어서 온 마을 주택이 타고 말았다. 그러나 그러한 불길 속에도 금산교회는 불에 타지 않고 옛 모습 그대로 남게 되었다. 이러한 일은 좌익이나 우익이 한결같이 "저 교회는 우리 교회다"라는 강한 의지를 가졌기 때문이다. 그래서 금산교회는 지금까지 그 옛날 모습 그대로 100년의 역사를 간직하게 되었다.

07 '한국의 간디'라고 불리는 고당 조만식

흔히들 오산학당이라고 하면 평북 정주에 이승훈 장로가 세운 학교를 말하는데 남쪽에도 오산학당이 있었다. 이 학당은 1912년 일본인 장로 마쓰도미[桝富佐緯門]가 전라북도 부안면 오산리 외딴 산골마을에 사과밭을 일구면서 조선인 학생들을 교육시키기 위해서 세운 것이다. 이 학교 설립자도 장로이고 평안북도 정주에 있는 오산학당도 장로가 설립하였다.

오산학교를 설립한 이승훈 장로는 민족의식이 남다르게 투철했기 때문에 이 학교의 교장으로 조만식을 초빙하였다. 조만식은 함부로 이름을 부를 수 없어서 그의 호인 고당으로 한국 사회에 널리 알려졌다.

조만식은 1883년 평남 평양에서 조경학의 아들로 출생하였다. 머리가 영특하여 7세 때 평양의 한학자인 장정봉 문하생으로 김동원과 함께 한학을 수학하였다. 조만식은 1904년 21세 때 한정교의 전도를 받고 기독교에 귀의하였다. 그 후 미국 북장로교 선교부에서 운영한 평양 숭실학당에 진학하여 1908년 중학 과정을 이수하고 일본 유학길에 올랐다. 동경에 있는 세이고쿠영어학원에서 영어를 마스터한 후 1911년 메이지대학(明治大學) 전문부 법학과에 진학하였다. 그는 세이고쿠영어학원에서 간디의 무저항주의, 민족주의를 배워 일생 동안 간디처럼 살았던 사람이다. 따라서 '한국의 간디'라고 하면 조만식을 가리킨다.

그는 일본 유학을 마치고 귀국할 무렵 이승훈 장로를 만나 정주에 있는 오산학당 교사로, 교장으로 봉직하면서 많은 젊은이들에게 민족교육을 철저하게 시켰다. 이 무렵 그는 오산학당 안에 있는 오산교회를 출석하면서 기독교와 민족의식을 접목시키면서 민족의 지도자들을 많이 배출하였다.

그중에 주기철 목사는 오산학당에서 고당의 영향을 많이 받고 일본 신과 싸우다가 승리자로 역사에 남은 인물이다. 그는 1897년 경상남도 창원군 웅천에서 출생하였으며, 그곳에서 보통학교를 졸업하고 그 멀고 먼 정주 오산학당에 진학하였다. 그는 오산학당을 졸업하고 연희전문학교에 진학하였다. 1년간 교육을 받은 후 원인을 알 수 없는 안질로 고생하다가 자퇴원을 제출하고, 고향 웅천에서 웅천교회에 출석하면서 신앙으로 무장하였다. 이때 김익두 목사가 웅천교회에서 부흥회를 인도하던 중 뜻하지 않게 안질이 물러가 버렸다.

그 후 주기철은 하나님께 약속했던 그 길을 가기 위해서 평양에 있는 장로회신학교에 입학하였다. 주기철은 어느덧 신학교를 졸업하고 목사 안수를 받은 후 부산 초량교회에서 목회를 하였다. 다시 경남 문창교회의 청빙을 받고 문창교회에서 목회하다가, 은사인 조만식 장로의 부탁을 거절하지 못하고 그 유명한 산정현교회에 부임하였다.

그는 목회를 하고 있는 가운데 1938년 9월 10일 대한예수교장로회 제27회 총회에서 신사참배를 결의했다는 소식을 들었다. 주기철 목사는 깜짝 놀라 몇 번이고 자신의 귀를 만져보기도 하였다. 나중에 안 일이지만 같은 경남노회에 소속된 김길창 목사가 부총회장으로서 모든 임원과 각 지역 노회장을 인솔하여 평양 신사를 참배했다는 소식을 알게 되었다. 이때 주기철 목사는 무슨 의미가 있는 줄을 알고 산정현교회 강단에서 총회 신사참배 결의에 대해서 단호한 입장을 전하였다.

"이 일은 우상 숭배입니다. 우리 산정현교회 교인들은 철저하게 반대를 해야 합니다."

이러한 이야기가 평양 경찰서 고등계 형사의 귀에 들어가고 말았다. 결국 평양노회에서도 반대 발언이 문제가 되어 고등계 형사에 의해 체포되어 평양 경찰서에 구속되고 말았다.

이미 신사참배는 우상이라고 설교를 했던 관계로 1939년 10월에는 세 번째로 구속이 되었다. 잠시 풀려나왔지만 그 해 12월 19일 또 투옥되었다. 그로 인해 주기철 목사는 1944년 5월 평양 형무소에서 옥사하고 말았다.

한경직 목사도 조만식 교장으로부터 영향을 많이 받고 졸업하였다. 한경직은 고향에서 초등학교를 졸업하고 평양에 있는 숭실중학교에 진학하지 않고 오산학당에 진학하였다. 한경직은 학생으로서 기숙사에서 혼자 공부를 하다가 그만 졸려서 하품을 하다가 조만식 교장에게 들키고 말았다.

"한경직, 지금 때가 어느 때라고 하품을 하는 거야? 일본놈들을 이기려면 두 눈을 부릅뜨고 공부를 해야지."

"교장 선생님, 잘못했습니다. 이제는 다시 하품을 하지 않고 열심히 공부하겠습니다."

그 후 한경직은 일본을 이기려면 열심히 공부하겠다는 그때의 약속을 지키기 위해서, 어려운 환경 가운데서도 숭실대학에 진학하고 다시 미국 프린스턴신학교에 가서 유학을 마치고 돌아왔다. 그는 한국 교회뿐만 아니라 한국 사회에서도 존경을 받은 인물이 되었으며, "마지막 생을 마감할 때 빈손으로 온 인생이니 빈손으로 가야 한다"라는 말을 평생 외치다가 결국 빈손으로 삶을 마감하였다.

조만식 교장의 영향을 받았던 인물 가운데 오윤태 목사도 있다. 함경남도 출신으로 일본 동경에서 동경교회와 재일대한기독교총회를 이끌어 왔던 오윤태(吳允台) 목사의 마음속에는 민족주의가 철저하게 자리잡고 있었다.

한때 전 조선을 다니면서 일제의 신사참배는 우상 숭배라고 강연을 하고 다니던 일본인 목사 오다[織田楢次, 전영복]가 있었다. 그가 오산교회의 청빙을 받고 강연을 하기 위해서 오산교회에 방문했다. 일본인이 오산교회에 온다는 말을 들었던 오윤태 학생은 교회 입구에서 그를 가로막았다. 유도 유단자였던 오윤태는 업어치기로 그를 길바닥에 넘어뜨렸다. 이에 놀란 오다 목사는 그 길로 줄행랑을 치고 말았다.

오윤태는 오산학당을 졸업하고 호랑이를 잡으려면 호랑이 굴에 들어가야 한다면서, 일본 동경에 있는 일본대학(日本大學) 종교학과에 진학하여 그곳에서 해방을 맞이했다. 이후 일본에서 오다 목사와 서로 화해하고 재일대학기독교 총회를 이끌고 갈 때, 오윤태 목사는 총회장이 되고 오다 목사는 그를 보좌하는 서기가 되기도 하였다.

많은 인재를 배출했던 조만식은 1922년 평양 산정현교회로 이명을 하고, 그 교회에서 장로 장립을 받은 후 김동원, 오윤선과 더불어 산정현교회를 민족운동의 센터로 만들어 갔다. 1928년에는 신간회를 창립하여 얼마 동안 이 회가 민족운동의 구심점이 되었다. 그러나 일제의 탄압으로 해산되었으며, 이것이 인연이 되어 평양 숭인중학교 교장도 사임을 하게 됐다.

그 후 조선일보사의 청빙을 받아 사장으로 취임하여 민족지로 자리를 잡아갔지만, 역시 친일적인 기사를 요구하자 사임하였다. 그 후 물산장려운동, YMCA 운동 등을 하다가 일제의 탄압이 극심하자 모든 공직을 사임하고 1944년 평양 교외에 있는 강서군 시골에서 운둔생활을 하였다. 1945년 해방을 맞이하자 평양으로 다시 돌아와 8월 17일 건국준비위원회를 조직하고 위원장으로 추대를 받았다.

1945년 8월 28일에는 좌우파의 지지 속에서 인민위원회를 조직하고 위원장으로 추대를 받았다. 다시 11월 3일에는 조선민주당을 창립하고 위원장에 조만식, 부위원장에 이윤영 목사, 최용건 등과 함께 북한 동포들의 절대적인 지지를 받으면서 활발하게 활동하였다. 1946년에는 신탁반대운동을 하다가 북한 당국에 의해 행방불명이 되었다. 그러나 한국전쟁 시 유엔군과 국군이 평양을 함락하자, 1950년 10월 18일 대동강변에서 무참하게 처형됨으로 그의 삶을 마감하고 말았다.

08 노비를 해방시켜 주고 함께 자천교회를 설립한 권헌중 장로

　권헌중(1867-1925) 장로가 자천교회를 세운 것은 미국 북장로교 선교사 베어드(W. M. Baird, 배위량) 선교사를 만나는 데서부터 역사가 시작된다. 배위량 선교사는 1891년 부산에 상륙하여 얼마 동안 그 지역에서 활동을 하다가, 호주 장로교 선교사들이 입국하자 그 지역은 호주 선교사들에게 맡기고 1893년 북상하게 되었다. 그는 경상남도와 경상북도를 누비며 밀양, 청도, 안동, 의성, 신행, 영천, 경주, 울산 등지를 순회하면서 선교의 기틀을 마련하게 되었다. 그리고 이곳에 자신의 처남인 아담스(E. Adams, 안의화) 선교사와 함께 대구 선교부를 창설하게 되었다.
　이때 배위량 선교사는 소래교회 출신인 서경조 조사와 함께 경상북도 지역을 순회하다가, 1898년에 뜻하지 않게 권헌중을 만나게 되었다. 권헌중은 선비로서 노비와 머슴을 거느리면서 행세했던 지주였다. 어느 날 영천과 청송의 고갯길인 '노고재'라는 곳에서 배위량 선교사를 만나게 되었다. 이때 그는 자신의 노비들과 함께 거닐다가

"야, 괴물이 나타났다" 하고 소리를 질렀다.

그러자 조선말을 더듬더듬하던 선교사가 "우리는 괴물이 아니고 미국에서 온 야소교 선교사들입니다"라고 했다.

이때 권헌중은 배위량 선교사가 우리말을 하는 모습을 보고 그만 놀라고 말았다.

"정말 괴물이 아니군요."

"네, 우리는 미국 사람입니다. 안심하세요. 예수를 전하러 왔습니다."

이때 권헌중은 노비들과 함께 대구에서 살려고 집을 알아보기 위해서 가다가 뜻하지 않게 선교사를 만나게 된 것이었다.

"이제 예수를 믿기만 하면 복을 받을 수 있습니다."

복을 받을 수 있다는 말에 권헌중은 대구로 이사 갈 것을 포기하고 자천에서 살기로 작정하였다. 그래서 노비들과 함께 신촌면 자천리로 돌아가게 되었다. 집에 돌아온 권헌중은 배위량 선교사와 서경조 조사가 전해 준 한문 성경을 받고 집에서 열심히 읽던 중 새로운 진리를 터득하게 되었다. 이때 권헌중은 너무나 이상해서 노비를 대동하고 대구로 향했다.

"선교사님, 저 노고재에서 만났던 권헌중이라는 사람입니다."

배위량 선교사는 맨발로 뛰어나와 권헌중을 안고 자신의 방으로 안내하였다.

"선교사님, 제가 성경을 읽고 새로운 진리를 터득했습니다. 제가 하나님께 재물을 바쳐서 우리 마을에 예배 처소를 마련하려고 합니다."

권헌중은 선교사와의 약속을 이행하기 위해서 저산의 사랑방에서 예배를 드릴 수 있도록 준비할 뿐만 아니라, 자신의 노비 전원을 풀어 주고 함께 예배를 드리자고 제안하였다. 이 말에 감동을 받은 노비들은 더 열심히 힘을 모아 주일에 예배를 드릴 수 있도록 열심히 정리를 하고 있었다. 드디어 주일이 되자 배위량 선교사는 마부와 함께 자천리 마을에 도착하였다.

"선교사님, 여기 사랑방을 잘 꾸며 놓았습니다. 만일 사람들이 많이 모이게 되면 우리 옆집을 매입해서 예배당으로 사용하겠습니다."

그런데 이날 모인 수가 너무 많아서 사랑방에 들어가지 못했던 사람들은 밖에서 예배를 드리게 되었다. 예배를 다 마친 후에 배위량 선교사는 권헌중에게 옆집을 매입해서 바로 예배를 드릴 수 있도록 준비를 해야 한다면서 말을 타고 대구로 향했다.

권헌중은 자신이 하나님의 자녀가 된 것이 너무 감사해서 자신의 토지 일부를 모든 노비들에게 나누어 주고 함께 자천리에서 살자고 제안하였다. 이때 노비들은 평생을 머슴으로 살 줄 알았는데, 난데없이 농사를 지을 수 있는 땅을 받게 되어 그 이상 기쁨이 있을 수 없었다.

이미 권헌중은 자신의 상투를 잘라서 머리를 서양 선교사들처럼 하고 다니기로 결심했다. 그리고 이발소에 가서 상투 머리를 잘라 버리고 말았다. 다시 배위량 선교사는 주일이 되자 자천리 마을에 새로 마련한 교회당으로 향하고 있었다.

배위량 선교사는 권헌중의 신앙에 그만 놀라고 말았다. 세 칸의 작은 집이었지만 그 집에 사람들이 가득 앉아 주일 예배를 은혜 가운데 잘 드리게 되었다.

"선교사님, 한 가지 의논할 것이 있습니다. 이 자천 마을에 청소년을 위한 교육시설을 마련하려고 합니다."

"그것 참 좋은 생각입니다. 교회는 반드시 청소년의 장을 마련해야 합니다."

이렇게 해서 자천교회당에 평일에는 신성학당이라는 간판을 내걸고 청소년들이 공부할 수 있도록 하였다. 그러자 신촌면에 있는 모든 청소년들이 신성학당으로 몰려들기 시작하였으며, 주일이면 주일학교가 활성화되면서 교회당이 비좁게 되었다.

이러한 사실에 놀란 권헌중은 1903년 4월에 초가집을 완전히 교회당 식으로 개축하고, 신촌면 사무소에 가서 개축한 교회당을 종교 시설로 등록하였다.

자천교회는 교회당 안에 4개의 기둥이 중앙에 버티고 있으며, 중간에 칸막이를 하여 남녀가 따로 앉게 하였다. 그래서 남녀가 전혀 볼 수 없도록 하였다. 이러한 관계로 자연히 기독교의 남녀 구별이 오히려 유교보다 강하다는 점을 강조하면서 더욱 알차게 성장해 갈 수 있었다. 그리고 입구는 각기 다른 벽에서 들어올 수 있도록 하였기에 남녀가 전혀 볼 수 없도록 되어 있었다. 그래서 이러한 교회당 구조를 일자형(一) 예배당이라 한다. 여기에 교회당 일자형의 정면 중앙에는 '예배당'(禮排當)이란 큰 간판을 내걸었다.

신성학당은 2년제로서 이 지역 최초로 문을 열어 1914년에는 50여 명의 학생이 모여서 근대화 교육과 함께 기독교 신앙을 가르치기도 하였다. 그런데 유교의 뿌리가 깊은 이곳에서는 여자 학생을 찾아볼 수가 없었다. 그래서 권헌중 장로는 자신의 딸인 권기수를 입학시켜 교육을 시켰다. 이것이 큰 화젯거리가 되었다. 그 후 권기수는 신성학당을 졸업하고 대구 신명여학교에 진학하였다. 이 일로 자천 마을에 "여성도 공부를 하면 좋은 학교에 입학하여 훌륭한 사람이 될 수 있다"는 사실을 보여주기도 하였다.

또 자천교회가 부흥되자 이 교회의 3대 장로로 권헌중의 장남이 아버지의 대를 이어 1946년에 장로 장립을 받았다. 이처럼 안동 권씨의 집안에서 대를 이어 장로가 탄생하게 되었다. 권헌중 장로가 지키고 모았던 유품들을 바탕으로 자천교회는 기독교 문화재로 인정을 받게 되었다.

09 충남 금산 지방 최초의 장로인 류기택

류기택 장로가 태어난 곳은 전라도 진산군 서면 지방리이다. 그는 진주 류씨인 류철로의 자녀로 출생하였다. 류기택은 일찍이 천주교를 신봉했던 류항검(柳恒儉)의 후손이기도 하다. 조선에 천주교가 전래된 것은 1784년 이승훈이 동지사였던 아버지를 따라 북경 천주당에 가서 세례를 받은 데서 역사적 뿌리를 갖는다. 여기에 연도를 계산한다면 천주교 전래는 우리 개신교보다 꼭 100년이 앞서게 되었다.

이승훈은 1784년 9월에 최초로 이벽과 권일신에게 세례를 베풀었다. 권일신이 전도를 해서 전라도 출신인 류항검을 신자로 얻게 되었다. 역시 이 무렵 전라도 진산 출신 윤지충을 신자로 얻으면서 서서히 전라도에 천주교가 자리를 잡아가고 있었다. 소위 천주교 역사에 가성직제(假聖職制) 시대가 있었다. 이때 이승훈, 유항검 등이 신부로 선출되어 성직자라고 하여 활동하면서 당시 1천 명의 천주교 신자를 얻었다. 하지만 신부의 신분을 잘못 이해하여 그 직분은 무효가 되었다. 하지만 이미 성례를 베풀면서 그들에게 세례를 받았던 것을 후에 모두 인정해 주고 가성직제 시대는 끝을 맺고, 중국에서 신부가 왕래하면서 성례전을 베풀었다.

　이러한 과정에서 천주교는 계속 전국적으로 확산하게 되었으며, 이 무렵 전라도 진산 출신인 윤지충이 서울에서 전도를 받고 천주교 신자가 되었다. 윤지충은 서울에서 활동하고 있던 중 어머니가 돌아가셨다는 소식을 듣고 그의 외종 사촌인 권상연과 함께 진산에 내려왔다.

　"아니, 어머니의 위패(位牌)가 왜 여기 놓여 있습니까? 우리가 어머니를 위해서 기도했기 때문에 그의 영혼은 이미 주님 곁으로 갔습니다."

　이렇게 말한 후에 어머니의 위패를 불살라 버리고 장례를 천주교식으로 거행하였다. 그런데 이러한 소식이 전라도 현감에게 알려지자 곧 관가를 통하여 윤지충과 권상연은 체포되어 1791년 전주 풍문 밖에서 처형을 당했다. 그래서 조선 천주교 역사상 최초로 순교자가 배출되었다.

　이 일로 첫 천주교의 탄압이 이루어지면서 류기택의 조상인 류항검도 이 무렵에 순교를 당하고 말았다. 그런데 윤지충과 권상연, 류항검의 순교가 헛되지 않게 진산에 새로운 개신교가 들어오면서 류기택이란 젊은 청년이 첫 신자가 되었다.

　류기택은 우연히 상경할 기회가 있어서 종로 2가를 지나가다가 뜻하지 않게 젊은 청년들이 웅성거리는 것을 보았다. 어느 청년이 손을 꼭 붙잡고 함께 들어가자고 했다. 그 청년의 인도로 들어갔던 곳이 황성기독청년회관(皇城基督靑年會館)이었다. 이때 이상재 간사가 나와서 연설을 하고 있었다. 류기택은 자신도 모르게 기독교에 대한 관심이 있던 차에 신앙을 갖기로 하고 다시 고향 진산으로 내려오게 되었다.

1906년 류기택은 자신의 사랑채에서 기독청년회라는 이름으로 예배를 드렸다. 이곳이 진산면 지방리교회가 되었다. 윤지충과 권상연이 처형된 지 115년 만에 기독교가 이 지역에 정착을 하게 되었다.

류기택은 할아버지로부터 윤지충과 류항검에 대한 이야기를 들었던 일이 있었다. 그는 조상의 피값으로 지방리교회가 설립되었다고 하면서 매우 기뻐했다. 이러한 역사를 알았던 류기택이 마을 청년들에게 전도하자 많은 사람들이 모여들면서 예배 인도자가 요청되었다. 이 무렵 미국 남장로교 선교사 매쿠첸(L. D. McCutchen, 마로덕)의 조사인 최대진(崔大珍)이 예배를 인도하면서 점점 교인들이 모여들었다. 예배 처소가 협소하자 초가로 여섯 칸 집을 신축하여 예배를 드리게 되었다. 때마침 이러한 소식을 들었던 마로덕 선교사는 최대진 조사의 안내를 받아 지방리교회에 도착해 지방리교회 헌당식을 갖게 되었다.

그동안 류기택의 노력으로 전도했던 수많은 사람을 모아 놓고 학습 받을 수 있도록 사전에 교육을 시켰다. 때마침 헌당식 집례로 왔던 마로덕 선교사가 학습 문답을 하면서 서서히 복음의 씨앗이 뿌리내리기 시작했다. 마로덕 선교사는 이미 진산 지방에 대해서 잘 알고 있었기에, 이 지역을 이 교회 출신 중 한 사람에게 맡기는 것이 좋겠다고 생각했다. 그래서 류기택을 영수로 임명하고 이 교회의 젊은 청년 김기수를 서리집사로 임명하였다.

이에 힘을 얻은 교인들은 청소년들에게 교육을 시킬 수 있는 길을 열고자 했고, 류기택 영수는 마로덕 선교사에게 학교 설립에 대해 이야기했다. 마로덕 선교사가 쾌히 승낙하자 1908년 진산육영학교를 설립하고 류기택 영수가 교장을 맡았다.

1909년 지방리교회는 청소년은 말할 것도 없이 그들의 가족들까지 교회로 몰려왔다. 자연히 교회는 성장하면서 일꾼이 필요하였다. 때마침 마로덕 선교사는 100여 명 이상이 넘는 교회에는 장로를 세워야 한다면서 전라대리회에 1명을 청원하였다. 다행히 1명을 피택할 수 있도록 허락을 받자 류기택 영수는 마로덕 선교사의 지시에 따라 지방리교회에 장로 선출에 관한 일을 공고하였다.

지방리교회의 역사적인 장로를 선출한다는 큰 꿈을 갖고 마로덕 선교사는 조사 최대진의 안내를 받고 지방리교회에 도착하였다. 주일 예배를 마친 후 당회장 마로덕 선교사의 사회로 장로 선출을 위한 공동의회를 개회하였다. 투표 결과 류기택 영수가 선출되었다. 1년간의 장로 교육을 받았던 류기택은 1910년 3월에 마로덕 선교사의 집례로 장로로 장립을 받았으며, 이날 박정호 집사에게 영수의 직책을 맡기면서 류기택 장로의 사역에 큰 도움이 되었다.

장로로 선임된 류기택은 그냥 진산육영학교와 지방리교회만 지킬 수 없다면서 조선성서공회로부터 매서인으로 임명을 받고 성서반포 사업에 뛰어들었다. 그러면서 그의 활동 영역은 점점 확대되어 갔다.

1911년 대구에서 대한예수교장로회 독노회가 모일 때 류기택 장로는 전라대리회 총대로 파송을 받고 1912년 전라노회 창설하는 일에도 큰 공헌을 하였다. 그 후 전라노회가 모일 때마다 총대로 참석하였으며, 이 일로 그의 사역은 진산면뿐만 아니라 금산면까지 확대되었다. 그러다가 1919년 8월 12일 금산읍 장날 매서인으로 활동하다가 허기진 상태에서 참외 하나를 잘못 먹고 그만 삶을 마감하게 되었다. 그의 죽음에 대해 1919년 9월 24일 〈基督申報〉(기독신보)에 다음과 같은 기사가 나왔다.

"금산군 진산면 지방리교회 장로 류기택 씨의 별세에 대하여 지극한 비감의 자극을 일으키는도다. 본래 문벌의 후예로 가세가 극빈한 중에 교회를 치리하랴, 학교 교장으로 힘쓰려니까 한 몸이 두 짐이 되어 주야로 일을 하다가 8월 16일은 곧 류기택 씨가 이 세상을 떠나서 영락 성으로 이전하시는 날이 된지라.(이하 생략)"

비록 류기택 장로는 59세의 짧은 나이로 삶을 마감하였지만 그의 자녀 류석민은 아버지의 대를 이어 장로가 되었으며, 역시 그의 손자 류흥수도 장로가 되어 금산 지방 기독교의 역사를 지키는 파수꾼으로 남아 있다.

10 완도 관산리에서 순교한 최병호 장로

 최병호(1873-1950) 장로 하면 잘 모르지만, 그는 해방 후에 미군정 시절 목포 초대 시장을 역임했던 최섭 장로의 선친이다. 최섭 장로는 목포 양동제일교회 장로이면서 목포 프렌취병원 원장 의사로서, 목포 정명여자중고등학교 교장도 역임하였다. 또 최섭 장로의 아들인 최상춘은 서울 은광교회 원로 장로이기도 하다. 이처럼 3대째 장로로 이어지는 모습은 최병호 장로의 삶이 얼마나 훌륭했는가를 입증해 주는 좋은 증거이기도 하다.
 최병호 장로는 전남 강진에서 한학자인 최정흠의 5남매 중 막내로 태어났다. 한학자의 자녀로 태어났던 관계로 기독교 문화를 접하고도 양복을 걸치지 않고 그가 순교할 때까지 한복을 입고 다녔다. 한학자의 자녀로 태어났기 때문에 한학에 몰두하면서 진리를 찾기 위해 무한히 노력하였다. 그러나 그 진리를 찾지 못하고 결국 술과 도박에 빠지면서 타락한 생활을 하고 말았다.
 그의 부모는 결혼을 시키면 철이 들어 타락하지 않을까 하여 17세 난 소년을 전남 완도에서도 외딴섬인 금면도에 사는 최간난이란 규수와 양가 부모들의 합의하에 결혼을 시켰다. 양가 부모들의 협력으로 금면도에서 잘살 수 있도록 모든 여건을 마련해 주었지만, 그는 섬 생활이 너무나 답답하여 결국 섬을 탈출하여 여전히 옛날 친구들과 어울려 다니던 강진으로 나오고 말았다.

그렇게 힘을 모아 분가를 시켰지만 그 살림도 다 망해 버리고 강진에 와서도 마찬가지였다. 그렇게 술과 도박으로 생활하던 최병호가 먼 친척 되는 강진 병영교회의 최경화 장로를 만나게 되었다.

"병호야, 이젠 하나님을 믿고 정신을 차리고 가정을 지켜야 해!"

"정신을 차리라고요? 형님, 나는 이렇게 노는 그 자체가 정신을 차린 것입니다."

이렇게 해서 그는 예수를 영접할 수 있는 기회를 놓치고 말았다. 강진에서 방탕한 생활을 했던 최병호는 마지막 자신의 세간을 팔아서라도 친구들과 어울리겠다는 생각을 갖고 금면도로 향하는 배에 승선하였다. 출발할 때는 그렇게 날씨도 좋았는데 갑자기 풍랑이 일어나자 배에 함께 승선했던 승객들이 아우성을 치면서 난리였다. 이때 최병호도 생명의 위협을 느끼자 "하나님, 이제 여기서 빠져 죽으면 고기밥밖에 되지 않습니다. 살려만 주시면 저도 하나님을 믿겠습니다"라고 기도했다.

그렇게 열심히 기도하던 중 어느새 불던 바람이 멈추자 배는 정상적으로 금면도를 향해 가게 되었다. 그는 선창가에서 보이는 관산리교회에 찾아갔다. 마침 교회에는 아무도 없었지만 무조건 문을 열고 들어가서 기도하였다.

"하나님, 다시는 타락된 생활을 하지 않고 하나님만 의지하고 살겠습니다."

 몇 번이고 다짐하면서 기도했던 최병호는 집에 들어가자마자 부인에게 "여보, 나 하나님을 믿기로 작정하고 지금 교회에서 기도하고 왔소"라고 했다. 이 말에 놀란 부인은 자신의 귀를 의심하면서 남편의 얼굴을 보았는데, 그의 얼굴이 그렇게 환할 수가 없었다.
 얼마의 시간이 흘러 이 섬에도 부활의 계절이 찾아왔다. 당시 이 지역에는 부활절이 되면 선교사들이 순회를 하는 일이 있었는데, 이때 미국 남장로교 선교사 맥콜리(H. D. McCallie, 맹현리)가 관산리교회에 방문하게 되었다. 당시 최병호는 부인과 함께 맹현리 선교사가 집례하는 세례 학습 문답에 합격하고 부부가 함께 관산리교회 교인이 되었다. 맹현리 선교사는 세례 문답을 하는 과정에서 놀라운 사실 하나를 발견하였다.
 당시 맹현리 선교사는 1906년에 목포에 도착하여 어학 훈련을 마친 후 1907년부터 지방을 순례하면서 전도를 하였다. 때마침 조사(助事) 겸 매서인(賣書人)이 필요하던 중 최병호를 만나자 그를 조사 겸 매서인으로 청빙했다. 그리하여 그의 가족은 다 함께 목포로 이주하게 되고 그는 목포 선교부에서 일하게 되었다. 맹현리 선교사의 선교 구역은 해남, 영암, 강진, 완도, 진도 그리고 신안 앞바다에 널려 있는 섬들이었다.
 어느 날 최병호는 매서인이 된 후 성경책을 한 보따리 만들어 등에 지고 목포에서 출발하여 영암에서 강진으로 넘어가는 병재 고개를 지나가다가 도둑을 만나게 되었다.
 "똑바로 서봐! 이 보따리에 무엇이 들어 있소?"

"네, 여기에 신약과 구약이 들어 있습니다. 이 약만 먹으면 모든 병이 다 나을 수 있습니다."

"뭐라고? 신약과 구약이 다 있다고? 빨리 열어 봐!"

이때 최병호는 좋은 기회라도 온 듯이 마음을 정돈하고 신약과 구약에 대해서 설명하였다. 그러자 도둑들은 그의 이야기를 다 듣고 나더니 "에이, 재수 없어. 예수쟁이구먼. 빨리 보내 버려!"

이렇게 해서 최병호 조사는 풀려나 자신의 고향인 강진에서 얼마 동안 매서인 활동을 하였다. 강진 사람들은 최병호를 보고 모두 놀라고 말았다. 그렇게 술주정꾼이었던 그가 예수를 믿고 예수쟁이가 되었다면서 모두 좋아하였다. 목포 선교부로 돌아온 최병호 조사는 맹현리 선교사의 지시에 따라 다시 성경책을 한 보따리 매고 진도, 완도, 해남, 영암, 더 나아가 배를 타고 신안 비금도 덕산교회(1908년 맥콜리 선교사 설립)를 비롯해서 여러 섬을 순회하였다. 그는 교회도 세우고 성례전을 베풀기도 하였다. 한편 주일이 되면 언제나 목포 양동교회에 출석하였다. 목포 양동교회 교인들은 그를 장로로 선출하여 목포 양동교회 제2대 장로로 장립을 받기도 하였다.

그의 활동력과 애국에 대한 힘찬 언변에 놀란 조만식 장로는 목포 지방 물산장려운동을 전개하면서 뜻하지 않게 최병호 장로를 만나 그를 목포 지방 물산장려운동 책임자로 추대하였다. 최병호 장로에게는 한 가지 일이 더 생기게 되었다. 그의 열심에 놀란 많은 사람들이 그가 강연하는 날에는 수없이 모여 성시를 이루기도 하였다.

때마침 신사참배 반대운동이 전국적으로 확산되자 목포 양동교회 박연세 목사가 일본 경찰에 체포되고 말았다. 이러한 광경을 지켜보았던 최병호 장로는 신사참배를 하면서 신앙생활을 할 수 없다고 판단하고, 완도 관산리교회에 얼마 동안 있다가 해방이 되자 완도 군민회를 조직하고 책임자를 맡아 활동하였다. 그런데 뜻하지 않는 6·25 한국전쟁을 만나자 지역 공산당원들에 의해 관산리 앞바다에서 수장(水葬)되고 말았다. 그러나 얼마 후에 시신이 해태 밭에 걸려서 찾을 수 있었다. 이렇게 해서 최병호 장로는 순교하였고, 그 얼마 후에 관산리교회장으로 장례식이 거행되었다.

비록 그는 순교를 당하였지만 그의 아들 최섭(崔燮)은 일찍이 세브란스 의학전문학교에 진학하였고, 졸업 후 선교사들이 운영하는 목포 프렌취병원을 제중원으로 간판을 바꿔 달고 의료 활동을 하였다. 해방이 되자 미군 군정청은 그를 목포 초대 부윤(府尹)으로 임명하였다. 한편 일제에 의해 폐교되었던 목포 정명여학교를 재건하고 교장으로 취임하기도 했다.

11 전도운동을 하다가 일경에 체포되었던
   우호익 장로

　　우호익은 평양에 소재한 숭실대학 재학생들로 구성된 학생 전도단의 일원이 되어 1919년부터 1921년까지 진흥(振興) 운동에 참여하였다. 당시 많은 기독교 교인들은 그렇게 열심히 "대한 독립 만세!"를 불렀지만 돌아온 것은 허탈감뿐이었다. 이러한 사실을 잘 알고 있던 우호익은 직접 단장이 되어 16명의 숭실대학 학생을 전도운동에 참여시켰다. 그는 전도대원을 이끌고 남한 전 지역에 다니면서 전도운동을 전개하였다. 우선 가까운 지역인 평안도를 중심으로 해서 어느덧 남단에 자리를 잡고 있는 목포까지 오게 되었다.

　　당시 목포는 목포 양동교회에서 장로로 시무하다가 3·1운동으로 인하여 체포되어 형을 받고 목포 형무소에 수감되었던 이경필 목사를 비롯해서 목포 영흥학교, 목포 정명여학교 학생들이 모두 목포 형무소에 수감되어 있었다. 이러한 사실을 잘 알았던 우호익은 이들에게 새로운 희망을 주기 위해서 당시 미국 남장로교 선교사로서 목포 영흥학교 교장인 커밍(D. J. Cumming, 김아각) 선교사의 협력으로 목포 영흥학교와 목포 정명여학교에서 전도 강연을 실시하였다.

이러한 소식을 접한 목포 경찰서에서는 평양에 있는 숭실대학 학생 전도단이 목포에까지 내려와서 강연을 한다는 말에 많은 관심을 갖게 되었다. 이미 목포 영흥학교 출신 중에는 3·1 운동에 가담했던 학생들이 많이 있었기에 목포 경찰서로서는 관심을 갖고 지켜볼 수밖에 없었다.

"여러분! 나라를 잃고 사는 그 삶이 얼마나 허탈합니까? 우리가 사모하는 나라는 이 땅에 있는 나라가 아니라 장차 우리가 가야 할 저 천국이 있습니다. 바로 예수 믿는 일이 애국하는 길이고 이 길만이 나라를 살리는 길입니다."

이 말이 끝나자 여기저기서 웅성거리는 소리가 들리기 시작하였다. 바로 그 순간 일본 고등계 형사는 강연을 하고 내려오는 우호익 학생을 체포해 갔다. 이때 함께 참여했던 박형룡, 송강선 등이 즉결 재판을 받았다. 그리고 우호익은 주동적인 역할을 했다고 하여 10개월간의 형을 받고 목포 형무소에 구금되고 말았다. 다행히 김아각 선교사의 끈질긴 노력으로 3개월 만에 석방되어 그 길로 평양으로 돌아갈 수 있었다.

이처럼 직접 지방에 다니면서 젊은 청소년들에게 희망을 주었던 우호익 학생은 1897년 평안남도 강서군 동진면 태성리에서 출생하였다. 그는 출생한 지 얼마 안 되어 마을에서 운영하는 태성리 한문 서당에서 한문을 배우고 있었다. 그런데 그만 어머니가 알 수 없는 병에 걸려 치료도 제대로 받지도 못하고 삶을 마감하고 말았다.

아버지의 슬하에서 자란 우호익은 아버지의 극진한 사랑을 받으면서 성장하였다. 우호익 아버지는 마을 사람들이 새장가를 가라고 하면서 여러 군데 중매를 해주었지만 일체 거절하였다. 그 이유는 단 하나뿐이었다. 만일 자신이 결혼을 하게 되면 어린 호익이 계모 밑에서 자라서 큰 상처를 받을 수 있다는 생각 때문에 혼자서 자신의 십자가를 지고 가기로 했다. 그리고 어린 아들 우호익을 정성을 다해서 키우기로 결심하였다.

때마침 평양에 있는 미국 선교사들이 설립한 숭실중학교가 있다는 말에 우호익을 그 학교에 입학시켰다. 그는 아들을 그냥 놔두고 올 수가 없어서 학교 책임자에게 가정 사정을 이야기했다. 그러자 학교 측에서는 우호익을 근로 장학생으로 일하면서 학교에 다닐 수 있도록 평양 숭실중학교 기숙사에 기거하게 해주었다. 그는 선배들의 안내를 받으면서 유명한 장대현교회에 출석하게 되었다. 말로만 들었던 길선주 목사의 설교에 감동을 받고, 몇 번이고 두 주먹을 불끈 쥐고 열심히 신앙생활을 하여 먼 훗날 천국에 계신 어머니를 만나야겠다는 강한 의지를 불태웠다.

어느덧 5년의 과정을 다 마친 우호익은 선교사의 추천으로 숭실대학에 진학하였다. 우호익은 주님의 은혜가 너무 감사하여 전도대를 조직하고 목포까지 갔다. 그곳에서 일제의 포악한 실상을 알게 된 후 더 열심히 전도대를 이끌고 다니면서 전도하였다.

그는 학창생활을 통해 많은 유익을 얻었다. 때마침 우호익이 숭실대학을 졸업한다는 소식을 들었던 김아각 선교사는 숭실학교에 연락하여 그를 목포 영흥학교 교사로 초빙하였다. 이때 우호익은 김아각 선교사의 초청에 몇 번이고 감사하면서 그 멀고 먼 목포 영흥학교 교사로 부임하였다.

"학생 여러분, 저는 목포와는 인연이 깊습니다. 목포는 저에게 민족의 아픔을 깨닫게 해준 땅이기도 합니다. 열심히 공부해서 이 나라를 하나님의 말씀으로 지키는 학교를 만들어 갑시다."

그렇게 즐거웠던 시간도 잠시뿐이었다. 어느 날 김아각 교장이 평양에서 온 편지 하나를 꺼내 들고 말을 전했다.

"우호익 선생님, 평양 선교부에서 선생님을 급히 보내 달라는 연락이 왔습니다. 휴가를 내줄 테니 평양을 다녀오시기를 바랍니다."

이러한 연락을 받았던 우호익은 자신의 수업 시간을 다른 교사에게 맡기고 평양에 도착하였다.

"선교사님, 저보고 일본으로 유학을 가라고요?"

"네, 우리가 미국은 여러 사람들을 교수 요원으로 보냈지만 일본으로는 한 사람도 유학을 보내지 않았습니다."

이미 우호익은 일본에 대해서 많이 알았으면 하는 생각이 있었는데 일본 유학을 가라는 말에 귀가 솔깃했다.

"네, 가겠습니다. 참으로 감사합니다."

이 말에 너무 감사했던 우호익은 여러 통로를 통해 일본에 있는 많은 대학에 대한 정보를 입수했다. 그리고 양심적인 인재를 많이 양성하고 있다는 동경에 있는 와세다대학[早稻田大學]에 유학하고 1924년 와세다대학 문학부 사학과를 졸업했다. 그는 귀국하여 1927년 모교의 교수로 활동하였다. 그러나 1938년 신사참배 문제로 학교가 자진 폐교되자 우호익은 잠시 언론기관에서 봉사하였다. 그러다가 다시 평양도서관 관장으로 일하다가 일제의 패망으로 평양 숭실대학 재건위원회를 조직하고 활동하였다. 그러나 공산당의 방해 공작으로 그 일을 이루지 못하고 1948년 가족을 이끌고 월남하게 되었다.

그는 서울고등학교 교사로 봉사하면서 숭실대학 재건운동을 하였지만 뜻하지 않게 6·25 한국전쟁을 만나 그 뜻을 이루지 못하였다. 그러나 1953년 10월 10일 숭실학교 개교 기념일을 맞이하여 재건준비위원회를 구성하였으며, 드디어 1954년 4월 15일 인가를 받고 서울 영락교회 교육관에서 개교를 하였다. 학장은 한경직 목사, 부학장은 우호익 장로가 맡았다. 실제로 한경직 목사는 영락교회 담임목사였기에 실질적인 학교 운영은 부학장인 우호익 장로가 맡아 수고하였다. 1958년에는 명예학장, 1977년에는 숭실대학 재건의 공이 큰 그에게 숭실대학에서 명예 문학박사 학위를 수여하였다.

우호익은 1983년 86세의 나이로 평생 동안 그리워했던 어머니가 계신 하늘나라로 떠났다.

12 장로회신학대학교에서 국문학 교수로 인기를 끌었던 윤영춘 장로

윤영춘(1912-1978) 교수는 경희대학교 문리대 국문학과 교수로, 또 장로회신학대학교 교수로 출강하면서 '기독교와 문학'을 접목시키는 데 큰 공을 세웠다. 그 당시 그는 서울 동신교회 시무장로로서 경건미가 있었을 뿐만 아니라, 장로가 개교회에서 어떻게 활동하는 것이 목회에 도움이 될 수 있을지 신앙적으로 잘 지도했다. 그러한 그의 모습은 장로회신학대학교에서 그를 알았던 졸업생들이 지금도 얘기하고 있다. 그의 영향으로 문단에 등단한 목사도 많다. 그중 대표적인 인물이 본 교단 증경 총회장인 김순권 목사다.

윤영춘 장로는 1912년 만주 북간도 용정시 명동(明東)에서 출생하였다. 그가 태어날 무렵 일제는 조선을 강제로 일본의 식민지로 만들고 여기에 저항운동을 했던 사람들은 가차 없이 감옥에 구속시키는 일이 비일비재하였다. 더욱이 일제의 농토 수탈로 인하여 대다수의 농민들은 강제로 토지를 빼앗겼다. 그러자 살길이 막막했던 함경도 사람들은 무조건 가족을 이끌고 북간도로 향하였다. 때마침 많은 이들이 허허벌판인 명동 땅에 자리를 잡았다. 명동은 '밝아오는 동쪽'이란 뜻에서 그 이름이 유래되었다.

이미 일제 강점기 이전부터 많은 사람들이 두만강과 압록강을 건너서 사람들이 살지 않는 지역에 움막을 치고 농토를 개간했다. 이 주민들이 자리를 잡자 이름 없는 마을이 수없이 많이 생겨나게 되었다. 더 구체적으로 말하면, 1869년에 함경도 변방 지대에 뜻하지 않은 큰 흉년이 들어 많은 농민들이 이대로 그냥 주저앉아 죽을 수 없다고 생각하고 북간도 지방으로 이주해 갔다. 이들은 주로 산간 마을에서 밭농사를 지으면서 생활하였다.

국경 지대에 사는 많은 조선인들은 여러 학자들의 견해에 의하면 고려가 북방 정책을 펼치면서 백두산을 중심으로 해서 국경을 정하자 백두산을 넘어 이주하기 시작하였다. 이때부터 청나라에서는 이들을 고려족이라 부르게 되었다. 그 후 조선이 형성되면서 그 넓은 땅을 관리하기 위해서 4군 6진을 설치하고 개척하기 시작하여 만주 땅 일부를 개간하면서 조선인들이 주인으로서 땅을 소유하고 있었다.

윤영춘의 부모도 함경북도 금성에서 아예 일가 친족들이 함께 이주했으며, 문재린 목사의 가정도 이사하였다. 또 그 유명한 '서시'로 일제를 깜짝 놀라게 했던 윤동주의 조상들도 북간도 명동에 자리를 잡게 되었다.

윤영춘 교수는 윤동주와는 같은 파평 윤씨로 아주 가까운 집안 간이다. 더 구체적으로 말하면, 윤동주(1917-1945)의 할아버지는 윤하연(尹夏鉉, 1875-1947)이며, 윤영춘의 아버지는 윤덕현(尹德鉉, 1878-1941)으로서 형제간이다. 이러한 배경에서 찾아보면 윤영춘은 윤동주의 삼촌이 되는 셈이다. 윤영춘과 윤동주는 모두 조상들의 이끌림에 의해 명동에서 출생하였다. 문익환도 문재린 목사의 아들로 명동에서 태어났다. 이들에게 명동은 큰 희망과 꿈을 심어 주는 곳이었다.

함경도에서 이주해 갔던 이들은 이미 김약연 목사를 중심으로 해서 명동교회를 설립하고 이어서 명동학교를 설립하게 되었다. 이때 윤영춘의 어머니는 캐나다 선교사 백누 씨의 전도를 받고 명동교회에 출석하였고, 윤영춘의 아버지인 윤덕현도 자연히 교인이 되었다. 윤덕현은 자수성가하여 명동에서 상당한 토지를 개간하여 많은 농토를 갖고 농사를 지었다. 그래서 정미소를 소유하여 운영까지 하고 있었다.

윤영춘 교수는 장로회신학대학에서 강의를 하는 중에 가족이 다 예수를 믿게 된 이야기를 가끔 들려주기도 하였다. 그의 어머니의 신앙은 그 누구도 따라갈 수 없을 정도로 대단한 열심을 갖고 있었다. 심지어 베틀에 앉기만 하면 찬송가를 거의 외워서 부르기도 하였다.

"학생들, 우리 어머니 이야기가 너무나 신기하지요? 만일 어머니의 신앙이 아니었으면 저는 감히 여러 신학생 앞에 설 수가 없었을 거예요."

윤영춘 교수는 고향 이야기라도 나오는 날이면 그렇게 좋아했다. 바로 이러한 환경에서 성장했던 윤영춘은 명동교회 김약연 목사에게 철저한 신앙 교육을 받았다. 명동학교를 다니다가 만주 길림 성에 있는 제4사범학교 부속초등학교에 편입하여 졸업을 한 후 사범학교에 진학하였다. 여기서 5년간의 교육을 이수했던 윤영춘은 자신의 모교인 명동학교 교사로 취직하였다. 이때 그의 제자 가운데는 윤동주를 비롯해서 문익환, 송몽규가 있었다.

얼마 동안 교사로서 학생을 가르치는 동안 더 공부를 해야겠다는 생각을 갖고 그 유명한 양주동 교수가 있다는 평양 숭실전문학교에 진학하였다. 그렇게 좋아하면서 다녔던 숭실전문학교가 신사참배 문제로 폐교하고 선교사들은 모두 귀국하고 말았다. 더는 학교에 다닐 수 없는 처지에 놓이자 일본 동경에 있는 미션학교인 메이지학원대학에 진학하였다.

이 대학은 비교적 학문의 자유가 보장되어 있어서 신사참배 문제라는 것은 전혀 없었다. 더욱이 한국 유학생들을 배려하는 일도 많았다. 1939년 메이지학원대학[明治學院大學]을 졸업하고 다시 일본대학 영문학과에 편입해 공부를 마친 후에 일본인들의 배려로 메이지학원대학과 일본대학에서 영문학과 시간 강사로 활동하였다.

그가 남긴 유명한 수상집 《나 혼자만이라도》에는 책을 한번 잡으면 시간 가는 줄 모르고 읽을 수 있는 유익한 말들이 담겨져 있었다. 일본에서 해방을 만난 윤영춘은 곧 간도 용정을 거쳐 곧바로 월남하여 1948년부터 국학대학 교수로 잠시 있다가 경희대학교에 교수로 재임했다. 그러던 중 미국 프린스턴대학 대학원에서 영문학을 연구하면서 기독교 문화와 접목시키는 등 폭넓은 학문을 연구하고 귀국하였다. 이후 그는 경희대학을 세계적인 대학으로 발전시키는 데 한몫을 담당하였다. 여기에 그의 학문을 인정했던 장로회신학대학교에서 '문학과 기독교'라는 과목으로 강의하는 길을 열어 주었다. 그는 이곳에서 많은 인재를 양성하였다.

그러나 그는 1973년 대만대학 교환 교수로 활동 중 기후에 적응하지 못하고 곧 귀국하여 투병생활을 하였다. 그러는 가운데 5년간 5권의 시집을 출판하였다. 소천하기 5일 전에 '北窓을 열고'라는 시를 남기고 우리의 곁을 떠나고 말았다.

北窓을 열고

북풍한설(北風寒雪)이 모질게 불어와도
나는 北窓을 활짝 열고
북쪽 잃어버린 땅에서 불어오는
바람을 맞는다.
(중략)
내 고향 사투리가 무쇠여 가는 이 무렵
고향의 가락이라도 듣고 싶어
이 北窓을 열고
귀를 솟구쳐 소리를 엿듣는다.

13 충남 금산읍교회의 첫 순교자 이덕봉 장로

충청남도 금산군은 원래 전라북도 금산군에 속하였다. 이러한 관계로 이 지역은 미국 남장로교 선교 구역이었다. 전주 선교부에서는 금산 구역을 비롯해서 무주군, 장수군, 진안군, 임실군, 완주군을 담당하였다. 이 지역은 전주 선교부에서 멀리 떨어져 있었고, 더구나 금산군은 충청남도 영동군과 경계를 하고 있었다. 그러기에 깊은 오지에 있는 금산 지역은 자연히 미국 남장로교 선교 구역이 되었다.

이러한 오지에 있는 지역이었지만 미국 남장로교 매큐첸(L. D. McCutchen, 마로덕) 선교사는 멀다고 외면하지 않고 이 지역에도 하나님의 복음을 전해야 한다는 사명감을 가지고 금산 지역을 떠맡았다. 마로덕 선교사는 뜨거운 열정을 갖고 익산군 동부 지역 일부도 떠맡아 선교운동을 전개하였다.

마로덕 선교사는 그 넓은 지역을 혼자서 감당할 수 없었다. 그래서 전주 선교부에 전주 성경학교를 설립하고 전도사를 많이 양성하였다. 바로 그 대표적인 인물이 이덕봉 장로다. 그는 1900년 충청남도 금산군 금산읍 중도리에서 인삼을 경작하는 이춘구와 손 씨 사이에서 장남으로 출생하였다.

그가 출생한 지 얼마 안 되어 마로덕 선교사는 조사를 대동하고 금산읍 장날을 기해서 금산에 첫발을 내딛게 되었다. 이때 마로덕 선교사는 서툰 발음으로 "여러분, 예수 믿으면 복을 받습니다"라고 했다.

바로 이때 이덕봉의 아버지가 장에 나왔다가 예수를 영접하고 금산읍교회 초대 교인이 되었다. 금산읍교회가 설립된 지 얼마 안 되어 마로덕 선교사는 초등학교 과정의 교육을 시킬 수 있는 심광학교를 설립하고 학생을 모집하였다. 이때 이덕봉은 아버지의 손에 이끌리어 심광학교에 입학하였다. 다행히 그의 가정은 인삼을 재배했던 관계로 비교적 경제적 여유가 있었다. 심광학교를 졸업하고 곧 전주 선교부에서 설립한 전주 신흥학교로 유학을 떠났다. 그가 전주 신흥학교에 입학할 수 있었던 것은 마로덕 선교사의 덕택이었다. 전주 신흥학교 중등과를 졸업하자 마로덕 선교사는 이덕봉의 실력을 인정하고 장차 목회자로 키우기 위해서 자신이 직접 운영하는 전주 성경학교에 진학시켰다.

이덕봉은 방학이 되면 고향 교회에 와서 봉사하는 일은 물론이고, 성경학교 학생으로 구성된 하기학교 봉사팀을 만들어 금산군 일대와 그 옆에 있는 무주군에 속한 교회까지 다니면서 봉사하였다. 옆에서 지켜보고 있던 마로덕 선교사는 이덕봉을 자신의 사무실로 불렀다.

"이덕봉 학생, 이제 성경학교를 졸업하면 평양에 있는 장로회신학교에 진학하여 앞으로 전북 지방의 목회자가 되어 교회를 나와 함께 사역하면 어떻겠습니까?"

"선교사님의 그 말씀은 참으로 감사합니다만, 저의 숙부인 이춘원과 조카인 이재봉이 모두 평양에 있는 장로회신학교를 다니고 있습니다. 숙부와 조카의 학비를 저의 인삼밭에서 나온 수입으로 지원하고 있습니다. 저는 그냥 조사로 사역을 하면서 인삼밭을 운영해서 두 분의 학비를 충당해야 합니다."

이렇게 해서 이덕봉은 마로덕 선교사의 권유를 뿌리치고 조사로서 활동하겠다는 굳은 의지를 갖고 전주 성경학교를 졸업하였다. 이덕봉은 계속해서 금산 역평교회 조사로 사역을 하였다. 그의 열심에 놀란 교인들은 그를 장로로 피택하였고, 역평교회의 당회장인 마로덕 선교사의 집례로 장로 장립을 받았다.

이처럼 장로로 장립을 받았던 이덕봉은 자신이 섬기고 있는 금산 역평교회뿐만 아니라 평소에 그 지역에서 믿음 좋기로 소문난 사람이었다. 그는 인삼밭을 재배하면서 얻은 수입에서 십일조를 헌금하였다.

그러나 그가 장로로 장립을 받기까지 위해서 열심히 지도했던 마로덕 선교사가 1938년 신사참배 반대 문제로 철수하는 일이 일어났다. 이러한 문제로 그의 모교인 전주 신흥학교를 비롯해서 미국 남장로교 선교부에서 설립했던 전주 기전여학교, 군산 영명학교, 군산 맬본딘여학교, 목포 영흥학교, 목포 정명여학교, 광주 숭일학교, 수피아여학교, 순천 매산학교가 모두 폐쇄되었다. 그리고 미국 남장로교 선교사들은 일부 철수하고 있었다.

1940년 선교사들이 완전히 철수하자, 일제의 강요에 의해 신사참배가 실시되었다. 따라서 교회를 맡을 수 없다는 교역자가 속출하고 있었다. 이 일로 인하여 교역자가 부족했던 때에 이덕봉 장로는 이웃에 있는 수영리교회의 청빙을 받고 교역자로서 설교를 담당하였다.

"이덕봉 장로님, 잠깐 금산 경찰서로 출두해 주시기 부탁합니다."

"뭐라고요? 출두를 하라고요? 제가 남의 물건을 훔쳤다고 누가 신고라도 했나요?"

"아닙니다. 총독부에서 명령이 내려왔습니다."

이 무렵 일본은 공군과 해군의 합동 작전으로 1941년 12월 8일 미국의 영토인 하와이에 있는 군사기지를 급습했다. 이 일로 태평양 전쟁이 일어나게 되었다. 일본은 태평양 전쟁을 일으키면서 조선 총독부는 내선일체(內鮮一體)를 부르짖고 나섰다. 과거 조선 총독부는 철저하게 조선에 대해서 차별정책을 펴오다가 갑자기 조선과 일본 본토는 하나라는 뜻으로 내선일체를 앞세우고 조선 청년들을 전쟁터로 내몰고 갔다.

이 일로 금산에서는 많은 청년들이 일본군의 징병에 의해 끌려가고, 심지어 여성들은 근로봉사대라는 미명으로 위안부로 끌려가고 있었다. 이덕봉 장로는 금산 하늘에서 보일락 말락 하는 곳에 미국의 비행기가 밤낮을 가리지 않고 높이 하늘을 가로시르고 날아가는 것을 보았다. 여기에 확신을 얻은 그는 더 열심히 기도하면서 '우상을 숭배하는 나라는 망한다'는 확신을 갖고 있었다.

그런데 1945년 8월 15일 정오를 기해 일본 천황이 연합군에게 항복했다는 소식을 듣게 되었다. 이때 이덕봉 장로는 어렸을 때에 심광학교에서 보았던 태극기를 상상해 가면서 그리기 시작하였다. 태극기 한 장을 그려 놓은 이덕봉 장로는 마을 청년들을 불러 모아 태극기를 들고 거리로 나가 태극기를 흔들면서 한목소리로 "대한 독립 만세!"를 외치고 다녔다. 어느덧 많은 회중이 모여들자 그 행렬을 수영리교회 안으로 인도하고 해방의 예배를 하나님께 드렸다.

이 일로 인하여 수영리교회는 매주마다 새로운 교인들이 등록하면서 부흥되었다. 그런데 이러한 일도 잠시뿐이었다. 북위 38도선을 기준으로 이북은 소련군이 진주하고 이남은 미군이 진주하면서 불행한 일이 이 땅에 생겨나고 말았다. 결국 이 일로 1950년 6월 25일 북한군의 남침으로 남한은 어느새 북한군의 세상이 되고 말았다.

그러나 이덕봉 장로는 조금도 동요하지 않고 계속해서 주일이면 예배를 인도하였다. 북한군이 금산에 진주하자 할 수 없이 교회를 잠시 떠나게 되었다. 계속 교회를 떠날 수 없었던 이덕봉 장로가 수영리교회에 나타나자 북한군은 곧 그를 체포하여 인민재판에 회부하였다. 죄목은 마로덕 선교사의 앞잡이였다는 것이다. 인민재판에 모였던 일부 사람들은 이덕봉 장로의 구제 사업으로 많은 혜택을 입었던 사람들이었다. 그들은 이덕봉 장로의 구명운동을 위해 열심히 노력하였다. 그러나 9월 22일 유난히도 밝은 달빛 아래 그는 주님 곁으로 떠났다.

14 황해도 소래교회 출신 서병호 장로

소래교회는 선교사가 입국하기 전 한국인의 손으로 설립된 자생적 교회로 유명하다. 황해도 장연군 대구면 송천리에 세워졌으나 불행하게도 6·25 한국전쟁으로 파괴되었으며, 지금은 북한 군사기지가 자리 잡고 있기 때문에 그 누구도 찾아갈 수 없는 곳이 되었다.

소래교회는 1883년 5월 16일, 서상륜과 서경조 형제에 의해 설립되었다. 대구 달성 서씨 문중에서 최초로 예수를 영접했던 사람이 서상륜과 서경조였다. 서상륜과 서경조는 평안도 의주에서 출생하였다. 그러나 일찍이 부모를 여읜 서상륜과 서경조는 중국 고려문을 드나들면서 홍삼 장사를 했다. 이때 서상륜은 갑자기 배가 아파 고통을 당하던 중 헌트 의료 선교사의 도움을 받고 낫게 되었다.

서상륜은 그 일이 고마워 예수를 믿게 되었으며, 스코틀랜드 선교사 로스(J. Ross)에게 세례를 받고 그의 좋은 협력자가 되어 곧 심양으로 로스 선교사와 함께 이동했다. 그곳에서 서상륜은 로스 선교사를 도우면서 누가복음과 요한복음을 번역하는 데 큰 공을 세우기도 하였다.

이처럼 성경을 번역했던 서상륜은 얼마의 책을 짊어지고 의주로 가던 중 고려문 검문소에서 그만 발각되어 별정소에 얼마간 구류되었다. 다행히 먼 친척 되는 의주 관리의 도움을 받고 몇 권의 책을 가슴에 안고 뒤도 안 돌아보고 단동에서 배를 타고 의주에 들어오게 되었다.

입국에 성공한 서상륜은 자신의 집에서 동생 서경조와 함께 성경을 읽던 중 관헌에게 발각되어 곧바로 동생과 함께 외가가 있는 소래로 피신하였다. 그러나 그렇게 좋아서 믿었던 기독교를 핍박한다고 해서 포기할 수 없다고 생각했다. 그리하여 소래 외가에서도 성경을 펴 들고 예배를 드리기 시작했다. 이 일을 계기로 자생적 교회를 설립하게 되었다.

이러한 자생적 교회인 소래교회가 설립되기 전, 이 지역에는 서울에서 육조판서(六曹判署)의 벼슬을 지내고 낙향한 광산 김씨들이 자리를 잡고 있었다. 그 후손인 김윤방이란 사람이 큰 역할을 하였다. 김윤방의 동생 김윤호(서울여대 초대 학장인 고환경 박사의 외조부)가 있었고, 김순애는 김규식 박사의 부인으로서 일찍이 해서제일학교를 졸업하고 정신여학교를 거쳐 중국 남경대학으로 유학을 갔다.

이 교회가 설립되었다는 소식을 들었던 언더우드와 아펜젤러 선교사는 로스 선교사를 만나기 위해서 선교여행을 떠나면서 소래교회를 방문하게 되었다. 때마침 서경조의 자녀로 출생한 지 얼마 안 된 서병호를 안고 유아세례를 베풀었다. 이 일로 한국 기독교 역사상 최초의 유아세례자는 서병호라는 기록을 갖게 되었다. 이때 소래교회에 도착한 이들은 소래교회 교인 6명에게도 세례를 베풀었다.

그런데 여기서 기억해 둘 일은, 서병호는 서경조의 둘째 아들로 태어났다는 것이다. 이미 서경조는 당시로서는 생각할 수 없는 과부와 첫 결혼을 했다. 이때 서경조의 부인은 전남편에서 출생한 아들을 데리고 왔다. 그를 서경조 호적에 장남으로 입적해서 서광호라고 불렀다. 그리고 서병호는 첫아들로 출생하였지만 둘째 아들로 호적에 올리게 되었다. 서상륜은 결혼해서 딸을 낳았지만 대를 이을 아들이 없자 병호를 서상륜의 양자로 입적하고 서상륜의 대를 이어갈 수 있도록 하였다.

이처럼 소래교회가 서서히 뿌리를 내리자 교회의 사역은 서경조가 맡았으며, 서상륜은 선교사들을 돕는 조사와 권서 일을 하면서 각 지방을 순회하였다. 이러한 관계로 서울에 오면 무어(모삼열) 선교사를 도와 곤당골교회를 설립하고 연동교회를 설립하는 등 바쁜 나날을 보내게 되었다.

그런데 소래교회에 뜻하지 않게 어린아이들이 모여들자 소래교회에서 야학당을 운영하였다. 이 야학당이 해서제일학교로 발전하면서 많은 인재를 양성하게 되었다. 그런데 이 야학당으로 끝나지 않고 때마침 캐나다 침례교 펜익 선교사기 이곳에서 얼마 동안 미물다가 원산으로 이동을 하였다. 그 후 1894년 매켄지 선교사가 캐나다 장로교의 자비량 선교사로 이곳에 머물게 되었다. 이 선교사의 사랑을 가장 많이 받았던 사람이 서병호였다. 더욱이 서병호는 그 위에 서광호라는 형이 있었지만, 서병호는 매켄지 선교사의 귀여움을 독차지했다. 그래서 서병호는 매켄지 선교사의 임종을 지켜보았다.

그 후 서병호는 해서제일학교를 졸업하고 언더우드 선교사가 설립한 경신학당에 입학하였으며, 경신학당을 졸업한 후 고향에 와서 얼마 동안 소래교회를 도우면서 해서제일학교 교사로 또는 학감으로 활동하였다. 그 후 안창호의 초청을 받고 안창호가 설립한 평양 대성학교에서 봉사하다가 언더우드 선교사의 배려로 모교인 경신학당 교사와 학감으로 봉직하였다. 이때부터 새문안교회에 집사로 봉사하면서 찬양대는 그의 몫이었다.

그러나 서병호는 일제의 식민지 정책 아래 나라 없는 사실이 너무 서러워 더는 국내에 있을 필요를 느끼지 못하고, 1914년 남경 금릉대학 철학과에 진학하면서 상해에서 활동하고 있는 김규식, 여운형, 선우혁, 신석우, 장덕수 등과 함께 신한 청년단을 조직하고 단장으로 활약하였다. 여기에서 상해 임시정부의 의정원 내무위원으로 활동하였다.

그의 무대는 점점 확대하면서 독립운동 모금 운동에도 참여하였으며, 간도 훈춘에서 독립운동을 하다 피해를 당한 유족들에게 많은 도움을 주기도 하였다. 상해에서 활동하던 그에게는 많은 일감이 주어졌다. 1921년에는 남화학원(南華學園)을 설립하여 인재를 양성하였으며, 상해에 있는 유일한 한국인 학교인 인성학교(人成學校) 이사장으로도 활동하였다.

또 친히 서병호를 낳았던 아버지인 서경조 목사는 새문안교회에서 은퇴하고, 아들이 머물러 있는 상해로 이사하여 그곳에서 상해 한인교회에 출석하였다. 이미 서병호는 한인교회에서 인정을 받고 장로로 시무하고 있었다. 서경조 목사는 아들의 뒷바라지를 하다가 결국 상해에서 삶을 마감하였다. 당시 상해 한인교회 교인들의 협조로 상해에서 장례식을 마치고 상해 외국인 묘지에 안장하였지만, 상해의 개발로 인하여 그의 묘는 어디로 가버렸는지 알 수 없다. 그러나 그는 하나님의 은혜로 하늘에 먼저 가 있는 서상륜 권서를 만나 함께 한국 교회의 부흥을 위해서 기도하리라고 생각된다.

해방이 되자 서병호는 귀국하여 경신고등학교 교장으로 재직하면서 새문안교회 장로로 취임하였다. 이것이 인연이 되어 서울노회 부회장을 맡아 봉사하였으며, 1959년 예장이 분열될 때 두 팔을 번쩍 들고 "안 됩니다. 분열만은 절대 안 됩니다!"라고 피맺힌 절규를 하였다. 그러나 끝내 예장은 통합과 합동으로 분열되고 말았다.

서경조의 아들인 서광호는 세브란스 의전 2회 졸업생으로 의사로서 활동하였으며, 그 외 후손으로는 대한성서공회 홍보이사인 서원석 장로가 있다. 그는 새문안교회 시무장로이기도 하다. 그의 동생인 서경석 목사는 중국에서 노동자로 나와 있는 이들을 위해 조선족 교회를 설립하여 그곳에서 목회하고 있다.

15 만주 삼원포에서 독립운동을 했던
방기전 장로

　방기전 장로는 평안 순천읍에서 1861년 방억철의 독자로 출생하였다. 그곳에서 자란 방기전은 1893년 마펫 선교사가 평양에 선교부를 설치하고 전도한다는 말을 듣고 100리가 넘는 길을 걸어와서 그의 전도 강연을 들었다. 그리고 기독교로 개종하였다. 그는 장대현교회가 설립되었다는 말을 듣고 다시 널다리교회(후에 장대현교회)까지 다니면서 신앙생활을 했다. 가는 데 하루, 주일에 교회에서 하루, 또 집에 가는 데 하루가 걸렸다. 교회를 다니기 위해서 이렇게 3일을 내는 것은 보통 신앙이 아니었다.

　때마침 자기 고향 뒷산에 폐허가 된 사찰이 있어서 그 사찰을 헐어 교회당을 신축하려고 계획을 세우고 있었다. 그 사찰을 헐어 교회당을 신축하려고 하는 이유는 우상을 마을에서 쫓아내야 한다는 생각 때문이었다.

　그런데 이 말이 불교 신자들의 귀에 들어가서 사찰을 팔 수 없다는 말이 나왔다. 그 일을 포기하고 있을 때 방기전은 마펫 선교사에게 자신의 마을에 사찰 건물을 교회로 지으려다가 실패했다고 말하였다.

"형제의 생각은 좋지만 남의 종교도 존중할 줄 알아야 돈독한 신앙생활을 할 수 있습니다."

이러한 말을 꺼냈던 마펫 선교사는 방기전의 말에 감동되어 자신이 직접 교회를 신축해 주겠다는 약속을 했다. 방기전은 몇 번이고 감사의 인사를 하였다. 마펫은 그 약속을 지키기 위해 목수, 재료 등을 구입할 수 있도록 얼마의 건축비를 보내왔다. 역시 이 말에 감동이 되어 방기전도 자신의 밭을 교회를 신축할 수 있도록 내놓았다. 교회당이 완성되자 순천 읍내 사람들 가운데 매주 새신자가 속출하였다.

여기에 기독교 교육이 필요하다면서 순천 읍내에 숭의숙(崇義塾)을 세우고, 또 은양학원(恩養學院)을 설립하고 교장직을 맡아 수고하였다. 이처럼 학교를 세운 목적은 기독교를 통한 민족의식을 고취하겠다는 생각에서였다.

그런데 뜻하지 않게 1905년 11월에 소위 을사늑약조약이 체결되었으며, 곧이어 1908년 군대를 해산히는 조약이 체결되어 구한말 군대를 모두 해산시키고 말았다. 이러한 일에 구한말 군대는 의병운동을 일으키면서 강하게 저항 운동을 일으켰다. 이때 방기전은 의병대장 유린석을 도와야 한다면서 비밀리에 군사물자를 공급해 주었다. 심지어 짚신 300켤레를 마련해 주기도 하였다.

드디어 한일합방이 되면서 의병들이 설 자리를 잃게 되자, 전 의병 참모장인 조병기를 만나 그가 머물고 있는 만주 길림 성 삼원포(三源

浦)로 군자금을 보내면서 그곳에 방기전도 정착하게 되었다. 이때 뜻을 같이했던 순천 지방 사람들이 이곳으로 정착하면서 마치 순천을 옮기어 놓은 듯하였다. 이미 신앙생활에 매진했던 방기전은 1911년 드디어 삼원포교회를 설립하고 직접 자신이 예배를 인도하였다.

그 후 계속해서 평안남도 순천 지방에 있는 군까지 소문이 퍼지면서 이주민들이 하루가 다르게 삼원포로 모여들면서 교회는 삽시간에 부흥 성장하였다. 이때 총회에서 파송을 받았던 한경희 선교사가 당회장직을 맡으면서 장로 선거가 실시되었다. 이때 방기전을 비롯해서 안동석, 심윤담, 전정도, 한석용, 김선두 등이 장로로 선출되어 한경희 목사를 잘 섬기면서 독립운동의 근거지로 만들었다.

이미 교육 사업에 헌신한 일이 있었던 방기전 장로는 삼원포교회만 설립했던 일만이 아니라, 청소년들에게 꿈과 이상을 심어 주고 이들에게 기독교의 정신을 통하여 나라를 찾을 수 있다는 확신을 주기 위해서 남녀 공학인 은양학교(恩養學校)를 설립하였다. 매일같이 고국에서 몰려오는 이들의 자녀는 모두 은양학교에 입학을 시켰다. 이 일로 인하여 은양학교는 어느덧 남자 200명과 여자 179명의 학생들이 매일 모여서 아침마다 "동해물과 백두산이 마르고 닳도록"을 목이 터지라고 불러댔다.

이처럼 학교의 설립 이념을 알았던 동포들은 너나없이 자녀들을 은양학교에 보냈다. 그러자 학생은 어느덧 800여 명이 되었다. 이들에게 철저한 민족교육을 시키기 위해서 애국열이 강한 허영백 장로를 비롯해서 한선옥 권사, 김학교, 장태일, 김덕근, 강홍락, 김찬덕, 조성규, 권영하 등 20여 명이 힘을 모아 민족교육을 실시하였다. 이

학교의 교과 과정 중 빼놓을 수 없는 과목은 성경을 비롯해서 군사훈련이었다.

삼원포교회는 독립운동의 본거지로서 그 활동무대가 광범위하였다. 흔히 '동만이역'은 화룡을 비롯해서 왕청, 연길, 훈춘, 사현 등지를 말하고, '남북만주'는 장백, 무송, 임강, 집안, 통화, 항인, 홍경, 유하, 청원, 관전, 안동 등을 가리킨다. 여기에 정착한 이들은 모두 토지를 개간하여 농사를 지으면서 생활하였다. 이것으로 끝나지 않고 이들이 머문 곳에는 교회당이 세워지고 우리 동포들에게 만족의 꿈을 심어 주었다.

이러한 역사적 배경을 갖고 이들은 언제나 독립된 조국을 다시 찾으려고 했다. 그리고 만주에서 우리 동포를 탄압하고 있는 일본 군들을 몰아내야 한다는 강한 민족의식을 갖고 있었다. 결국 이러한 사상 때문에 1919년 3월 1일, 서울 탑골공원에서 일어났던 3·1 독립운동에 우리 동포들도 참여해야 한다면서 조선 민족이 살고 있는 지역마다 3·1 독립운동이 각 처에서 일어났다. 비록 3·1 독립운동으로 대한제국이 독립을 하지는 못했지만, 이를 계기로 만주 곳곳에서 학교와 교회를 근거지로 민족운동이 일어나는 계기가 되었다.

그런데 1920년 온양학교는 일본 군대의 습격을 받고 교회와 함께 소실되고 말았다. 그 뒤 학교는 동명학교(東明學校)로 개명하고 신축하였다. 방전기 장로는 이 학교가 완성되자 1920년 4월에 일본 군인들의 토벌 작전에 체포되었다. 그리고 일본군 헌병대 감옥에서 심한 고문을 받고 끝까지 저항하였으나 4개월 후인 8월에 결국 처형을 당하고 말았다. 그 후 그의 장남 방현모 장로, 차남 방경모 장로 등과 그의 후손들이 삼원포를 중심으로 독립운동을 전개하였다. 방전기 장로의 손자인 방병덕은 목사가 되어 《삼원포교회와 순교사화》라는 책을 출간하기도 하였다.

16 전북 오수 지방의 만세 주동자 이윤의 장로

　이윤의(1890-1949)는 전라북도 임실군 오수에서 이형우의 넷째 아들로 출생하였다. 그는 넉넉한 가정에서 성장하였으나 일본 경찰과 일본 헌병들이 마을을 휘젓고 다니는 것이 늘 불만스러웠다. 1919년 3월 4일 군산에서 3·1 운동이 일어났다는 소식을 접하고 임실 오수에서 군산으로 향하던 중 전주에서 만세운동을 준비하고 있는 소식을 듣게 되었다. 한일병탄을 통분히 여겼던 이윤의는 오수에 있는 이기송, 오병용, 이만희 등과 뜻을 같이하고 거사 날짜를 정하고 만세를 부를 것을 암암리에 준비하고 있었다.

　때마침 전주에서 만세를 준비하고 있다는 소식을 접했던 이들은 즉시 오수보통학교 학생들에게 만세를 함께 부르자고 사전에 약속하고 밤새도록 만든 태극기를 전대에 집어넣어 허리에 감고 오수 장터로 나갔다. 바로 3월 23일 하오 2시를 기하여 자신이 만든 태극기 일부를 나누어 주고 만세를 부른 것이 오수 만세운동이었다. 이날 이기송이란 청년이 단상에 올라가 일장의 연설을 하고 준비한 태극기를 꺼내 들고 시내를 돌면서 만세를 부르자, 어느새 수천 명이 모여 만세를 힘있게 불렀다. 어느덧 장안은 온통 만세소리의 함성으로 가득 찼다.

이때 이윤의와 오병용 외 7명은 출동한 일본 헌병과 경찰의 총칼에 탄압되어 체포되고 말았다. 이들 주모자들은 곧 체포되어 임실 경찰서를 거쳐서 전주 형무소에 수감이 되었다. 이들은 광주지방법원 전주 지청에서 징역 3년형을 받고 대구 형무소에 수감되고 말았다. 주로 한강 이남에서 형을 받았던 인사들은 겨울은 아주 춥고 여름이면 아주 더운 대구 형무소에 수감이 되었다.

이들의 감옥생활은 형용할 수 없을 정도로 고통의 나날이었다. 온몸은 마치 한센병에 걸린 것처럼 여기저기 고름으로 가득 차 있었다. 추운 겨울밤에는 자갈이 깔려 있는 방에서 자야 하고, 낮에는 감옥에서 밀짚모자를 만들기 위해 바느질하는 일로 손과 발에 고름이 생겼고 잠을 잘 수 없었다. 처음에는 상처를 물로 씻어버렸지만 그 고통이 심하여 서로 교대해 가면서 상처에 고인 고름을 서로 빨아 주며 하루하루를 보내게 되었다.

그런데 때마침 대구에서 독립 만세를 불렀다는 이유로 같은 감방에 수감된 재소자를 만났다. 그가 "동지, 너무 고통스럽지요? 이 고통을 이길 수 있는 방법이 있습니다. 예수를 믿고 하나님께 기도를 하면 고통을 이겨 낼 수 있습니다. 여기 성경책이 있으니 같이 한번 읽어 봅시다"라고 했다.

이 말에 귀가 솔깃해진 이윤의는 그 자리에서 성경을 받아 읽었다. 그리고 성경의 말씀들이 자신에게 큰 위로가 되자 그 자리에서 예수를 구주로 영접하게 되었다. 이러한 생활로 3년간의 형을 다 마치고 그리운 가정으로 돌아올 수 있는 기회를 얻게 되었다. 그런데 어머니가 눈에 보이지 않자 아버지에게 여쭈어 보았다.

"너의 엄마는 매일같이 네 이름을 부르다가 그만 화병으로 먼저 저세상으로 떠났다." 자신 때문에 어머니가 돌아가셨다는 얘기를 듣고 이윤의는 목놓아 울었다. 그리하여 모두 즐거워해야 할 그 자리가 울음바다가 되고 말았다.

그런데 저녁 밥상이 들어오자 이윤의가 난데없이 머리를 숙여 기도를 하는 것이었다. 이 모습을 본 모든 식구들은 너무 놀라서 할 말을 잃고 말았다. 그의 아버지의 충격은 너무 커서 잠을 이룰 수 없을 정도였다. 다음날 이윤의의 아버지가 입을 열었다.

"이놈아, 우리 집안은 대대로 옥황상제께 소원을 성취해 달라고 한 가정인데 웬 기도야?"

"아버님, 저는 지금 옥황상제께 소원을 성취해 달라고 빌었습니다."

이렇게 해서 그날은 무사히 넘어갔다. 그런데 며칠이 지나자 오수교회에서 들리는 종소리에 이윤의는 너무 좋아서 어찌할 줄 몰랐다. 그리고 아버지를 찾아가서 정성껏 인사를 하고 대구 형무소에서 예수를 믿게 된 동기를 자세히 말씀드렸다. 그러자 아버지는 그 의미를 알았다는 듯이 몇 번이고 고개를 끄덕끄덕했다. 이윤의는 그 길로 오수교회에 출석하게 되었다.

그런데 이윤의의 아버지가 알 수 없는 병으로 고생하게 되었다. 이윤의는 아버지의 병을 고치기 위해서 그 추운 겨울에도 그물을 들고 오수 읍내로 흐르는 강가에 가서 붕어를 잡아다가 정성껏 끓

여서 매 끼니마다 바쳤다. 그러나 별 효과를 얻지 못하고 얼마 후 아버지가 갑자기 숨이 멈추고 말았다. 이때 이윤의는 부인을 불러서 빨리 칼과 도마를 준비하라고 하였다. 그리고 자신의 손가락을 칼로 잘라 거기서 나오는 피를 아버지 입에 넣어 주었다. 잠시 후 아버지께서 다시 숨을 쉬게 되었다. 그러다가 또 숨이 멈추자, 또 다른 손가락을 잘라 피를 내서 아버지의 입 안에 넣었다. 그러나 결국 아버지는 숨을 거두고 말았다.

이러한 소식을 들은 동네 사람들은 이윤의에 대해 좋게 생각하게 되었다. 역시 기독교를 믿더니 더 아버지에 대한 효심이 지극하다면서 그 소식이 오수 읍내에 널리 퍼지게 되었다. 이 일로 오수교회는 갑자기 부흥되기 시작하였으며, 그의 신앙심을 인정했던 당회장 위인사 선교사의 집례로 온 가족이 학습문답을 받고, 그 해 가을에 세례를 받았다. 이윤의는 감옥에서 영접했던 그 기독교가 자신에게 새로운 삶을 주었다면서 열심히 봉사하였다. 그리하여 1927년 선교사 위인사 목사의 지도로 공동의회에서 장로로 선출되었다.

그런데 열심히 신앙에 정진하고 있을 때인 1938년 총회에서 신사참배를 결의했다는 소식을 듣고 즉시 오수교회 전 교인들 앞에서, 신사참배는 우상을 섬기는 무서운 죄악이라고 선포했다. 이것이 문제가 되어 이윤의는 1944년 가을에 임실 경찰서에 구속되고 말았다. 얼마 동안 고생을 했지만 일제의 패망으로 석방되어 자유롭게 신앙생활을 하다가 1949년에 생을 마감하였다.

17 한국 장로교회의 최초 여장로 김말봉

김말봉(1901-1961)은 여성으로서 한국 교계의 최초 장로가 될 뿐만 아니라 친일에 관한 작품을 써달라고 하자 펜을 놓고 말았다. 김말봉은 부산에서 김윤중과 배복수 사이에서 세 자매 중 막내로 출생하였다. 부산에서 미국 북장로교 어늘빈 여자선교사가 설립한 초등학교에서 기독교 신앙과 첫 접촉을 갖게 되었다.

그 후 호주 선교부에서 설립한 일신여학교(현 동래여자고등학교)를 3년 수료하고, 다시 상경하여 정신여학교(貞信女學校)를 졸업하였다. 잠시 황해도 명신여학교 교사로 재직하였으며, 1920년 도일(渡日)하여 도쿄(東京) 송영(頌榮)고등학교를 졸업하였다. 이 무렵 최초로 신생활 집지에 '이상향의 남녀생활'이란 평론을 발표하면서 문학계로부터 인정을 받았다.

다시 1923년 교토에 있는 도시샤대학(同志社大學) 영문과에 입학하여 영문학에 몰두하다가 1927년 졸업하고 귀국하였다. 당시 중외일보 기자로 재직하면서 1932년 중앙일보 신춘문예에 '망명녀'라는 제목으로 문단에 데뷔하였다. 이 일로 그의 명성은 갑자기 세상에 널리알려지게 되면서 많은 잡지들이 그의 작품을 얻기에 혈안이 될 정도였다. 1935년 〈신가정〉에 발표한 시 '5월의 노래'는 폭발적인 인기를 얻기도 하였다. 역시 그가 썼던 '찔레꽃'도 대단한 인기였다.

그런데 1930년대 말, 조선에 살고 있는 조선 청년들을 전쟁에 몰고 가려고 광분한 일제는 최후의 발악이라도 하는 듯이 중학교에서는 조선어를 금지했다. 더 나아가 초등학교에서까지 조선어를 사용하는 아이들에게 체벌을 가하고, 여기에 창씨개명으로 더욱 압박을 가해 왔다. 바로 이러한 때에 낯선 조선 청년이 그를 찾아왔다. 김말봉은 좋은 작품을 연재해 달라고 왔나 보다 하고 친절하게 그를 맞이하였다.

"뭐라고요? 일본 글로 소설을 쓰라고요!"

김말봉은 그의 말에 어의가 없다는 뜻이 버럭 화를 내고 말았다.

"나는 일본 글로 소설을 쓸 만큼 일본 글이나 일본말을 잘 못합니다. 혹시 착각하고 오신 것 아닌가요?"

"아니, 일본에서 명문대학을 나온 실력가라는 사실을 조선 천지에서 다 알고 있는데요."

얼마 동안 신경전이 계속되었다. 결국 그는 그 길로 펜을 놓고 가정에서 주부로서 살림하고 교회에 나가 기도하는 일로 세월을 보내게 되었다. 그런데 친일 행각을 하면서 글을 썼던 소설가들은 조선 청년들에게 징용을 가라고 하였으며, 여성들에게는 정신대(위안부)로 가라고 권장했다. 그러한 기사가 아침저녁으로 발간되는 신문마다 가득 차 있었다.

이 무렵 많은 문학가들이 각종 언론에 앞다투어 글을 쓰면서 친일 행각에 앞장섰다. 결국 그들의 뒤에는 친일파라는 이름표가 지금까지 붙어다니고 있다.

그런데 일본은 결국 1945년 8월 15일 망하고 말았다. 이때 김말봉은 곧 교회로 달려가 몇 번이고 "하나님, 참으로 감사합니다. 이제 다시 펜을 들고 해방된 이 나라에서 좋은 글을 많이 쓰겠습니다"라고 기도했다.

해방이 되자 김말봉은 할 일이 많을 것 같아 남편을 졸라 부산 생활을 청산하고 온 가족을 설득해서 서울에 안착하게 되었다. 서울에 짐을 풀고 매일 자신이 해야 할 일을 찾던 중에, 모두 해방이 되어 좋다고 하였지만 아직 해방이 안 된 계층이 있다는 생각으로 공창(公娼) 지대인 중구 묵정동으로 달려갔다. 그는 여성 해방 사상을 갖고 있었다. 그래서 그는 해방된 나라에 여성에게도 진정한 해방이 와야 한다면서 공창(公娼) 지대가 있는 중구 묵정도, 용산구 원효로로 달려갔다.

그들을 위해 열심히 외친 결과, 공창은 폐지되었다. 이 일에 법적인 보장이 필요하다면서 부산의 여걸 박순천 여사와 함께 남성의 성 노예로부터 해방을 시켜야 한다는 공감대를 갖고 입법화에 앞장섰다. 이 무렵 발표한 장편 소설 《화려한 지옥》은 많은 여성들뿐만 아니라 남성들 사이에서도 베스트셀러가 되었다.

여기에 그는 공창제도를 법제화하는 일도 작품을 통해서 이루어 나갔다. 결국 그가 쓴 《화려한 지옥》을 통해서 새로운 윤리관을 확립할 수 있는 좋은 기회가 되었다. 그는 소설로만 말하는 사람이 아니라 직접 윤락여성들을 선도하기 위해서 '박애원'을 손수 경영하기도 하였으며, 소녀 소년들의 단체에서 직접 봉사활동을 하였다.

바로 이러한 일을 하기 위해서 학생들을 대상으로 한 월간 잡지 〈학원〉이나 〈새벗〉, 여성을 상대로 한 〈여원〉 등 많은 월간지에 수많은 글을 발표하였다. 그 후 여성인권에 많은 힘을 쏟아 공창제도가 법적으로 폐지되었다. 그러나 1950년 6·25 한국전쟁이 일어나자 미군의 진주로 다시 여성들은 남성들의 성노예가 되었다. 그렇게 열심히 여성 해방운동을 벌였지만 그 뜻이 끝내 이루어지지 않자, 다시 문학 활동으로 전향하면서 그의 신앙도 점점 성숙하게 진전되어 갔다.

그가 출석하던 성남교회는 일본 천리교 경성 본부를 조선신학교(현 한신대)에서 접수하고, 주일은 학교에서 사용하지 않기 때문에 송창근 학장이 그곳 강당에서 예배를 드리게 되었다. 이러한 관계로 성남교회는 자체적으로 건물을 갖기 원했다. 그때 김말봉은 건축위원회 총무가 되어 매일같이 새벽을 깨워 기도하였다. 결국 그의 기도가 이루어졌고, 장로를 선출할 때 성남교회에서는 여성을 선출하였다. 이는 한국 장로교 역사상 처음 있는 일로 남게 되었다.

그의 문학 활동은 계속되었으며, 장편 소설 25편과 100여 편의 단편 소설을 쓰기도 하였다. 이것이 인정되어 한국에서는 최초로 여성으로서 학술원 회원이 되는 영광도 차지하게 되었다.

18 서울 신광교회 설립에 큰 힘이 되었던 우덕순 장로

흔히들 서울 신광교회는 이북에서 월남한 교인들이 모여서 설립한 것으로 알고 있는데 꼭 그렇지만은 않다. 대다수는 이북에서 출생한 사람들로 구성되어 있었지만 다른 지역의 사람들도 설립에 큰 기여를 했다. 그중 한 사람이 우덕순 장로다. 충청북도 제천에서 출생한 그는 1879년 2월 우시영의 자녀로 출생하였다.

비교적 부유한 가정에서 출생한 우덕순은 일찍이 부모의 열심으로 제천에 있는 한문사숙(漢文私塾)에서 《천자문》은 물론 한자로 된 《명심보감》 등 모든 서적을 통달하였다. 그 후 다시 한양에 일본인들이 설립했다는 경성학당(京城學堂)에 입학하여 새로운 학문을 터득하였다. 이 일로 새로운 학문이 수록된 일본의 각종 서적은 물론 서울에서 발행하는 〈황성신문〉, 〈대한매일신문〉, 〈대동공부〉 등을 보면서 시대의 흐름을 파악할 수 있었다.

바로 이러한 때에 서울 남대문로에 있는 상동감리교회에서 상동청년회가 활발하게 청년 운동을 하고 있었다. 그 소식을 접하고 상동감리교회에 출석하면서 기독교를 접하게 되었다. 상동교회에서 전덕기 목사의 설교에 은혜를 받으면서 애국을 하겠다는 의지가 천천히 싹트기 시작하였다. 바로 1905년 을사늑약조약이 발표되자 전덕기 목사는 대한문 앞에서 도끼를 들고 땅을 치면서 고종황제를 부르면서 취소해 달라고 울부짖었다. 이러한 소식에 우덕순은 큰 자극을 받았다.

을사늑약조약이 체결된 지 얼마 안 된 어느 날, 이토히로부미(伊藤博文)는 1906년 서울 남산에 경무통감부를 설치하고 경무총감(警務總監)으로 부임하였다. 그는 곧바로 한국인 가운데 불량자들 4천여 명을 모집하여 훈련을 시킨 후에 헌병 보조원으로 채용하고 각 지방에 스파이 임무를 맡겼다. 그들이 국민과 국민 사이에 이간질을 하면서 서로 간에 불신의 골은 더욱 깊어만 갔다. 여기에 소위 토지를 조사한다는 명목으로 토지 신고를 하고 토지의 소유주를 확인하는 작업도 하였다. 이 일을 진행하면서 일본 헌병들에게 3년 이하의 징역과 금고 구류, 또 100원 이하의 벌금 및 과태료를 부과할 수 있는 권한을 주었다.

이러한 소식을 접했던 우덕순은 조선에 머물러 있다가는 자신의 생명에 위협이 있을 것을 알고 곧 짐을 챙겨 함경북도에서 두만강을 건넜다. 그의 마음에는 이루 말할 수 없는 고통이 찾아왔다.

"하나님, 고국을 떠나면 저는 갈 길을 알지 못합니다. 그저 모든 길을 주께서 인도해 주시는 대로 따르겠습니다."

그런데 이때 젊은 친구를 만나 대화하면서 간도에 간다는 소식에 그렇게 기쁠 수가 없었다. 간도 지방에 가는 순간 많은 조선 사람들이 괴나리봇짐을 지고 가는 것을 보았다. 그런데 간도에 도착하여 그곳에서 얼마 동안 생활하다가 일본인 병사들이 간도 지방 용정을 드나드는 모습을 보게 되었다. 혹시 일이 잘못되면 이들에게 고통을 당할 것 같아서 일본인 병사들이 보이지 않는 러시아 영토 블라디보스토크로 이주하였다. 그는 그곳에서 행상하면서 삶을 영유하였다. 낮에는 행상을 하고 밤에는 조선 청년들이 독립운동에 대해서 이야기하는 사랑방에 가서 동지들도 만나고 좋은 정보를 많이 입수했다. 그런데 블라디보스토크는 하루가 다르게 조선에서 이주해 온 사람들이 늘어났다. 그래서 어느새 조선 청년 1천여 명이 모여들기 시작했다.

때마침 독립군을 모집한다는 말을 들은 우덕순은 친구를 따라 뜻하지 않게 이범윤 의병대장이 이끄는 부대의 의병으로 선발되었다. 이범윤 의병 대장은 조선에서 온 의병들을 모아 놓고 매일같이 군사훈련을 시켰다.

이때 우덕순은 진실한 교인이었기에 손을 번쩍 들고 이범윤 의병대장에게 건의하였다.

"의병대장님, 저는 서울에 있는 남대문교회에시 민족 지도자인 전덕기 목사님 밑에서 신앙훈련을 받았습니다. 전덕기 목사님께서는 어떠한 경우에도 주일이 되면 혼자서라도 성경을 읽고 찬송을 부르면서 예배를 드리라고 하였습니다."

"뭐, 남대문교회 전덕기 목사님에게 신앙훈련을 받았다고? 나도 전덕기 목사의 지도력을 잘 알고 있지! 그분은 우리 민족사에 영원히 남을 인사지……. 그중에서도 한일늑약조약이 체결되자, 도끼를 들고 덕수궁 입구에 있는 대한문 앞에서 철회를 해달라고 청원했던 일은 온 국민이 다 알고 있는 일이지."

"네, 맞습니다."

이 말이 끝나기가 무섭게 20여 명이 한쪽으로 나가자, 우덕순은 이들을 인솔하여 한적한 곳에서 예배를 드리게 되었다. 여러 병사들은 우덕순 병사에게 '작은 예수'라는 별명을 붙여 주어 훈련을 잘 받을 수 있었다. 그 후 우덕순은 이토히로부미 암살 사건에 연루되었다는 이유로 일본 헌병에게 체포되었고, 안중근은 사형 선고를 받았다. 우덕순은 5년형을 받고 대련 형무소에서 수감생활을 하였다. 출감 후 다시 의병운동에 참여하기 위해서 블라디보스토크로 향하였다. 그곳에서 의병운동을 하던 중 뜻하지 않게 일제가 항복했다는 소식을 접한 우덕순은 그렇게 좋을 수가 없었다.

해방의 기쁨을 만났던 우덕순은 하루빨리 고국에 돌아가 국가 재건에 힘을 쏟아야 한다면서 독자적으로 월남하였다. 막상 월남하였지만 그를 반가이 맞이해 주는 사람이 없었다. 그런데 때마침 중구 묵정동 공창 지대에서 공창 건물 하나를 접수하여, 그 건물에 황해도에서 피난 나왔던 인사들이 황해학우회라는 간판을 내걸고 신광교회를 설립하게 되었다.

여기에 생활 근거지를 두고 신광교회에서 신앙생활을 하다가 1947년 김창덕 목사가 인도하던 공동의회에서 우덕순은 초대 장로로 선임되었다. 그러나 불행하게도 6·25 한국전쟁 시 인민군에게 납북되어 북한 땅에서 남쪽의 고향 하늘을 바라보면서 결국 순교하고 말았다.

19 3·1 독립운동 33인에 참여한 이명룡 장로

　이명룡 장로는 1873년에 평안북도 철산군 유정리에서 이창업의 아들로 출생하였다. 소년 시절에 고향 친구들의 곁을 떠나 정주로 이사하였다. 비록 나이는 어렸지만 머리가 영특하여 7세부터 한학을 배웠다. 그런데 불행하게도 그가 11세 되던 해인 1884년에 그만 부친께서 알 수 없는 병으로 사망하고 말았다. 어린 나이에 아버지를 잃게 된 이명룡은 보통 걱정이 아니었다. 그런데 뜻하지 않게 정주에서 이승훈을 만나면서 그의 생은 새로운 변화를 맞게 되었다.
　그가 신앙생활 한 지 얼마 안 된 어느 날 평양 신교부에서 신교사로 사역하고 있는 마포삼열 선교사를 만나게 되었다. 이 일로 인하여 정주에도 다른 지역에 못지않게 기독교가 일찍 정착하게 되었다. 1896년에는 민족의 장래가 염려되어 걱정한 나머지 하나님이 지켜주시지 않으면 아무 소용이 없다는 생각을 갖고 교회에 열심히 출석하고 기도에 정력을 쏟기도 하였다.
　그의 애국하는 모습을 보았던 정주 사람들은 1902년 그를 정주군 상업회의소 소장으로 세웠다. 그러면서 그는 바빠지기 시작하였다. 그가 소장으로 취임한 지 얼마 안 되어 일본 관리들이 정주를 드나들면서 토지조사를 실시하고 있었다. 그런데 이때 정주에 널려 있는 많은 토지의 소유자들에게 일본의 동양척식회사가 토지를 조사한다는 여론이 돌면서 이상한 말이 떠돌았다.

"아이고, 토지를 신고하면 일본인들이 다 압수해 간다고 합니다. 그래서 나는 토지를 신고하지 않았습니다."

이러한 여론이 정주 군내에 있는 많은 농부들의 귀에까지 전해지게 되었다. 그런데 동양척식회사에다 신고한 토지는 법적으로 보호받지 못하고 결국 압수당하고 말았다. 이렇게 해서 압수한 땅은 동양척식회사에서 관리하게 되었다. 그리고 일본에 사는 일본 국민들에게 이 소식을 알리자 일본인들은 앞다투어 땅을 매입하기 시작했다. 1905년 을사늑약조약이 체결되었다는 소식을 접한 평북대리회에서는 이미 길선주 장로가 모든 회중 앞에서 다음과 같이 외치고 있었다.

"지금 우리나라가 일본의 강제에 의해 을사늑약조약이 체결된 일에 우리는 회개의 운동이 일어나야 합니다. 얼마 있지 않으면 우리 나라는 일본의 식민지가 될 것입니다."

이날 평북대리회에 출석했던 목사, 장로들은 회개운동을 전개하게 되었다. 이 평북대리회가 끝나자 다시 평남대리회에서도 이러한 운동이 전개되었다. 이러한 사건을 현장에서 목격했던 이명룡은 곧 자신의 교회에서도 회개운동을 전개하였다. 그러나 이러한 회개운동이 일어난 지 얼마 안 된 1910년 부끄러운 역사가 현실로 나타나고 말았다.

　이명룡 집사가 출석한 덕흥교회에서는 상회인 평북대리회로부터 장로를 선출할 수 있는 허락을 받자 1910년 2월에 당회장이었던 매큔(윤산온) 선교사의 인도 아래 장로 선출을 위한 공동의회를 개최하였다. 덕흥교회 교인들은 한결같이 이명룡 집사에게 표를 밀어주어 장로로 피택되었다.

　이명룡 피택장로는 평북대리회에서 실시한 장로고시에 응시하여 당당하게 합격하였고, 이로써 덕흥교회에서는 큰 경사가 났다고 온 동네를 다니면서 선전하였다. 이명룡은 장로 장립을 받고 덕흥교회의 부흥을 위해서 열심히 봉사하고 전도하겠다는 약속을 하나님께 수없이 하였다.

　하지만 그 약속을 다 지키지 못한 채 불행한 일이 일어났다. 1911년 데라우찌[寺內毅] 조선 총독이 압록강 철교 개통식에 참여하기 위해 서울역에서 기차를 타고 신의주를 향하던 중 선천역에서 매큔 선교사와 악수를 하였다. 일경은 그것이 거기에 모인 수많은 군중들이 데라우찌 총독을 살해하려는 암호였다고 하면서 그 자리에서 800여 명을 체포해 갔다.

　이때 이명룡 장로도 억울하게 연류되었다. 105명만 범죄가 확실하다면서 기소를 하고 나머지 700여 명은 모든 석방을 시켰다. 소위 105인 사건이라 하여 이명룡 장로는 105인의 한 사람으로 구속되고 말았다. 그리하여 6년 동안 평양 형무소에서 치옥의 형을 살게 되었다. 이 일을 눈여겨 보았던 매큔 선교사는 이 사건이 조작임을 입증하는 내용을 전 세계에 알리게 되었다. 결국 105인 사건으로 구속된 이들은 1913년 봄에 모두 무죄로 풀려 나오게 되었다.

그 후 이명룡 장로는 농장 경영을 하는 한편 교회를 설립하는 등 바쁜 나날을 보내게 되었다. 1919년 전국적으로 일어난 3·1 운동에 민족 대표 33인으로 참여하였으며, 이 일로 또 서대문 형무소에 수감되어 2년간 옥살이를 하였다. 출옥 후에는 후진 양성을 위해서 운동을 하였다는 죄목으로 감옥을 수차례 자신의 안방처럼 드나들었다.

1945년 8월 15일 해방이 되어 조만식 장로와 함께 조선민주당을 조직하고 활동하던 중, 소련군이 진주하자 모든 농장이 압수당하고 신앙의 자유를 누릴 수 없어서 1947년 4월에 월남을 하고 말았다. 서울에서 모이는 3·1절 행사가 거행될 때면 33인의 민족 대표로서 독립선언서를 낭독하였다.

특별히 정주에 있던 오산학당을 재건하기 위해서 재건위원장이 되기도 하였다. 그러나 불행하게도 1956년에 삶을 마감하게 되었다. 그의 장례식은 사회장으로 거행하였으며, 그의 시신은 서울 동작동 국립묘지에 안장되었다.

20 장로 투표 시 천민에게 밀렸던 이원긍 장로

　이미 소개했던 대로 승동교회에서 백정인 박성춘이 먼저 장로가 되자 양반들이 중심이 되어 서울 안국동에 안동교회를 설립했던 일이 있었다. 갓바치들이 중심이 되어 설립되었던 종로 5가 연동교회에서도 이와 비슷한 사건이 일어났다. 1907년 장로를 선출할 때 이명혁과 이원긍이 장로로 당선되었다. 그러나 천민 출신인 이명혁은 장로 장립을 받았고, 양반 출신 이원긍은 장로 장립을 받지 못했다.
　1909년 연동교회 당회장인 게일 선교사는 천민 출신인 고찬익과 이명혁 장로에 이어, 광대 출신인 임공진까지 장로 장립을 서두르게 되었는데, 이것이 양반 교인들의 반발을 불러일으켰다. 이때 이원긍과 함우택, 오경선 등이 중심이 되어 천민 출신 장로 장립에 대한 심한 반발로 교인 간이 갈등이 고조에 다다랐다. 그러자 마침내 그들은 100여 명의 신도들을 데리고 나가 양반들이 모이는 묘동교회를 설립하게 되었다.
　묘동교회를 설립하는 데 앞장섰던 이원긍은 1849년 충북 영풍군 아차골(현 괴산군 감물면 매전리)에서 이두진의 아들로 출생하였다. 그는 머리가 영특하여 25세에 진사가 되었으며, 이후 음성군 현감, 강원도 춘천 판관(判官)을 역임하였다. 그 후 장원에 급제하여 이조 참의 등을 역임하였으며, 당시 근대화에 앞장섰던 김홍집, 유길준 등과 가까이 지냈다. 1894년 갑오경장 이후에도 계급이 계속 승진되면서 내로라 하고 큰소리를 칠 정도가 되었다. 그러나 중앙정부의 고위직에 있던 동료들이 모함하여 결국 이 일로 체포되어 10년간이라는 긴 세월의 유배형을 받고 말았다.

이러한 전력이 있던 이원긍은 독립협회 사건으로 이상재, 이승만, 안국선, 조종만, 김린, 신흥우, 남궁억, 홍재기 등과 체포되었다. 그는 이들과 함께 원치 않는 유배라는 형벌을 받으면서 평안북도 용천에서 4년간 지내게 되었다. 그는 이곳에서 평양 선교부에서 활동하던 마펫 선교사를 만나게 되었다. 그때까지 이원긍은 마펫 선교사에 대해 말로만 듣고 있었다.

"나는 미국에서 온 마펫 선교사입니다. 서울에서 이원긍 형제에 대해서 많이 들었습니다. 여기서 고생을 하지만 이러한 고생을 통해서 민족 구원에 앞장을 서 주기 부탁합니다."

"네, 선교사님! 참으로 감사합니다. 제 삶을 좋은 길로 인도해 주셔서 정말 감사합니다."

"여기, 형제가 볼 수 있는 신약전서와 《천도삭원》(天道朔原)을 선물로 드리고 갑니다. 열심히 읽고 나면 형제가 해야 할 일이 분명하게 보일 것입니다."

이원긍이 용천에서 마펫 선교사를 만난 사건은 큰 힘이 되었다. 그렇게 기독교를 접한 그는 자신의 삶의 목표는 오직 조선 교회를 일깨워서 일제의 그 어떤 고난도 이겨낼 수 있도록 훈련을 시키는 일이라는 것을 알게 되었다. 그리고 더욱 굳은 의지를 갖고 서울에 돌아오게 되었다.

그 후 모든 관직에서 물러난 이원긍은 오직 교회와 교계 기관에서만 성실하게 봉사하고 있었다. 한일병탄으로 나라를 잃게 된 모든 백성들은 날마다 사는 것이 보통 걱정이 아니었다. 이러한 관계로 자신의 집에서 출발했던 묘동교회를 등한시할 수 없게 되었다. 묘동교회는 1911년 12월 4일 새문안교회에서 모인 경충(경기, 충청도)대리회에서 당회를 구성할 수 있도록 허락을 받았다. 당시 묘동교회 당회장인 한석진 목사는 묘동교회에서 장로를 선출할 수 있도록 장로 청원을 받게 되었다. 이미 이원긍은 연동교회에서 장로로 시무는 안 했지만 선출되었던 경력을 인정하여 묘동교회에서 곧바로 장로로 시무할 수 있도록 허락이 되었다.

이처럼 장로가 되었던 이원긍은 교인들이 모여들자 자신의 집에서는 더는 예배를 드릴 수 없어서 건축위원회를 조직하고, 교회의 구조는 기역자(ㄱ)로 하고 건축을 시작하였다. 다행히 이원긍 장로는 재력가였기에 교회 건축에 별 어려움이 없었다. 건축위원장은 이원긍 장로가 맡았으며, 건축위원으로는 당회장 한석진 목사, 밀의두 선교사, 함우택 영수, 박용희 전도사, 오경선, 고경환 등이었다.

당시 묘동교회는 100여 명의 신도가 모인 교회였기에 건축 공사 하는 데는 별 어려움이 없었다. 이렇게 교회당이 완성되자, 1911년 4월 3일 역사적인 헌당식을 거행하였다. 이원긍은 교회가 민족운동의 센터가 되어야 한다면서 기독교 역사를 통해서만 조선이 근대화가 될 수 있음을 확신하게 됐다.

그래서 그는 자주독립만이 민족이 살고 교회가 살 길이라는 확신을 갖고 묘동교회 내에 있는 젊은 청년들을 규합하기 위해서 슬로건을 내세웠다. 그는 젊은 청년들이 묘동교회의 자원만이 아니라 조선의 큰 힘이 될 수 있다는 확신을 갖고 서울 중앙 YMCA를 창립할 때 한몫을 담당하였다. YMCA 운동을 통해 그가 내세운 목표가 있었다. 즉 청년으로 하여금 지육(智育), 덕육(德育), 체육(體育), 사교(社交)였다. 이를 바탕으로 YMCA가 묘동교회 청년은 물론 조선 청년들에게 구심점이 될 수 있다는 확신을 갖고 이 운동에 적극 참여하였다.

이원긍 장로는 너무나 진보적인 생각을 갖고 있었기 때문에 서울 교계에서 많은 말들이 오고 간 적도 있었다. 1911년 7월, 소위 조선목사일본시찰단의 일원으로 참여하여 귀국 후에는 친일 노선을 따르는 한편, 반선교사 운동에 적극적으로 참여했다는 오점을 남기고 말았다. 이원긍 장로는 언제 사망했는지 기록이 없어서 안타까울 뿐이다.

그의 장남 이능화는 불교도가 되어 사학자, 국어 연구가로서 명성이 높았다. 둘째 아들인 이중화는 아버지의 대를 이어 장로가 되었으며, 평생을 교회에서 봉사하다가 1953년에 별세하였다.

21 제주의 첫 열매 홍순흥 장로

　이기풍 목사는 예수 믿기 전에는 평양에서 깡패로 소문난 사람이었다. 그는 평양 시내에서 동서로 나누어서 싸움을 하게 되면 항상 자신의 부하를 데리고 와서 반대편을 습격하여 승리로 이끌었다.
　그러던 그가 어느 날 난데없이 마펫(마포삼열) 선교사를 만나자 그의 집 가까이 가서 그에게 돌을 던졌다. 이때 돌에 맞은 마펫 선교사는 옆도 안 돌아보고 무릎을 꿇고 기도하고 있었다. 이때 이기풍은 그의 의연한 모습을 보고 놀라고 말았다. 그 후 이기풍은 1894년 평양 시내에서 일본 군인과 청나라 군인이 전쟁하는 것을 보고 생명의 위협을 느끼게 되었다. 그래서 그는 괴나리봇짐 하나를 들쳐 메고 머나먼 원산으로 피난을 갔다. 전쟁이 곧 끝날 줄 알았지만 그 전쟁이 오래 계속되자 할 수 없이 길거리에 조그만 방석 하나를 깔고 담뱃대에 글씨를 써 주고 밥을 먹을 정도까지 이르렀다.
　그런데 뜻하지 않게 스왈렌(소안론) 선교사가 지나가는 모습을 보았다. 그러자 평양에서 만났던 마펫 선교사가 머리에 떠올라 그 길로 평양으로 향했다.

"누구신데 이렇게 저희 집까지 찾아오셨습니까?"

"선교사님, 저는 평양의 깡패 이기풍입니다. 저도 이제 예수를 믿겠습니다."

이렇게 해서 이기풍은 예수를 믿고 마펫 선교사의 조사가 되었다. 그 후 마펫 선교사가 설립한 평양장로회신학교에 입학하여 교육을 받았다. 목사 안수를 받은 후에는 멀고 먼 탐라국인 제주도로 선교사의 사명을 받고 떠나 제주도에서 선교사로 활동하게 되었다.

1908년 초 어느 날 제주 시내를 지나가다가 단정한 청년 하나를 만나게 되었다. 그 청년에게 쪽복음서를 전해 주었다.

"젊은 청년, 예수만 믿으면 복을 받을 수 있습니다."

"뭐라고요? 복을 받아요?"

이렇게 해서 만나게 된 청년이 바로 홍순흥이었다. 이기풍은 뜻하지 않게 이 젊은 청년을 만나 열심히 신앙으로 잘 지도하였다. 그러자 제주도의 첫 열매가 되어 훗날 제주도 출신으로 최초의 장로가 되었다. 그가 남긴 유언을 보면 그의 신앙이 얼마나 위대했는가를 잘 입증해 주고 있다.

"나는 예수를 믿음으로 친척 아비 집을 떠났다. 아브라함이 하나님의 부름에 순종하여 떠났듯이 하나님께 순종하여 내 집안에 아브라함이 되고자 예수를 믿었다."

홍순흥(1876-1967)은 제주읍 삼도리에서 홍종주와 신살랍의 장남으로 출생하였다. 원래 제주도는 조랑말이 많기로 유명한 곳이었다. 홍순흥은 가정을 이루면서 생계를 유지하기 위해 목포를 왕래하면서 조랑말을 파는 상업에 종사하고 있었다. 가끔 조랑말 몇 마리를 범선에 싣고 목포를 가다가 풍랑을 만나게 되면 보통 걱정이 아니었다. 그럴 때는 배 안에서 제사를 지내는 등 법석을 피우는 일이 한두 번이 아니었다.

그러나 이기풍 선교사를 만난 후에는 큰 풍랑을 만나면 배 위에서 무릎을 꿇고 기도했다. 그러면 언제 풍랑이 일어났는지 모르게 감쪽같이 조용해졌던 일이 한두 번이 아니었다. 이러한 일로 그의 신앙이 성장하면서 이기풍 선교사가 설립했던 제주 성내교회에 출석하여 신앙생활을 했다. 그리고 그렇게 어려운 한약종상 시험에 합격하고 약방을 개업하였다.

그는 이 일이 너무 감사하여 신앙생활을 철저히 하였다. 아무리 한약종상으로 많은 돈을 벌었다고 해도 십일조 헌금을 하는 것을 보고 성내교회 교인들이 놀라고 말았다. 이러한 그의 믿음을 보았던 성내교회 교인들은 그를 장로로 선출했고, 홍순홍은 1917년 제주도에서 장로 1호로 장립을 받게 되었다. 1922년에는 성내교회 안에 제주 사립 영흥학교를 설립하고 그는 친히 교장이 되어 제주의 젊은 청소년들에게 희망을 주었다.

제주도에 최초로 사립학교를 설립했던 그는 사업이 잘되지 가족을 이끌고 넓은 세상에서 활동해야 한다면서 목포로 이사를 나오게 되었다. 이사를 나오자마자 목포 양동제일교회에 등록하고 그 교회에서도 장로로 시무하였다. 그런데 양동제일교회가 성장하면서 건너편 마을에 교회를 분립해야 한다고 당회에서 결의했다. 그러자 자진해서 목포 중앙교회를 분립하고 그 교회의 시무장로가 되었다.

그런데 그렇게 열심히 신앙생활을 하던 중 뜻하지 않게 불행한 일이 연속으로 발생하고 말았다. 그렇게 사랑하던 딸 마리아가 결핵에 걸려 목포에 있는 제중병원과 광주에 있는 제중병원에 가서 수없이 치료를 받았으나 결국 사망하는 비극을 만났다. 그러나 그는 "다 주의 은혜입니다"라는 말로 위로를 받았다고 한다. 또 그의 둘째 아들 홍경표도 일본 교토[京都]에 있는 명문대학 도지사대학[同志社大學]에 진학하여 유학하던 중, 결핵을 앓고 치료를 받기 위해 귀국하게 되었다. 그리고 광주 제중병원에 입원하여 치료를 받았지만 끝내 완치하지 못하고 삶을 마감해야 하는 비극을 만나고 말았다.

그러나 사람들은 홍순흥 장로의 신앙에 놀라지 않을 수 없었다. 1938년 신사참배를 총회에서 결의하자, 우상을 섬기지 않고 참된 하나님을 믿고 먼저 가버린 두 자녀가 하나님의 축복을 받았다고 얘기했다. 이러한 홍순흥 장로의 행동에 모두 큰 감동을 받았다고 한다. 그는 자신이 한때 모셨던 목포 양동교회 박연세(朴淵世) 목사가 신사참배를 반대하다가 대구 형무소에 옥사(獄死)했다는 소식을 듣고 그 충격으로 한때 하나님을 원망하기도 했다. 그러나 하나님께서 자신에게 이기풍 목사, 박연세 목사 같은 분을 만나게 해주신 일이 가장 감사하고 자랑스러운 일이었다고 그의 자서전인 《첫 장로 홍순흥의 신앙과 삶》에서 말하고 있다.

22 농민운동가 김용기 장로

김용기 장로는 1909년 9월 5일 경기도 남양주 와부면 능내리에서 아버지 김춘교와 어머니 김공윤 사이에서 다섯 형제 중 넷째로 출생하였다. 그런데 김용기가 세 살 때 알지 못한 병에 걸려 죽음에 이르자 그의 어머니는 보통 걱정이 아니었다. 아무리 영험한 무당을 데려다가 밤을 새면서 굿을 하였지만 아무런 효과를 보지 못하였다. 또 점쟁이에게 물어 보면 좋은 약 처방을 받을까 해서 그 어린아이를 등에 업고 점쟁이 앞에 데려가서 정성을 드려 아이를 부탁하였다. 그렇게 열심히 두 손을 빌어 보았지만 그 점쟁이의 말이 걸작이었다.

"이 아이는 그 누구도 고칠 수 없습니다. 혹시 예수를 믿으면 나을 수도 있습니다."

이 말을 듣고 어린 용기를 업고 집으로 돌아오는데 웬 아주머니가 길거리에서 전도지를 나누어 주고 있었다. 이때 전도지를 나누어 준 아주머니에게 부탁을 하였다.

"이 아이를 데리고 교회에 가려고 하는데 교회가 어디 있습니까?"

이 말에 귀가 번쩍 뜨인 아주머니는 전도지를 주면서 이 길로 10리 정도 나가면 용진교회가 있으니 계속 걸어가 보라고 했다. 그 말만 믿고 걸어가고 있었다. 그런데 아이가 크게 숨을 쉬더니 엄마를 부르면서 먹을 것을 달라고 보채기에 가까운 주막집에서 잠깐 쉬면서 어린아이에게 먹을 것을 얻어 주었다. 그리고 그 아주머니가 준 전도지를 읽어 보았다.

"하나님이 세상을 이처럼 사랑하사 독생자를 주셨으니 이는 그를 믿는 자마다 멸망하지 않고 영생을 얻게 하려 하심이라"
(요 3:16).

이때 용기 엄마는 두 손으로 무릎을 치면서 "예수를 믿으면 영생을 얻어!" 하면서 발걸음을 재촉하여 용진교회에 출석하게 되었다. 용기는 신앙생활을 하면서 초등학교를 졸업하였다. 다시 광동중학교에 진학하여 졸업을 잠시 미루고 중국 심양을 여행하기도 하였다. 중국의 넓은 대륙을 보고 자신도 아버지를 따라 다니면서 농사 짓는 법을 배워야겠다고 결심했다. 그는 귀국하여 열심히 아버지를 따라 농사를 짓다가 성년이 되자 이웃 마을에 사는 김봉화 양을 만나 결혼하였다. 그들은 흙을 사랑하는 일을 가장 축복된 일로 생각하였다.

오직 농토를 일구어 농사를 짓는 일에 열심을 내던 김용기는 혹시 버려진 땅이 어디에 있지 않는가 하고 찾던 중 뜻하지 않게 4,000여 평의 땅을 싼값에 구입하였다. 그리고는 '봉안 이상촌'을 계획하고 기도하면서 중 좋은 동지들을 만나게 되었다. 이때 양평에서는 여운형, 홍천에서는 이인준, 광릉에서는 최광렬 등이 '봉안 이상촌' 운동에 참여하였다. 이들이 모두 봉안 마을로 이사를 오자 새롭게 변화된 농촌의 모습이 이루어지기 시작하였다.

김용기를 중심으로 마을 한복판에 봉안교회를 설립하고 온 마을 사람들이 하나님의 축복을 받아야만 조선 농촌이 잘살 수 있다는 생각을 가졌다. 그리고 교회를 중심해서 금주 금연 운동을 전개하였다. 그리하여 봉안 마을은 겨울이 되어도 투정꾼들이 발을 붙이지 못하였고, 마을 사람들은 겨우내 가마니를 짜서 시골 장터에서 팔아 가정생활에 큰 보탬이 되었다.

김용기는 해방이 되자 뜻을 같이하는 동지들을 규합하기 위해서 복민사상운동(福民思想運動)을 전개하자고 했다. 1946년 10월, 일본인이 운영하던 삼각산 아래에 있는 과수원을 인수하여 온 가족이 개간하여 많은 수확을 올렸다. 이 과수원이 자리 잡고 있는 황무지 땅 1만 평을 개간하여 과수원을 만들어 놓은 것이다. 이 과수원이 있는 곳은 당시 고양군 은평면 구기리(현 서울 은평구 구기동)였다. 이곳에 자리를 잡고 교회를 신설하고 활발하게 농촌 이상 운동을 전개하다가 이 과수원과 교회를 유재현 목사에게 인계하였다. 현재 이 자리는 임마누엘 수도원이 되었다.

김용기는 1950년 6·25 한국전쟁으로 황폐화되었던 경기도 용인군 원삼리에 황무지를 개간하여 농장을 건설하고 복음 농도원과 복음 농민고등학원을 창설하였다. 여기에서 기반을 확보했던 김용기 장로는 교회를 신설하고 학생들과 함께 기거하면서 인재를 양성하였다.

이 학원이 근간이 되어 그가 평생을 바랐던 이상촌 건설에 새로운 계기를 마련하게 됐다.

1955년에는 광주군 황산의 넓은 황토밭을 개간하여 그 땅을 '가나안 농장'이라고 이름을 짓고, 1962년에는 평생 원하는 '가나안 농군학교'를 설립하고 농촌지도자를 양성하였다. 그 학교를 졸업하는 학생들이 평생 농촌에 살면서 농촌지도자가 되도록 가르치고 배출하였다. 이때 그는 학교만 설립한 것이 아니라 농촌운동은 하나님과 함께한다는 의미에서 '가나안교회'를 설립하였다.

이때 비로소 가나안교회 장로로 장립을 받고 믿음의 반석 위에서 훈련생들과 함께 교회를 섬기고 그들에게 영성훈련을 실시하기도 하였다. 그는 가는 곳마다 교회를 설립하였으며, 이때 가나안교회는 영성훈련장이 되기도 하였다.

경기도 광주에 있는 가나안 농군학교가 서울시의 확대로 도시화가 되었다. 할 수 없이 가나안 농군학교 제2캠퍼스를 마련하게 되었다. 그리하여 공기 좋고 자연환경이 좋은 강원도 원성군 신림에 제2가나안 농군학교를 설립하였다. 그는 교장으로 재직하였으며, 거기에서 근무하는 김용기 장로의 자녀들은 학감, 교무과장, 교관을 맡아 수고하였다.

일생을 오직 이상촌 농촌을 만들겠다는 그의 위대한 정신이 인정받아, 1966년 필리핀에서 전 세계인을 대상으로 주는 사회공익상인 막사이상을 한국의 농촌운동가 김용기 장로가 수상하였다. 그 이후 농림부 장관상, 향토문화공로상, 고려대 창설자인 인촌 문화상, 대통령상 등을 수상하였다.

1978년에는 필리핀 세이버대학교에서 명예인문학박사 학위를 취득하기도 하였다. 김용기 장로는 평생 동안 양복과 구두를 신어 본 일이 없으며, 자신이 재단한 간단한 국민복, 여기에 한국인 농부를 자청하는 고무신을 신고 1988년 8월 1일 농사꾼으로 삶을 마감하였다.

23 경북 안강 육통교회를 지킨 심능양 장로

　심능양 장로는 1896년 10월 6일 경상북도 월성군 안강읍 육통리에서 심덕규와 손영화의 장남으로 출생하였다. 부부가 아름답게 가정을 꾸미면서 몇 년 동안 달콤한 신혼 생활을 영유해 왔지만 자녀가 없어서 보통 걱정이 아니었다. 그래서 자녀를 달라고 산신령님에게도 수없이 빌었지만 아무런 소식이 없었다. 마지막에는 영험하다는 무당을 불러다가 굿을 해보았지만 여전히 소식이 없었다.
　그런데 때마침 대구 선교부에서 활동하고 있던 맹의화 선교사가 안강읍에 자리를 잡고 노방전도를 했다. 이때 심덕규가 서양 사람의 연설이 하도 신기해서 귀담아 듣게 되었다.
　"여러분, 가정에 근심 걱정이 있습니까? 하나님만 믿으면 모든 문제가 해결됩니다. 하나님을 믿기만 하면 모든 소원이 해결됩니다."
　이 말에 귀가 번쩍 뜨인 심덕규는 손을 번쩍 들고 자신이 고민하고 있는 문제를 털어놓았다.
　"미국 양반, 제가 고민하는 문제가 있습니다. 결혼한 지 여러 해가 되었지만 저희 부인이 아직 아이를 갖지 못하고 있습니다. 정말 하나님을 믿기만 하면 애를 낳을 수 있단 말입니까?" 이 질문을 받은 선교사는 더 구체적으로 성경책을 펴 들고 설명하였다.

"여기 성경에 보면 무엇이라고 기록되어 있습니까?"

"이 말이 정말입니까?"

다시 맹의화 선교사는 자신 있다는 듯이 열변을 토하면서 설명하였다. '아브라함은 90세가 되도록 부인이 아기를 낳지 못했다. 그러나 하나님의 축복으로 아이를 낳았는데 그 아이 이름이 이삭이었다.' 하나님의 능력을 믿었던 심덕규는 그때 즉석에서 기독교로 개종하고 자신의 집에 가서 맹의화 선교사를 모시고 예배를 드렸다. 예배를 드린 후에 뜻하지 않게 아내가 임신하여 아들 심능양이 태어났다. 심덕규는 아들을 붙잡고 신앙생활을 잘해서 축복받은 집안이 되자고 몇 번이고 다짐하였다.

이것이 계기가 되어 1934년 심덕규 옹은 아들 심능양과 함께 자신의 대지 위에 안강 육통교회를 설립하게 되었다. 심능양은 아버지의 기도로 자신이 이 땅에 태어난 것을 하나님의 축복으로 알고 열심히 신앙생활에 정진하였다.

그런데 일제(日帝)는 1931년 만주사변(滿洲事變)을 일으키고, 여기에 아시아에서 구미세력(歐美勢力)을 축출해야 한다면서 1937년 7월 7일 중일전쟁(中日戰爭)을 일으키고 중국을 침략하였다. 중일전쟁을 정당화하고 당시 교세가 가장 강한 대한예수교장로교 총회의 친일파 세력을 동원하여 1938년 9월 25일 평양 서문밖교회에서 모인 제28회 총회에서 신사참배는 우상 숭배가 아니고 국가 의식(儀式)이란 미명하에 신사참배를 결의하였다.

이 일로 일부 한국 장로교회는 신사참배를 실시하게 되었다. 그러나 신사참배는 우상(偶像)이라면서 불참할 뿐만 아니라 반대 운동이 여기저기서 일어나고 있었다. 이러한 바람이 지방인 경북 안강 육통교회에까지 밀려오고 있었다. 당시 육통교회는 교역자를 청빙할 수 없어서 심능양 장로가 주일 예배, 밤 예배, 수요일 밤 예배, 심지어 새벽기도회까지 인도하고 있었다.

주일마다 안강 경찰서 고등형사가 신사참배를 강요하자 심능양 장로는 담대히 뿌리치고 계속 예배를 인도해 왔다. 그러자 일제는 한 개 면에 교회 하나만 놔두고 모두 폐쇄를 단행하고 말았다. 이 일로 심능양 장로는 자신의 설 자리를 안강 경찰서 고등계 형사에게 빼앗기자, 신사참배로 자신의 신앙을 버릴 수 없어서 그 길로 성경과 찬송가를 가슴에 안고 입산하고 말았다. 그는 매일 하나님께 호소하였다.

드디어 1945년 8월 15일, 뜻하지 않게 하나님의 축복으로 해방을 만나고 일제는 패망하는 역사가 일어났다. 심능양 장로는 그 소식을 듣고 곧장 집에 가서 연장 도구를 들고 나와 교회당 문을 폐쇄했던 판자를 뜯어내고 교회당을 깨끗이 청소한 후 마을을 돌아다니면서 교회로 모이라고 소리를 질렀다.

"여러분! 일본이 패망했습니다. 내일 새벽부터 새벽기도회가 시작됩니다."

이렇게 외친 심능양 장로는 그 어느 때보다 많은 기도를 하고 주일이면 더 뜨겁게 설교하였다. 그런데 뜻하지 않게 한반도가 북위 38도선으로 분할되어 38도선 이남은 미군이 진주하고, 이북은 소련군이 진주하여 군정을 실시한다는 소식을 접하게 되었다. 심능양 장로는 더 많은 기도를 해야 한다면서 교인들에게 이러한 사실을 상세하게 알렸다.

1948년 5월 심능양 장로는 안강군 안강읍 국민회의 책임자로 임명을 받았으며, 그의 아들 심의진 집사는 대동 청년단 단장으로 활동하였다. 그로 인해 자연히 심 씨 가문과 공산당과의 갈등이 생겨나게 되었다. 그러나 심능양 장로 부자간은 오직 육통교회가 부흥되기를 바라는 희망을 갖고 열심히 전도에 힘을 쏟고 있었다.

어느 날 주일 아침에 심능양 장로가 "우리 안에는 좌우익이 없습니다. 다 함께 대한민국을 위해서 열심히 살아갑시다"라고 설교했다. 그렇게 설교를 하고 귀가했는데 그 지역 공산당원들이 들이닥치면서 단칼에 그의 심장을 찌르자 그만 숨을 거두고 말았다. 이때 심 장로는 피를 토하면서 "하나님, 저들의 죄를 사하여 주옵소서"라는 말을 남기고 54세의 짧은 나이로 생을 마감하였다.

그 후 육통교회는 크게 부흥되었으며, 그의 장남 심의도 장로(현 휴스턴 한인교회), 딸 심순애 권사(현 장산교회), 아들 심의진 집사(현 팔당교회), 아들 심의장 장로(현 향원교회), 아들 신의한 장로(현 성광교회) 등이 모두 축복을 받았다.

24 평생을 섬 교회에 찾아다니면서 목회했던
문재연 장로

문재연(文再淵, 1919-2004) 장로는 전남 신안군 도초면 수항리에서 출생하였다. 고향 수항리에 있는 한문서당(漢文書堂)에서 한문을 배운 후 갈립학교를 졸업하였다.

신안군에 기독교가 전해진 것은 1908년으로 거슬러 올라간다. 1897년 미국 남장로교 선교부에서 변창연 조사를 목포에 파송하여 목포교회(목포 양동교회)를 초분(草墳) 근방에 설립하였다. 그 후 '목포 지방의 선교의 아버지'라 말하는 배유지 선교사가 목포에 정착하면서 목포 인근에 있는 무안, 함평, 영암, 해남, 강진, 장흥 지방에 교회가 하나둘씩 설립되었다. 때마침 1907년 미국 남장로교 선교사인 맹현리 부부가 목포에 도착하면서 신안군 일대를 비롯해서 진도, 완도 등 주로 도서(島嶼) 지방을 떠맡아 선교를 하였다.

1908년 3월에 맹현리 선교사는 자신의 조사 강낙헌을 대동하고 10시간이나 걸리는 배를 타고 비금에 덕산교회를 설립하였다. 신안군에 선교의 기지를 확보했던 맹현리 선교사는 1915년 흑산도에 있는 예리 부락에 예리교회를 설립하였다. 그 후 맹현리 선교사의 선교 열기는 비금과 흑산도에서 멈추지 않았다. 그는 비금과 가까이 있는 도초에 사는 섬 주민들에게도 복음을 전해야 한다면서 1922년에 도초에 교회를 설립했다. 그곳에서 문재연은 형의 전도를 받고 15세가 되던 해인 1934년 처음으로 교회에 출석하게 되었다.

기독교에 대해서 많은 관심을 갖고 있던 차에 문재연은 형의 안내를 받고 교회에 출석하게 된 것이 계기가 되어 일생 동안 섬 지방에 복음을 전하는 데 헌신하기로 다짐했다. 그는 1947년 2월에 문을 연 목포 고등성경학교에 입학하였다. 이때 문재연은 하나님의 축복으로 목포로 유학하기 원했던 소원이 이루어졌다. 우선 수업이 시작되면서 체계적으로 신구약성경을 배운 것이 너무 감사해서 방과 후에도 기숙사에 갈 생각을 안 하고 계속 교실에 남아 기도와 성경을 암송하는 일로 시간을 보냈다. 이때 교장인 이근택 목사는 교실에 혼자 남아 있는 학생을 불렀다.

"학생은 왜 기숙사에 가지 않고 여기서 무엇을 하고 있지?"

"교장 선생님, 학교에 와서 공부하는 일이 너무 좋아서 이곳에 성경을 암송하면서 기도를 하고 있습니다."

"고향이 어디지?"

"목포에서도 멀리 떨어져 있는 도초 수항리교회에서 왔습니다."

이처럼 몇 마디 대화를 나누었던 이근택 목사는 자신의 머리에 문재연을 입력시켜 놓고, 목포 선교부 조하파 선교사에게 특별히 부탁하여 그를 도울 수 있는 길이 있는지 물어 보았다.

"교장 선생님, 그렇지 않아도 하의도에 교회를 개척하려고 했는데 잘됐습니다. 그 학생을 저희에게 보내 주세요."

이렇게 해서 문재연 학생은 왕성한 28세의 나이로 목포 선창에 나가 하의도를 향하는 배에 몸을 실었다. 그렇게 멀고 먼 하의도에 내려서 기도하던 중 때마침 대리라는 마을에 교회를 설립하면 좋겠다는 말을 듣고 1948년 대리교회를 설립하였다.

이때 목포 고등성경학교는 금요일 오전까지 수업을 했기 때문에 주로 개척교회나 교역자가 없는 교회에 가서 예배를 인도하는 일들로 봉사하였다. 그리고 월요일 오후에 목포 고등성경학교 기숙사에 돌아와서 화요일부터 수업을 받았다. 이렇게 해서 2년간 그 교회가 자리를 잡자 후배에게 넘겨 주었다. 다시 안정된 교회를 수개해 주어서 흑산도 예리교회에 부임하였다. 그 교회에 부임한 지 얼마 안 되어 6·25 한국전쟁이 일어나고 말았다.

지역 주민들로부터 존경을 받았던 문재연 전도사는 좌익의 갈등을 뛰어넘어 사랑과 기도로 그 무서운 전쟁을 이겨낼 수 있었다. 그런데 뜻하지 영양실조로 중병에 걸려 고향에서 얼마 동안 요양하면서 광주 고등성경학교에 진학하였다. 그리고 신안군 안좌도 내리교회를 개척하였으며, 다시 신안군 지도읍 지동리 효지교회에서 4년간 전도사로 시무하였다.

1964년에는 고향인 도초에 돌아와서 도초 선창가 가까운 곳에 성광교회를 개척하고 10년간 이곳에서 사역하였다. 도초면에 있는 모든 통합 측 교회들이 문재연 전도사를 도초중앙교회 장로로 시무할 수 있도록 해야 된다고 주장하여, 도초중앙교회에서 1974년도에 시무 장로로 장립을 받았다.

다시 목포노회 노회원들의 지지로 문재연 장로는 잠시 장로의 직분을 접어두고 다시 전도사의 신분으로 완도군 동부 화선교회에서 3년간 시무하였다. 말년에는 그 누구도 가려고 하지 않는 곳, 즉 흑산도 심리교회에서 전도사로 시무하였다. 흑산도 심리는 날 좋은 새벽이면 중국 청도의 닭 울음소리가 들리는 곳이다. 이러한 곳에서 12년간 전도사로 사역하면서 아름다운 교역자의 삶을 살았다. 그 후 가족들이 모여 사는 목포로 이거하여 목포 양동제일교회에 출석하다가 2004년 3월 5일 삶을 마감하였다.

남아 있는 유족으로는 끝까지 내조를 잘했던 비금 덕산교회 출신 김화덕 권사와 그의 장남인 문애록 장로, 차남인 문기호 장로, 3남 문청호 집사가 있다. 큰딸 문성의 권사(명광호 장로 부인), 차녀 문혜순 여사(최수남 목사 부인), 삼녀 문은순 집사(이영구 집사 부인)들이 어머니 김화덕 권사를 비롯해서 문재연 장로의 희생적인 삶을 이어가면서 맡겨진 일을 성실하게 감당하며 열심히 신앙생활을 하고 있다.

25 33인 중 이명룡 장로의 아들 이경선 장로

이경선(李敬善, 1899-1950) 장로는 평안북도 정주군 서면에서 3·1 운동 민족 대표 33인의 한 사람인 이명룡(李明龍) 장로의 둘째 아들로 출생하였다. 아버지로부터 철저한 민족주의 훈련을 이어받았던 이경선은 일찍이 기독교 가정에서 성장했기에 민족을 사랑하는 마음이 남달랐다. 이러한 환경에서 자란 이경선은 평양에 있는 숭실중학교에 진학하였다. 그 후 같은 캠퍼스에 있는 숭실전문학교에 진학하였다. 그런데 뜻하지 않게 아버지로부터 급한 연락을 받고 고향에 내려갔다. 이때 이명룡 장로는 아들 이경선을 불러서 몇 가지 비밀에 관한 사항을 일러 주었다.

"지금 서울에서 민족운동인 독립운동을 하기 위해 비밀리에 모이는 모임이 있으니 너도 평양에 가서 숭실전문학교 학생을 중심으로 3·1 운동에 참여해야 된다."

"아버지, 알겠습니다. 그러면 이 길로 평양으로 가겠습니다."

아버지로부터 사명을 받고 이경선은 평양에 도착한 후 곧 기숙사에 들어가 같은 반에 있는 학생들에게 3·1 운동에 대한 이야기를 전했다.

"이제 우리 기숙사에서 해야 할 일은 태극기를 만드는 일이야. 그렇게 알고 준비를 하자."

이 말에 놀란 학생들도 있었지만 이미 역사 시간에 배웠던 학생들은 미국 윌슨 대통령의 민족자결주의를 알고 있었다. 이경선은 그 때부터 바쁜 시간을 보내게 되었다.

드디어 서울 탑골공원에서 일어난 3·1 만세운동에 시간을 맞추어 평양에서도 3·1 만세시위가 일어났다. 이때 이경선은 피가 끓는 20세의 나이었다. 그래서 그는 앞장서서 태극기를 들고 목이 터져라 만세를 불렀다. 어느덧 평양은 독립 만세 물결로 가득 찼다. 숭실전문학교 학생들이 앞장을 서자, 바로 뒤이어 남녀 학생들이 모두 태극기를 들고 평양 시내를 행진하였다. 이에 놀란 평양 경찰서는 물론 평양 일본 헌병대를 동원하여 진압하고 나섰다. 그러나 그 물결의 위력은 대단하여 결국 일경과 헌병들은 총을 쏘면서 위협을 가하였다.

이미 그의 아버지 이명룡 장로는 민족 대표 33인들이 모이기로 한 서울 태화관에서 독립선언서를 낭독하였다. 그러자 종로 경찰서에서는 이들을 모두 체포하고 경찰서에 수감하고 조사했다. 역시 평양에서도 3·1 운동에 가담했던 주모자를 찾던 중 이경선을 체포한다는 소식을 듣게 되었다. 그는 고향 정주에 갈 수 없어서 할 수 없이 만주로 망명하였다. 이미 만주에도 일본 경찰과 헌병들이 길거리에서 조사를 하기 시작했다. 할 수 없이 이경선은 친구들 몇 사람과 함께 중국 남경으로 피신하였다.

때마침 남경에는 매부인 선우훈 장로가 사업을 하고 있었기에 그곳에 가면 일경의 눈을 피할 수 있다는 생각에 만주 장춘(長春)에서 밤 열차를 타고 남영(南京)으로 가는 기차를 탔다. 몇 날을 거쳐서 남경에 사는 매부 선우훈 장로 집에 도착하였다. 그의 매형 선우훈 장로는 일찍이 숭실전문학교를 중퇴하고 금릉대학에 유학해 편입하였다. 그곳에서 대학을 졸업했던 선우훈 장로는 남경에서 사업에 손을 대어 크게 성공을 하였다.

이때 이경선은 자신의 모든 행동에 대해서 이야기를 하고 아버지 이명룡 장로에 대한 이야기를 하였다.

"아니, 장인 영감도 33인이 서명했던 3·1 운동에 참여했단 말이야!"

이렇게 만난 이들은 서로 가족 소식과 함께 이야기를 나누면서 밤을 꼬박 새웠다. 이경선은 매부의 덕택으로 그 유명한 금릉대학에 편입하게 되었다. 방학을 맞이하면 고국에 가지 못한 때를 이용해서 매형의 도움으로 상해에 있는 임시정부 청사를 방문하였다. 그곳에서 뜻하지 않게 김구 주석을 만나게 되었으며, 당시 상해 임시정부 요인들을 모두 만나게 되었다. 이때 이경선은 언젠가는 일본으로부터 해방될 날이 올 것을 알고 그곳에서 열심히 공부하였다.

남경대학을 졸업한 이경선은 즉시 상해로 자리를 옮긴 후 김구 주석을 돕는 일들, 교포들을 도울 수 있는 여러 가지 일에 힘을 쏟았다. 그는 독립운동을 위해서 상해에 와 있는 애국지사들의 자녀와 교포들이 다니는 인성학교에 교사로 취직하게 되었다. 당시 교장은 전라도 전주 서문교회에서 목회를 하다가 상해로 망명 왔던 김인

전 목사였다.

"아니, 33인으로 활동했던 이명룡 장로의 자녀라고요?"

이렇게 만난 김인전 목사는 그 즉시 인성학교 중등부 영어 교육을 맡아 달라는 부탁을 하였고, 그는 그곳에서 영어 교사로 활동하게 되었다. 이경선은 평교사였지만 상해 한인교회에서 집사의 직분을 맡아 봉사했다.

해방이 되자 이경선은 곧장 고향 평북 정주에 돌아가 정주교회에 출석하면서, 북한 사회의 새로운 질서 속에서 그리스도의 삶이 얼마나 귀한 것인지 친히 보여주기도 하였다. 그로 인해 정주교회 장로로 장립을 받고 활동했다. 그러나 해방이 되자마자 소련군이 진주하면서 38도 이북은 공산당의 세계가 되고 말았다.

북한 공산당은 38도선 이북에 공산당 정권을 세워야 한다면서 1946년 11월 3일 주일에 대의원 선거에 참여하라고 했다. 그가 이 말에 정면으로 반대하자 체포되어 곧장 내무서로 끌려갔다. 그곳에서 소련군 사령부에 구금되었다가 시베리아로 압송된 후 현재까지 그의 종적을 알 수 없게 되었다.

26 서울 거리의 번개 비 김규식 박사

　미국 북장로교 선교사였던 언더우드 선교사는 조선에 도착한 지 1년이 지난 1886년 5월 뜻하지 않게 정동에 있는 자신의 집에 웬 조선 어린아이가 와서 구걸하는 것을 보았다. 그는 그 아이를 놓고 최초로 고아원 겸 예수학당(후에 경신학당)을 설립하였다. 그 아이가 후에 민족운동가로서 명성을 날린 김규식 박사다.
　김규식은 일찍이 경상도 해운대 현감으로 발령을 받은 부모를 따라 지방으로 내려갔다. 그러나 모함에 의해 하루아침에 거지 신세가 되고 말았다. 그리하여 가족이 해체되자 그는 서울 아현동에 있는 먼 친척집에 머물게 되었다. 친척집에만 머물 수 없었던 김규식은 서울 장안을 휘집고 다니면서 거지생활을 하였다.
　언더우드 선교사는 이 아이의 영특함을 발견하고 양아들로 삼고 자신의 집에서 함께 기거하였다. 얼마나 소란을 피우고 온 동네를 혼자서 휘집고 다니는지 언더우드는 김규식에게 '번개 비'라는 별명을 붙여 주었다. 정동 고아원은 갈수록 어린아이들이 모여들어 그 해 12월 말에는 10여 명이나 되었다. 언더우드에게는 여간 기쁜 일이 아니었다.

　언더우드는 그동안 알렌 의료 선교사가 설립한 광혜원에서 의학도들에게 물리와 화학을 가르치는 과학교사로 활동하고 있었다. 그러나 이제는 독자적으로 자신의 일을 할 수 있다는 즐거움 때문에 고아 10명을 모아 놓고 학교 교육을 실시하였다. 학교라고 해봤자 언더우드 선교사 혼자서 아이들을 가르치고 있었다. 번개 비 김규식은 점점 성장하면서 다른 아이들보다 뛰어나게 공부를 잘하였다.

　몇 명의 아이에 불과했지만 이들이 장차 조선을 이끌고 갈 엘리트가 될 것을 확신하고 정성껏 교육을 시켰다. 아침이 되면 숙소에서 잠을 자던 어린아이들을 깨워서 예배를 드리고, 이어서 간단한 성경 동화 이야기를 하면서 아이들에게 기독교 교육을 시켰다. 언더우드는 경신학당에서 철저한 기독교 교육을 받으면서 성장한 아이들 가운데 김규식이란 아이에게서 남다른 영특함을 발견하게 되었다.

　그래서 시간이 있는 대로 김규식을 자신의 사무실에서 잔심부름을 시키면서, 장차 자신의 비서로 만들기 위해서 직접 영어를 가르치기 시작하였다. 비록 그는 조선의 아이였지만 남다르게 영리하여 그가 가르쳐 준 영어는 금방 암송해 버렸다. 그에게 영어 성경을 주면서 성경구절을 암송하라고 하면 조금도 머뭇거리지 않고 즉석에서 외우는 일에 또 한번 놀라고 말았다. 언더우드 선교사는 그의 영어 실력에 놀라 즉시 미국 버지니아 주에 있는 로낙크대학 부설 고등학교에 유학을 보냈다.

　김규식은 언더우드의 노력으로 경신학당에서 중학교 3년 과정을 다 배웠기에 미국에서 고등학교 과정을 이수할 수 있는 자격이 인정되었다. 그래서 바로 로낙크대학의 부설 고등학교에 진학하였다. 그는 로낙크대학교 학부를 마치고 다시 철학 박사(Ph.D.) 학위 과정에 진학하였다. 학위를 받은 김규식 박사는 1904년에 귀국하였다. 이때 언더우드 선교사는 김규식을 자신의 비서실장으로 등용하여 모든 일들을 함께 의논하면서 조선 선교에 큰 힘이 되기도 하였다.

더욱이 1910년 한일병탄이 일어나자 김규식은 조선에서 인재를 양성해야 한다는 생각을 갖고, 언더우드 선교사와 협력하여 황성기독교청년회에서 설립한 YMCA 학원 책임자로 일하게 됐다. 이때 김규식은 학생들을 모아 놓고 조선 청년들이 역사 의식을 가져야 나라를 지킬 수 있다는 생각을 매주 1회씩 실시하는 채플 시간에 역설하였다.

"사랑하는 학생들, 한일병탄이 일어나는 이유는 간단합니다. 조정에서 녹을 먹고 사는 사람들이 자신의 배만 부르면 된다는 생각을 갖고 있었기에 이 모양이 되었습니다."

이처럼 YMCA 책임자로 있던 김규식 박사의 역사 의식을 알았던 언더우드 선교사는 그에게 자신이 교장으로 있는 경신학당 학감의 직책을 맡겼다. 김규식은 언더우드 선교사를 도와 민족을 깨우치는 일을 함께 실천해 왔다.

한편 김규식은 언더우드 선교사가 설립한 새문안교회에 출석하면서 그의 오른팔 역할을 담당하였다. 서울 장안에 있는 꿈 많은 어린 청소년들이 김규식 학감의 실력에 놀라 그에게 구름떼처럼 몰려왔다. 그리하여 새문안교회에서 그의 실력을 인정받아 장로로 장립되었다. 그러나 김규식은 그냥 국내에만 머물 수 없다고 판단하여 도미하였다. 그곳에서 독립운동을 하던 중 제1차 세계 대전이 끝나자 미국 윌슨 대통령의 민족자결주의에 의한 조선독립을 부르짖었다. 그러나 이 일이 성사되지 않자 파리 강화 회의가 개최될 때 조선 대표로 이승만 박사와 김규식 박사가 비자 신청을 했다. 그런데 김규식 박사만 비자가 나오자 그가 대표로 참가하여 조선의 독립을 역설하였다. 하지만 그 일은 끝내 이루어지지 않았다.

그러나 하나님은 1945년 8월 15일 일본을 패망시키고 조선을 해방시켜 주셨다. 이 일이 너무 감사하여 귀국하여 신생 대한민국을 건설하는 데 앞장섰지만 미소의 분할 정책에 의해 남한은 미군이, 북한은 소련군이 각각 점령하였다. 이때 김규식 박사는 남북이 하나가 되는 통일 정부를 부르짖다가 결국 그 일을 해내지 못하고 6·25 한국전쟁 시 북한으로 끌려갔다. 북한에서 통일운동을 하였지만 결국 통일을 보지 못하고 삶을 마감하였다.

27 끝까지 신앙을 지킨 조용석 장로

　조용석(趙鏞錫, 1896-1950) 장로는 경상남도 함안군 군북에서 철저한 유교 집안에서 출생하였다. 더욱이 함안에서는 제법 큰소리를 치고 사는 함안 조씨의 가문이었다. 조선 500년간 성리학을 추구하면서 조동규라는 사또가 함안 고을을 장악하고 지냈다. 이러한 역사를 지닌 가문이었다. 유교사상이 강했던 조동규가 영국인 베델이 발행하는 〈대한매일신보〉를 구독하고 있었다. 그 신문 내용 중에 기독교가 새로운 근대문화를 이끌어 가고 있다는 기사에 그는 놀라고 말았다. 특히 배재학당이 아펜젤러 선교사에 의해 설립되고, 경신학당은 언더우드 선교사에 의해 설립되어 조선에 새로운 문화가 전개된다는 기사를 보고 놀랐다고 한다.
　1889년 호주 장로교 선교사인 데이비스가 서울에 입국하여 선교답사차 부산과 경상남도에 기독교 문화를 전하기 위해서 여행하였다. 그러나 그가 부산에서 급성 폐렴으로 사망했다는 소식을 듣고 놀랐던 조동규는 모든 기득권을 포기하고 기독교로 개종하기로 굳게 다짐하고 기독교로 전환하게 되었다.

그 후 조동규는 함안 조씨 족보에서 제거되었다. 그러나 이러한 일에 조금도 개의치 않고 새로운 세계를 이끌고 갈 종교는 기독교밖에 없다고 생각하고 종손의 자격을 포기해 버렸다. 이처럼 한번 결심을 굳힌 조동규에 대해서 사람들은 기독교 신앙을 철회하라고 하였지만, 오히려 예수교를 믿어야 훗날 함안 조씨가 잘살 수 있다고 주장했다. 그리고 전도를 열심히 하고 다녔다.

그리고 함안 조씨가 축복을 받으려면 교회를 신축해야 한다면서 자신의 논밭 600평을 교회에 헌납하였다. 이렇게 해서 설립된 사촌교회에는 조동규의 후손들이 출석하게 되었다. 자연히 사촌교회는 해가 갈수록 많은 사람들이 모여들기 시작하였다. 조동규는 자신의 자녀만큼은 훌륭하게 키워야 한다면서, 사촌보통학교를 졸업한 조용석을 언더우드 선교사가 설립한 경신학당 고등과에 유학시켰다. 그리고 경신학당을 졸업한 조용석을 일본으로 유학을 보냈다.

조용석은 도일(渡日)하여 도쿄에 있는 유명한 와세다[早稻田]대학 정경학과(政經學科)에 진학하였다. 그가 3학년이 되었을 때 제1차 세계대전이 독일의 패망으로 끝나자 당시 독일의 식민지였던 동유럽의 여러 국가들이 독립하였다. 미국 윌슨 대통령이 주장한 '민족자결주의'가 서서히 여론화되면서 일본에 유학하고 있던 유학생들 사이에 번져가고 있었다. 1918년 12월 29일, 연말이 되자 각 지역별 유학생들이 망년회의 이름으로 모임을 갖고 토론회를 개최하였다. 다시 30일에는 동서연합웅변대회에서 독립문제 의제를 갖고 토론을 벌이고 독립운동을 전개하기로 합의를 보았다.

1919년 새해가 되자 겨울 방학도 잊고 도쿄에 남아 1월 6일 조선

YMCA 회관에서 웅변대회를 개최하기로 합의를 보았다. 이때 유학생 대표로 최팔용, 백관수, 윤창석 등 10여 명을 선출하고 독립운동의 실천 계획을 수립하였다.

이들은 독립선언서를 작성하여 일본 정부, 각국 공관, 일본의 귀족원 중의원에 보내기로 결정하였다. 이러한 일이 비밀리에 진행되었다. 드디어 1919년 2월 8일, 조선 유학생 400여 명이 조선 YMCA 회관에 모였고, 아오야마학원[靑山學院大學]에 재학 중인 윤창석 학생이 단상에 등단하여 먼저 기도를 하고 2·8 독립선언서를 낭독하였다. 이것이 바로 도쿄 유학생 2·8 독립선언서였다. 이것을 낭독하고 '대한민국 만세 삼창'을 한 후 유학생들이 질서정연하게 시위를 벌였다. 이때 조용석도 이들 대열에 참여하여 목이 터져라고 만세를 불렀다.

이때 도쿄 경시청에서는 수많은 경찰관을 동원하여 시위에 가담한 유학생들을 체포해 갔다. 이 일로 조용석도 잠시 구금되었다가 석방되어 나왔다. 이때 조용석은 고향 함안에 이 소식을 전해야 하겠다는 생각을 갖고 2·8 독립선언서를 자신의 사각모에 숨겨서 고향에 왔다.

한국에서도 본국에 돌아온 도쿄 유학생들과 3·1 운동 33인의 대표 중 한 사람인 손병희가 서로 연락이 되었고, 함안에서도 만세를 부를 준비를 하고 있었다. 드디어 1919년 4월 함안 장날을 기하여 장터에서 만세를 부르다가 조용석은 함안 경찰서 일본인 경찰관에 체포되어 구속되고 말았다. 그 후 대구 형무소에 이감되어 수감되었다. 이때 재판을 통해 3년 선고를 받았지만 집행유예로 석방되어 고향에 내려와, 선교를 통해서 민족의식을 일깨우겠다는 뜻을 갖고 마산 선교부에서 왕길지 선교사의 조사로 일하면서 바쁜 나날을 보내고 있었다.

그의 신앙을 지켜보았던 사촌교회에서는 그를 장로로 장립을 받게 하였다. 그러나 신사참배 문제로 호주 장로교 선교사들이 추방을 당했다. 그리하여 그들이 남기고 간 모든 교회들을 관리하면서 신앙을 지키고 있었다. 결국 사촌교회도 폐쇄되자 할 수 없이 가정에서 예배를 드리다가 일제가 패망하자 다시 폐쇄되었던 사촌교회 문을 열고 열심히 강단을 지켰다.

그러다가 결국 민족의 비극인 6·25 한국전쟁을 만나고 말았다. 이때 인민군들은 함안 지방까지 점령하였으며, 인민군에게 협력하지 않았다는 이유로 후퇴하는 인민군에 체포되었다. 그리고 9월 18일 밤 2시에 함안군 군북면 방곡리 남강에서 55세의 나이로 처형되고 말았다. 그는 자신을 죽인 인민군에게 "하나님, 저들의 죄를 용서하여 주시옵소서, 아멘"이라는 유언을 남겼다.

28 한석진 조사의 전도를 받고 축복받은
유계준 장로

　유계준(劉啓俊) 장로는 1879년 평안남도 안주군 청산면 오리에서 유선덕의 3형제 중 둘째로 태어났다. 그의 부친은 그 지역에서 농토를 많이 갖고 있는 부자로 널리 알려졌으며, 그 집에는 일꾼들 즉 머슴이 많아 농사를 짓는 데는 어려움이 없었다. 그리고 이 일로 인하여 그 지역에서 큰소리를 치면서 살았다고 한다.
　그런데 유계준이 13세 되던 1892년 어느 날 부친이 알 수 없는 병에 걸렸다. 많은 농토를 갖고 있었기에 영험하다는 한의사를 모두 불러와서 진료를 받았지만 남은 것이라고는 더욱 몸이 쇠약해 가는 것뿐이었다. 그러다가 그렇게 많은 재산을 다 날려 버리고 세상을 떠나고 말았다.
　유계준은 할 수 없이 고향을 떠나 평양으로 나와서 그곳에서 직장을 구해 생활을 연명했다. 다행히 아버지 덕분에 한문사숙(漢文私塾)에서 한자를 배우고 《명심보감》(明心寶鑑) 등을 배워 탁월한 한자 실력이 있었다. 이러한 실력을 갖고 평양 어느 상점 점원으로 취직을 하였다. 3년간 열심히 일하였지만 1895년 뜻하지 않게 청일전쟁이 일어나고 말았다. 이때 평양은 전쟁터가 되어 그 누구도 살 수 없을 정도로 황폐해졌다.

할 수 없이 유계준은 주인의 식구들과 함께 평양 교외 미림리로 피난을 가게 되었다. 그런데 유계준의 성실성에 놀란 주인은 혹시라도 전쟁으로 인하여 가족들이 죽게 되면 어떻게 될까 걱정하던 차에, 그를 사위로 삼기로 하고 피난지에서 간단한 예식을 올리고 새로운 가정을 만들어 주었다.

결국 전쟁은 일본의 승리로 끝났고, 청나라 사람은 평양에서 모두 철수했다. 일본인들이 평양 여기저기에 좋은 자리는 다 차지하게 되어 장사를 할 만한 장소가 없었다. 할 수 없이 미림리에 자리를 잡고 장사를 하였다. 그런데 유계준은 약간 수입이 오르자 동리 술꾼들하고 어울리면서 매일 술로 세월을 보내고 있었다. 거기다가 유계준은 힘도 있어서 주먹으로 미림리에서 알아주는 사람이 되었다. 유계준은 그 힘을 믿고 평양 시내로 자리를 옮기고 여전히 주먹을 쓰면서 생활하였다.

그런데 그가 평양에 온 지 얼마 안 되어 한석진과 김창식이라는 사람이 전도하러 다니는 것을 보았다. 유계준은 그들을 관가에 보고했고, 관가에서는 한석진과 김창식을 곧 체포하여 평양 감사의 명령으로 구속시켰다.

한석진은 마포삼열 선교사의 조사였고, 김창식은 홀 의료 선교사의 조사였다. 이들이 구속되었다는 말을 듣고 홀 의료 선교사가 평양 감사에게 사정을 했지만 아무 소용이 없었다. 이때 홀 의료 선교사의 조사는 물론 마포삼열 선교사 조사인 한석진도 생명의 위협을 받게 되자, 홀은 즉시 서울에 있는 마포삼열 선교사에게 연락했다.

"마포삼열 선교사님, 큰일이 났습니다. 지금 평양에서 노방 전도를 했다고 하여 김창식 조사와 한석진 조사를 처형시키려고 평양 감옥에 수감시켰습니다. 얼마 후에 처형을 시키려고 준비하고 있을 것 같습니다."

이 소식을 접한 마포삼열 선교사는 즉시 고종(高宗)을 알현(謁見)하고 평양에서 일어난 이야기를 다 전하였다. 이때 마포삼열 선교사의 말을 듣고 고종은 즉시 신하를 불러 이명(御命)을 쓰게 하였다. 어명을 받은 마포삼열 선교사는 자신이 직접 왕의 어명을 챙겨 말을 타고 평양을 향해서 달려갔다.

며칠 동안 산과 들을 지나고 강을 건너 드디어 평양에 도착한 그는 평양 감사에게 큰소리로 외쳤다. 이때 한석진과 김창식은 단두대(斷頭臺)에 목을 대놓고 있었다. 마포삼열 선교사는 더 큰소리로 외쳤다.

"여기 왕이 왔소, 여기 왕이 왔소!"

평양 감사는 마포삼열 선교사의 말대로 정말 고종이 온 줄 알고 부하들과 함께 벌벌 떨면서 주위를 살펴보았지만 고종의 얼굴은 보이지 않았다.

이때 평양 감사는 큰소리를 내면서 "선교사님, 왜 헛소리를 하시오?"라고 대들었다. 그러자 마포삼열 선교사는 고종의 어명을 보여주었고, 한석진과 김창식 조사는 기적적으로 단두대에서 풀려났다.

이때 평양 감사는 마포삼열 선교사가 영향력 있는 사람임을 알고 평양에서 마음껏 전도할 수 있도록 자유를 허락해 주었다. 그러자 김창식과 한석진은 다시 마음놓고 열심히 노방 전도를 하였다.

어느 날 유계준이 술에 취해 평양 서문시장을 지나다가 사람들이 많이 모여 있자 고개를 들고 그 광경을 지켜보았다. 알고 보니 자신이 고발했던 사람들이 석방되어 노방 전도를 하고 있었다. 하도 이상해서 그들이 강연하는 장소에 가까이 가보았다.

"여러분, 저는 평양에서 기독교에 대한 진리를 설명하다가 평양 관리에게 붙들려 평양 감옥 단두대에서 섰던 한석진입니다."

이 말에 유계준은 깜짝 놀라고 말았다. 자신이 고발했던 그 사람들이 살아서 연설하는 말이 하도 신기해서, 가까이 가서 그들이 전해 준 전도지를 들고 집에 가서 읽다가 새로운 진리를 발견하게 되었다. 그리고 그 다음 날 유계준은 한석진이 머물고 있는 마포삼열 선교사 사무실을 찾아 나섰다. 몇 번 대문에서 소리를 질렀다.

"이 집이 마포삼열 선교사의 사무실입니까?"

그러자 한석진이 문을 열고 유계준을 맞이하였다.

"제가 죽을 죄를 졌습니다. 제가 당신을 평양 관가에 기독교를 전한다고 고발하였습니다."

"걱정하지 마세요! 하나님은 당신 같은 사람을 찾고 있습니다. 우리 함께 전도하면서 신앙생활을 합시다."

이 말에 자신을 얻은 유계준은 자신의 모든 죄를 고백하고 기독교 신자가 되었다. 그 후 유계준은 새로운 일터를 찾던 중 소금 장사를 하여 성공하자 장대현교회에서 신앙생활을 하다가 산정현교회가 설립될 때 이 교회로 이명을 하였다. 그리고 열심히 봉사하던 중 조만식, 오윤선, 유계준 이렇게 삼총사가 되어 함께 장로로 장립을 받았다.

유계준 장로는 사업가로서 대성하자 거기에서 얻어진 이익금의 일부를 독립 자금으로 떼어 놓았다가 상해(上海)임시정부로 비밀리에 송금하기도 하였다. 그런데 산정현교회에 뜻하지 않은 일이 발생하고 말았다. 1938년 9월, 장로교 총회에서 신사참배를 결의하자 산정현교회 당회에서는 이를 거절하고 끝까지 신사참배를 반대한 것이다. 이 일로 주기철 목사는 옥사(獄死)하는 순교의 영광을 만나게 된다.

끝까지 일제의 명령에 불복했던 산정현교회 당회원들은 주기철 목사의 순교정신을 이어 가야 한다면서 신사참배를 반대하다가 해방을 맞이하게 되었다. 그 후 북한 지역의 교회들은 공산당 정권이 들어서면서 일제의 고난 못지않게 핍박을 받았다. 결국 1950년 6·25 한국전쟁으로 평양에서 유계준, 오윤선, 조만식 장로 등도 순교의 영광에 들어가게 되었다.

29 계명대학교 초대 총장 신태식 장로

신태식(申泰植) 장로는 1909년 경상북도 청송에서 신경한의 둘째로 출생하였다. 신태식은 일찍이 아버지가 기독교를 받아들이고, 고향에서 대구에 있는 계성학교에 진학하면서 그의 인격에 기독교 정신이 자리를 잡게 되었다. 다시 계성고등보통학교에 진학을 하면서 자신의 목표를 설정하고 학문에 매진하게 되었다.

계성고등보통학교를 졸업하자 1930년 4월에 미국 북장로교 선교부에서 설립한 숭실전문학교에서 3년간 수업을 받았디. 졸업 후에는 일본으로 유학의 길을 찾던 중, 일본 동북부 지방에서 가장 유명하다는 동북제국대학(東北帝國大學) 영문학과에 진학하였다. 특별히 한국인으로 동북제국대학에 입학한다는 것은 보통 실력이 아니고는 불가능한 것이었다.

청운의 꿈을 갖고 도일했던 그에게는 오직 학교와 교회뿐이었다. 특별히 동북제국대학이 자리를 잡고 있는 센다이(仙台)는 일찍이 미국 북장로교회에서 선교 지역으로 정한 곳이고, 미션학교인 동북학원대학(東北學院大學)이 자리를 잡고 있는 지역이었다. 그래서 센다이에서 대학을 다닐 때는 일본 센다이교회에 출석하면서 많은 일본인 신자들을 사귀는 좋은 기회가 되기도 하였다.

1939년에 동북제국대학을 졸업한 신태식은 귀국하여 모교인 계성고등보통학교에서 영어 교사로 취직하였다. 모교였던 관계로 학교에 대한 애착은 남달랐다. 이 학교는 미국 북장로교 선교부에서 설립하고 지원하는 학교였기에 열악한 교실 문제도 어느 정도 해결할 수 있었다. 여기에 일제 말엽인 1945년 2월에는 조선 총독부 학무국에 의해 학교명을 공산중학교(公山中學校)로 개칭하게 되었다. 그 후 학교 운영에 많은 어려움을 당하자 교직원들이 학교를 떠나는 일까지 생겨나게 되었다.

그러나 뜻하지 않게 해방을 맞이했던 공산중학교 교장이 친일파로 몰리자 학교를 팽개치고 잠적해 버렸다. 이러한 상황에서 신태식 평교사가 계성학교를 복교하여 모교인 개성중학교 교장으로 취임을 하였다. 1951년에는 중고등학교가 분리가 되었지만 여전히 중고등학교 교장직을 맡아 수고하였다. 그의 탁월한 지도력을 인정하여 미국 국무성의 초청으로 미국 교육계를 시찰하였으며, 미국 북장로교 본부를 방문하여 교육시설의 부족한 부분을 보완할 수 있는 좋은 기회가 되기도 하였다.

다행히 선교사들이 재입국하자 계성중고등학교는 활기를 띠면서 선교부의 지원도 받게 되었다. 1953년에는 미국 펜실베이니아 주에 있는 피츠버그대학의 장학금을 받고 1년간 대학원에서 수학할 수 있는 기회를 얻기도 하였다. 이처럼 미국에서 유학하는 동안 미국 교회와도 깊은 관계를 갖게 되자, 이를 발판으로 1955년 프랑스 파리에서 모이는 기독교청년회 세계연맹 100주년 기념대회에 한국 대표로 참석하였다. 또 1959년에는 브라질 상파울로에서 모이는 세계장로교연맹에 한국 장로교 대표로 참가하기도 했다.

1961년에는 계성중고등학교를 모체로 해서 미국 북장로교 선교부의 재정적인 협조를 얻어 계명대학을 설립하고 학장 또는 총장으로 봉사하였다. 이러한 그의 실력이 인정되자 미국 캔자스 주 엠포리아 대학에서 명예교육학 박사 학위를 받았으며, 또 위스콘신 주 캐롤대학에서 명예법학박사 학위를 받기도 하였다.

신태식 박사는 명예박사 학위를 받고도 남을 만한 엄청난 일을 해냈다. 계명대학을 설립하는 데는 그의 공로를 언급하지 않을 수 없다. 그가 계명대학을 설립하기 위해서 1953년 당시 계성중고등학교 교장실에서 아담스 선교사를 비롯해서 최재화, 강인구, 김광수, 신태식 등이 계명대학 설립을 위한 모임을 갖고 그 실무자는 신태식 교장이 맡았다.

그의 실력은 이미 미국 북장로교 선교부에 잘 알려졌기에 그의 의견을 받고 1961년 3월에 첫 이사회를 조직하고 초대 학장에 감부열 선교사, 2대 학장에 안두화 선교사가 맡아 수고해 왔다. 그리고 제3대 학장은 신태식 박사가 맡았다. 신태식 박사는 학장으로 취임한 후 재정적인 어려움이 있자 2대 학장이었던 안두화 선교사를 앞세우고 미국 각 지역을 순회하면서 20만 불을 모금하는 데 성공하였다.

신태식 학장은 장차 종합대학으로 발전시키기 위해서 시외 대명동에 대지를 마련하고 대명동 캠퍼스를 마련하였다. 계속 발전해 가던 계명대학은 1977년 9월에 종합대학교로 발전하면서 초대 총장으로 신태식 박사가 취임하였다. 그는 계속해서 세계적인 대학을 만들겠다는 꿈을 하나씩 실현시켜 갔다. 1980년에는 100만 권을 보유할 수 있는 중앙도서관을 개관하게 되었다.

다시 1978년에는 1천 개가 넘는 병상을 갖고 있는 대구 동산병원이 그대로 계명대학교 동산 캠퍼스로 편입되면서 경북에서 손꼽히는 굴지의 종합대학으로 발전하였다. 여기에 신학대학도 개설하여 많은 신학부 출신들이 교단에서 운영하는 신학대학원에 진학하여 각 교단에서 지도자적인 목사로 활동하고 있다. 이처럼 거대한 종합대학으로 발전시켰던 신태식 박사는 1988년에 자신의 아들인 신일희 교수에게 총장직을 물려주고 명예총장으로 물러나게 되었다.

신태식 박사는 대구 동로교회에서 장로로 여생을 보내다가 생을 마감하였지만 그는 교단 활동에서도 지대한 공헌을 하였다. 특별히 합동 측과 통합 측의 교단 분열 시 대구의 대부분의 교회를 통합 측으로 남게 하는 데도 그의 공을 빼놓을 수 없다. 교단이나 기독교 단체에서도 활동했던 그는 한국 YMCA 이사장, 한국사회교육협의회 회장, 국제 PTP 한국본부 총재 등을 역임하였고, 2004년에 삶을 마감하였다.

30 남선교회 전국연합회를 육성시킨 이대위 장로

　남선교회 전국연합회의 뿌리는 기독청년면려회(이하 CE로 표기)에 뿌리를 두고 있다. 이 CE 조직은 경북 안동 지방에서 선교사로 활동하던 앤더슨(Rev. W. Anderson, 안대선)에 의해서 출발하게 되었다. 안대선 선교사는 미국 북장로교 선교사로 파송을 받고 부인과 함께 1917년 경북 안동에 정착하면서 선교활동을 시작하였다. 당시 안동의 농촌 지방은 가난한 농민들이 겨우 생계를 유지할 정도로 어려운 환경 가운데 있었다.
　이러한 현실을 목격했던 안대선 신교사는 미국에서 일어났던 CE 운동을 안동 지방에 소개하면서 젊은 청소년들에게 꿈과 이상을 심어 주었다. 그의 노력으로 1921년 2월 5일 안동교회 당회실에서 안동교회 CE 운동이 처음으로 출발하게 되었다. 이 운동으로 안동 지방에 있는 모든 교회 청년들이 교회에 모여들었다. 그러자 이 운동이 다른 지방으로 확산되면서 전국에 200여 개 교회 조직을 갖게 되었다.

이때 전남노회의 헌의를 받아 총회에서 평신도운동으로 허락하였다. 이러한 결의에 따라 안대선 선교사는 창립 준비에 힘을 쏟은 결과, 1924년 12월 2일 서울 종로구 신문로에 자리 잡고 있는 피어선성서학원에서 전국 CE를 조직하였다. 초대 회장은 박현식, 총무는 안대선 선교사가 맡아 수고하게 되었다. 당시 안대선 선교사는 안동선교부에서 상경하여 피어선성서학원 원장을 맡아 수고하게 되었다. 이와 함께 CE 운동의 상임총무로 전국 교회를 순회하면서 육성시키는 데 큰 공을 세웠다.

이때 이대위는 청년운동에 관심을 갖고 연동교회에서도 이 운동에 적극 참여하였다. 이 일로 인하여 안대선 선교사를 자주 만나면서 이 운동에 관심을 갖고 전국대회가 개회될 때마다 이 운동에 참여하였다. 이것이 계기가 되어 1930년 9월 12일 평양장로회신학교 강당에서 13개 노회연합회 대표 45명이 참가한 가운데 CE 제4회 정기 총회를 개회하였다. 이때 경기노회 연합회에서 파송한 연동교회 이대위가 회장으로 선임되었다. 이대위는 연동교회 피택 장로가 되었으며, 그 해 12월 28일 연동교회 장로로 장립을 받았다.

이처럼 제4대 CE 전국 회장으로 선임되었던 이대위는 1896년 10월 평안북도 용천에서 출생하였다. 일찍이 기독교 가정에서 자란 이대위는 1910년 미국 북장로교 선교부에서 설립한 선천에 있는 신성학교에 입학하였다. 신성학교 재학 시절 105인 사건에 연루되어 구속영장이 발부되어 체포한다는 정보를 입수하게 되었다. 그러자 이대위는 그 길로 선천을 탈출하여 잠시 만주에 머물면서 얼마 동안 시간을 보내다가, 1914년에 다시 선천에 돌아와 마지막 학년의 수업을 이수하고 신성학교를 졸업하게 되었다.

이미 중국으로 유학을 결심했던 그는 곧 중국의 수도인 북경에 자리를 잡았다. 그는 아는 것만이 조선의 힘이란 사실을 알았다. 그리하여 북경에 있는 북경재정학교(北京財政學校)에 입학하였다. 재정학교에서 배운 후 그 실력을 갖고 중국 엘리트들이 모이는 북경대학(北京大學)에 입학하여 중국 학생들과 어깨를 나란히 하면서 열심히 공부를 하였다. 그는 실력을 쌓아 놓아야 먼 훗날 조국을 위해서 일할 수 있는 시대가 올 것이라 믿고 열심히 공부하였다. 그런데 그의 생각대로 1919년 3월 서울 탑골공원에서 독립 만세 운동이 일어났다는 소식을 접했다. 그는 북경에 있는 조선 유학생들을 모아 놓고 북경 한인 YMCA를 창설하고 이사장으로 취임하여 독립운동에 참여하였다.

그는 북경 주재 한인 YMCA가 어느 정도 자리를 잡자 1921년 미국 예일대학에 진학하였다. 이때 학사 편입을 했던 이대위는 1924년 예일대학을 졸업하고 다시 컬럼비아대학에서 학업에 열중하다가, 조국의 독립을 위해서 적극적으로 참여해야 한다는 생각에 따라 귀국하여 곧바로 종로 5가에 자리 잡고 연동교회에 등록하였다.

때마침 종로 5가 연지동은 미국 북장로교 선교부가 자리를 잡고 이곳에 선교사들이 머물면서 각 지역에 있는 교회들을 육성시키는 일을 하였다. 이때 연동교회에서는 새로운 기독동우회를 창설하고 이 회를 중심해서 청소년들의 새로운 센터를 만들어 가고 있었다. 때마침 이대위는 중앙 YMCA 학생부 간사로 취직되면서 매일 청년들과 함께 기독교 확장 운동에 힘을 쏟았다. 이러한 일로 인하여 연동교회는 작은 중앙 YMCA 운동의 요람의 장소로 소문이 나기 시작하였다.

그 후 수양동우회 사건으로 서대문 형무소에서 3년간 옥고를 치르기도 하였다. 서대문 형무소에서 함께 수형생활을 하고 있는 동포들에게 예수의 복음을 전하기도 하고, 감방 안에서 간수의 눈을 피해 기도생활도 열심히 하였다. 그 후 같이 감옥에 있던 재소자들이 출옥을 하고는 이대위가 가출옥했다는 말을 듣고 연동교회에서 함께 신앙생활을 했다고 한다.

해방을 맞이하여 자유의 몸이 되었던 이대위 장로는 그의 실력을 발휘할 수 있는 좋은 기회가 오자 미군의 요청에 의해 미군정 시절 노동부장(장관)을 역임하였다. 이때 미군정에서는 그의 영어 실력에 모두 놀라고 말았다고 한다. 새로운 정부가 들어서자 자신은 새로운 대한민국의 일꾼을 양성해야 한다면서, 1955년 종로구 낙원동에 있는 빌딩에 정치학관이란 이름으로 정치대학(현 건국대)이란 간판을 걸고 교수로 재직하면서 후학들을 양성하였다.

그의 정성 어린 교육으로 후학들을 많이 양성하여 건국대학교가 한국에서 자리를 잡게 되었고, 이 일로 많은 인재들이 각계 각층에 배출되기도 하였다. 1963년에는 그의 업적을 인정하여 건국대학교에서 명예법학박사 학위를 받았으며, 건국대학교 부총장으로 취임하면서 국제라이온스 클럽 한국지회 총재 등을 역임하는 등 다양한 활동을 하였다.

31 정읍 매계교회를 재건했던 박봉래 장로

　박봉래(朴琫來) 장로는 1880년에 출생하였다. 부모를 따라 전주 서문교회를 출석하면서 소년 시절을 보냈다. 그러나 일제의 강제에 의해 한일병탄을 만났다는 슬픈 소식을 접하고 얼마 동안 고민하던 중 하나님의 음성을 듣고 가족을 뒤로한 채 홀홀단신으로 괴나리봇짐 하나를 챙기고 전라북도 전주를 탈출하였다. 몇 달이 걸려 독립운동의 요람으로 널리 알려진 북간도 용정(龍井)에 머물게 되었다.

　생각했던 대로 독립군을 모집한다는 소식을 접하고 군에 입대하였다. 원래 생김새도 장군처럼 키도 크고 활동에 놀란 독립군 훈련소 소장은 그를 부대 향도(嚮導)로 임명하였다. 모든 과정이 끝나자 독립군 소위 계급장을 달고 소대장으로서 지휘관이 되었다.

　새로 독립군에 입대한 훈련병들에게 교육을 시키고, 훈련을 마친 병사들을 무장시키는 일도 그의 몫이었다. 그는 일본군 무기고를 털어 용정으로 이송하던 중 일본 경비병에게 발각되어 즉시 체포되고 말았다.

　무기를 훔쳤다는 죄목으로 일본 용정 헌병대에서 얼마 동안 수감생활을 하다가 일본군이 중국에 주둔하고 있는 산둥 성 천진을 거쳐 서대문 형무소에 수감 중 재판을 받고 5년 형량을 받았다. 다시 형이 확정되자 추운 지방인 함경도 함흥 형무소에서 수감생활을 하다가 만기가 되어 출감했다. 이후 따뜻한 고향 전주에 돌아와 사랑하는 어머니 김성여 집사와 부인 김영춘 집사를 만나 다시 행복한 생활을 하게 되었다.

때마침 박봉래의 아들이 정읍군 태인 칠보 수리조합에 취직되면서 매계리로 이사를 하게 되었다. 매계리에는 매계교회가 있었는데, 최중진 목사가 자주교회로 선언함에 따라 교회 문을 닫게 되었다는 얘기를 듣게 되었다. 그리하여 박봉래는 그길로 매계교회 재건에 힘을 쏟기 시작하였다.

최중진 목사는 전북 고부 출신으로 전봉준 동학농민운동 당시 3형제, 즉 최중진, 최광진, 최대진이 동학운동에 가담하였다. 그러나 불행하게도 일본군의 진격을 받았던 이들 3형제는 전라도 순창까지 피해 그곳에서 얼마 동안 피신해 있다가 안정되었다는 소식을 듣고 고향에 돌아오게 되었다.

그때 최중진이 전주에 나가 전주 시장터에서 외국인 선교사 최의덕 선교사의 전도에 감동을 받았다. 이 일로 3형제가 모두 복음을 받았다. 더욱이 최의덕 선교사가 최 씨라는 말에 최중진은 선교사에게 가까이 가서 자신을 소개하고 전주에 안착하면서 전주 서문교회에 출석하게 되었다. 이 일로 최중진은 자연히 최의덕 선교사를 따라다니면서 조사 일을 보면서 그의 선교 지역인 정읍 지역을 떠맡아 선교에 힘을 쏟게 되었다.

이때 최중진 장로를 비롯해서 함께 졸업했던 이들 3명은 모두 전라대리회의 소속으로 목사 안수를 받았으며, 최중진 목사가 된 후 매계교회 초대 목사가 되었다. 뿐만 아니라 부안, 고부, 고창 지역의 관리당회장이 되었다. 이미 앞에서도 소개하였지만 이 지역은 최의덕 선교사 지역이었지만 최중진 장로가 목사 안수를 받자 자연히 최중진 목사의 당회 구역이 되었다.

그런데 최중진 목사는 전주 선교부에 공개적으로 서한을 보냈던 일이 있었다. 자신이 관할하고 있는 정읍 지역에 전주처럼 미션학교와 미션병원을 설립해 줄 것을 요구하였다. 만일 이 일에 응하지 않으면 자주교회(自主敎會)를 설립하겠다고 통보하였다. 이 소식을 접했던 전라대리회에서는 급히 회의를 소집하고 최중진 목사의 청원을 검토하였다. 모두 최중진 목사의 청원을 거절하기로 결의하고 그 사실을 최중진 목사에게 알렸다.

이러한 소식을 접했던 최중진 목사는 자신의 주장대로 매계교회를 비롯해서 정읍, 부안, 고창 지역에 있는 모든 교회들이 자주교회를 선언하고 전북대리회를 탈퇴하고 말았다. 이 일로 전주 선교부의 책임자인 최의덕 선교사와 장기간 분쟁이 있었고, 전북대리회에서는 최중진 목사를 치리하면서 목사직을 박탈하고 말았다. 결국 최중진 목사는 한국 교회에서 목사직 제명 1호가 되고 말았다.

그로 인해 그가 관리했던 모든 교회는 자주교회에 속하게 되었다. 최중진 목사의 지도를 받았던 교회들은 소유권을 빼앗기자 자연히 문을 닫으면서 매계교회도 폐쇄를 당하고 말았다. 여기에 충격을 받은 최중진 목사는 정읍 시내로 일터를 옮기고 그곳에서 형평운동

(衡平運動)을 하다가 삶을 마감하였다.

그러나 문을 닫았던 매계교회는 1926년 박봉래가 이곳에 정착하면서 다시 문을 열게 되었다. 한번 문을 닫았던 교회에서 다시 전도하는 일은 너무나 힘이 들었다. 그러나 박봉래의 헌신적인 노력으로 교인이 모여들자 매계교회에서는 그를 장로로 장립하였다.

그러나 그는 불행하게도 6·25 한국전쟁으로 인민군에게 체포되어 그해 8월 5일 71세의 나이로 태인 돌미산 언덕에서 순교하고 말았다.

이 매계교회는 박동춘 집사도 순교를 당한 슬픈 역사를 갖고 있다. 이러한 민족의 비극은 최중진 목사의 선교 구역이었던 정읍 입안에 있는 천원교회의 박영기 장로와 강태주 전도사의 순교로 이어졌다. 또 이 교회에서 분립했던 두암교회에서도 임윤례 집사 외에 22명이 순교를 하였다.

32 장로신문 창설자 김재호 장로

　김재호(金在浩) 장로는 1907년 평안남도 대동군 용산에서 김선주 장로와 김선규 집사 사이에서 장남으로 출생하였다. 그가 출생하던 시기는 국가적으로 어려운 때였다. 1905년 러일전쟁으로 한반도는 본의 아니게 엄청난 고통을 받았으며, 여기에 일본의 승리로 러시아는 조선에서 일체 활동을 할 수 없게 되었다. 자연히 러시아 남하 정책에 종지부를 찍고 이 일로 인하여 한반도는 일본의 독무대가 되고 말았다. 그로 인해 일제의 무력으로 을사늑약조약이 체결되면서 어둡고 긴 역사의 터널을 지나게 되었다.

　김재호가 세상에 태어난 지 얼마 안 된 1910년 한일병탄조약이 체결되면서 조선은 식민지가 되고 말았다. 한일병탄조약이 체결되자 각 군 소재지마다 일본 교육제도에 의해 보통학교가 세워지고, 교장은 러일전쟁에 참전했던 일본인 장교가 부임하였다. 이때 일본 장교 교장은 긴 칼을 옆구리에 차고 아침 조회 시간만 되면 교정에 등단하여 일장의 연설을 하곤 하였다.

　이러한 광경을 지켜본 김재호의 부친은 아들을 교회에서 운영하는 보광학교에 진학하게 하였다. 그가 보통학교에 다니면서 매일 드리는 경건회 시간은 새로운 세상을 만난 것 같았다. 그는 열심히 성경을 읽으면서 보통학교에 다녔다. 그런데 그의 아버지는 1919년 3월 1일 평양에서 일어났던 3·1 운동에 참가했다 하여 일본 경찰에 체포되어 평양 형무소에 수감되었다. 그 후 재판을 받고 억울하게 수감되어 감옥생활을 하였다. 다행히 형기를 마치고 출소했던 그의 부친은 그 어느 때보다 교회생활을 성실하게 하였다. 그가 감옥에서 터득했던 진리는 언젠가는 하나님이 조선을 독립시켜 준다는 확신이었다.

보통학교를 졸업한 김재호는 아버지의 주선으로 미국 북장로교 선교부에서 설립한 평양 숭실중학교에 진학하였다. 이때 그 지역에서 같이 졸업했던 친구들이 그를 그렇게 부러워할 수 없었다. 평양 숭실중학교에서 매일 실시하는 경건회는 그에게 큰 힘이 되었다. 평양 숭실중학교를 졸업한 김재호는 고향에 돌아와 토지개량사업소에 취직하였으며, 여가를 이용하여 과수원, 양계, 양돈을 운영하면서 생활의 윤택함을 누리며 살았다. 그리고 주일이면 교회에 출석하여 평양 숭실중학교에서 봉사했던 찬양대 대원의 실력으로 보령교회의 찬양대 지휘자로, 주일학교 교사로 봉사하면서 아동들에게 큰 인기를 누렸다.

그의 헌신적인 봉사가 인정을 받아 김재호는 1934년 보령교회에서 장로 장립을 받았다. 그가 최연소자로 장로 장립을 받을 수 있었던 일은 그가 평소에 교회를 위해서 열심히 봉사했기 때문이다. 그의 수고는 이것만이 아니었다. 권세열 선교사가 운영했던 성경구락부에서 봉사하면서 보통학교에 진학하지 못한 아이들을 교회당으로 불러 모아 야간에는 그들을 가르치기도 하였다. 다시 보통 과정을 이수하면 중등 과정을 개설하여 역시 야간으로 수업을 받게 하였다.

한때 조만식 장로가 전개한 물산장려운동의 지역 책임자로 활동하였다. 이렇게 활동하던 그는 해방을 맞이하여 건국준비위원회에서 활동을 하다가, 북한 소련군이 진주하면서 활동의 제약을 받게 되었다. 그 후 강양욱 목사가 이끈 조선기독교연맹에 가입하지 않았다고 하여 요시찰 인물로 낙인찍히고 말았다. 더욱이 1946년 11월 3일 주일에 북한에서 시도 인민위원을 선거할 때 이를 반대하는 교계 지도자들이 있었다. 이때 김재호 장로도 반대했다. 그는 체포령이 내려지자 낙향하였다가 6·25 한국전쟁으로 인민군에게 끌려갈까 봐 숨을 죽이고 은둔생활을 하였다.

그런데 1950년 9월 28일에 유엔과 국군이 서울을 탈환하면서 수복이 되었다. 이때 인민군들은 38선 이북으로 후퇴하였다. 이러한 여세를 몰고 유엔군과 국군은 10월 1일을 기해 북진하게 되었다. 힘에 밀린 인민군은 곧바로 후퇴를 하였으며, 그 기회를 놓칠세라 평양을 진격하였다. 평양성이 함락되고 압록강까지 진격을 가하였다. 이때 김재호 장로는 평양이 함락됐다는 소식을 듣고 평양으로 나와 평양에서 치안대 대장과 한국기독교구국회를 조직하여 활동하였다.

그러나 1·4 후퇴 시 유엔군과 함께 월남하게 되었다. 부산에서 임시로 피난생활을 하면서 그곳에서 생활의 기반을 잡고, 1956년 부산 성도교회에 출석하다가 시무장로로 취임을 하였다. 그 후 1958년 상경하여 청량리에 자리를 잡고 청량리중앙교회에 등록을 하였다. 역시 이곳에서도 시무장로로 취임을 하고 노회와 총회에서 크게 활동하였다.

김재호 장로의 일터는 서울 종로 3가의 평양나사점이었다. 그는 종로 3가 나사점에서 가까운 장사동에 자리 잡고 있는 장명탕(長明湯)을 자주 드나들었다. 독특한 평안도 사투리에, 온탕에 잠기기만 하면 부르는 낭랑한 찬송소리는 그렇게 아름다울 수가 없었다.

이때 필자는 장로회신학대학에 재학하면서 장명탕 사장 자녀의 가정 교사로 있으면서 온탕에 자주 드나들었다. 그곳에서 들은 그의 찬송가 소리에 반하여 그와 가깝게 지내게 되었다. 당시 필자는 북한 사정을 잘 알지 못하였지만 그를 통해 북한의 실정을 조금씩 알 수 있는 기회를 가졌다.

그 후 김재호 장로는 1973년도 〈한국장로신문〉이 출간되면서 발행인으로 가끔 원고를 청탁하면 지면을 할애해 주었다. 그리고 딸이 운영하고 있던 메리야스 공장에서도 가끔 설교를 하기도 했다. 총회에서 바른말 잘하기로 유명했던 김재호 장로는 총회 각 부서의 실행위원, 전국장로회 제6대 회장과 서울동노회장을 역임했다. 그의 활동은 그 누구도 따라갈 수 없을 정도로 열정적이었다. 그는 2005년 98세의 나이로 삶을 마감하였다.

33 호남 지방에서 최초로 노회장을 역임한 김준기 장로

김준기(金準基, 1891-1946) 장로는 전라북도 김제군 금산면 용호리에서 부농의 아들로 출생하였다. 비록 시골에서 출생하였지만 집안 자체가 그 넓은 김제 평야를 일구면서 농사를 지었기에 그 지역의 많은 사람들이 앞다투어 그 집에서 일하기를 원하였다. 그 집에 가서 일하게 되면 일꾼들의 자녀들은 아침부터 저녁 늦게까지 식사를 했다고 한다. 이를 통해 그 집의 인심이 얼마나 후했는지 알 수 있다.

이런 가정에서 자란 김준기는 아버지가 운영하는 한문사숙(漢文私塾)에서 엄한 훈도(訓導) 밑에서 교육을 잘 받았다. 그런데 진주에 미국 남장로교 선교부가 자리를 잡으면서 전주 신흥학교를 설립하였다. 이처럼 신식 교육기관이 생겼다는 말을 듣고 자진해서 자신이 운영하는 한문사숙을 폐지시키고, 자신의 아들뿐만 아니라 한문사숙에 재학하고 있던 아이들을 모두 전주 신흥학교에 입학을 시켜 지역 사회에서 큰 칭찬을 받았다.

김준기도 아버지의 뒷바라지로 신식 문명 교육을 받았다. 여기에 기독교는 새로운 문화를 접할 수 있는 좋은 기회가 되었다. 말로만 들었던 서양의 기독교 문화에 대해서 엄청난 자극을 받고 학교에서 준 신약전서를 외울 정도로 열심히 읽었다.

이렇게 해서 기독교 문화를 접한 김준기는 성년이 되었다. 때마침 혼기가 되자 중매로 익산의 어느 부농의 집안에서 곱게 자란 김정아를 신부로 맞이하였다. 양가가 협력하여 성대하게 결혼식을 거행하고 신방을 금산면 금산교회에서 그리 멀지 않은 곳에 마련하였다.

그런데 결혼을 하였지만 아이가 생기지 않아 부모들은 보통 걱정이 아니었다. 그래서 금산 지방에 있는 수많은 신흥 종교를 다 찾아다녔지만 아무런 효과를 얻지 못하였다. 마지막으로 유명하다는 금산사에서 작정 기도회를 갖기로 약속하고 100일 기도회를 가져보았지만 여전히 소식이 없었다. 막판에는 1000일 작정 염불을 드려야 한다는 주지스님의 말을 듣고 열심히 염불을 외어보았지만 그래도 아무런 효과가 없었다.

이때 주위에 있는 많은 사람들이 김준기에게 말하기를 다른 여자를 첩으로 맞아들이면 곧 아이가 설 수 있다고 했다.

그러나 김준기는 인간을 창조하시고 인간에게 복을 주신 하나님을 배반하면 가정이 망하고 하나님의 징계가 머리 위에 임해서 그 이상의 괴로움이 올 것이라고 믿었기에 조금도 동요치 않고 부인을 위로하면서 신앙에 다시 매진하고 있었다.

그런데 어느 날 금산교회에서 분립했던 원평교회에서 김익두 목사가 부흥회를 인도한다는 말을 듣고 이때부터 다시 하나님께 매달려 기도하기 시작했다. 당시 김익두 목사가 김제 지방에서 부흥사경회만 인도하면 기적의 역사가 일어난다는 소식이 김제 지방에 널리 퍼져 있었다. 이러한 소식을 접했던 김준기 내외는 생명을 주께 맡기고 밤낮을 가리지 않고 열심히 부흥회에 출석하였다.

그렇게 매달려 기도했지만 하나님은 이들의 기도를 들어주시지 않고 결국 부흥회는 끝나고 말았다. 이때 김준기는 모든 일은 하나님의 섭리 속에 이루어진다는 사실을 알고 그전보다 더 열심히 부인을 사랑하면서 신앙에 매진하게 되었다. 어느 날 이자익 목사가 주일 예배 시간에 원평교회에서 장로 선출을 한다는 광고를 하였다. 당시 이자익 목사는 금산교회와 원평교회를 왕래하면서 두 교회를 섬기고 있었다.

이렇게 해서 1923년 원평교회에서 장로로 장립을 받고 이자익 목사의 목회사역을 최선을 다해 섬기면서 신앙생활에 매진했다. 그의 신앙은 원평교회뿐만 아니라 전라노회에 속한 모든 교인들에게 알려지기 시작하였다. 그런데 전북노회에서 임원을 선출할 때 장로가 노회 서기로 선출되는 기적이 일어나고 말았다.

이미 김준기 장로는 전주 신흥학교에서 신식 교육을 받으면서 민주주의 훈련을 받았던 경험이 있었기에 어려운 난상 토론이 전개될 때마다 조리 있게 설명하여 회의를 잘 진행했다. 모두 이러한 사실을 알고 있었기에 한결같이 김준기 장로를 노회 서기로 잘 선출했다고 칭찬이 자자하였다.

여기에 이자익 목사는 1924년에 함경도 함흥 신창리교회에서 모이는 제13회 총회에서 총회장으로 선임되었다. 시골 목사가 당당하게 총회장이 될 수 있었던 일은 바로 김준기 장로의 힘이 컸다. 이렇게 해서 총회가 모일 때마다 전북노회 총대로 이자익 목사, 김준기 장로는 마치 실과 바늘이 다니는 것처럼 함께 다녔다. 총회에 어려운 난제가 생길 때마다 김준기 장로, 이자익 목사가 앞장서서 해결하기도 하였다.

이러한 일로 인하여 김준기 장로는 1925년에 전라지방 노회에서 최초로 전북노회장으로 선임되어 화젯거리가 되기도 하였다. 노회장으로 총회 공천위원회가 모일 때 목사 노회장이 공천위원이 되고, 김준기 장로는 공천위원회 서기로 선임되었다. 공천위원회에서 각 부 배성에 아무런 이상 없이 공천위원회 서기의 보고대로 받자는 동의에 이어 재청이 나오자 곧바로 다른 안건으로 넘어가기도 하였다.

이미 그는 부농의 가정에서 자랐기에 그의 가정은 늘 넉넉한 생활을 하였다. 이러한 일로 교회 내의 어려운 자녀들의 학교 공납금도 납부해 줄 뿐만 아니라 중고등학교 학생들에게 많은 장학금을 지급하기도 하였다. 옛말에 '부전자전'이란 말이 있듯이 그의 아들 김종완(1930-2008)도 타향인 목포 양동제일교회 장로로 오랫동안 시무하다가 목포노회 노회장을 역임하였으며, 총회 감사위원장, 재정부장 등도 역임하였다. 여기에 남선교회 전국대회 수석 부회장도 역임하였다.

34 교토 한인중고등학교 초대 교장 유석준 장로

유석준(俞錫濬, 1914-1995) 장로는 경북 의성에서 가난한 농부의 아들로 출생하였다. 마을에서 운영하는 한문사숙(漢文私塾)을 수료하고 역시 마을에서 운영하는 사립 신명학교(信明學校)에서 신식교육을 받았지만 가정 형편이 어려워 졸업을 못하고 중퇴를 하고 말았다. 이것이 그의 학력의 전부였다. 때마침 마을 청년들이 일본에 가면 낮에는 일을 하고 밤에 야간학교를 다닐 수 있다고 말해 주었다.

그는 이 얘기를 듣고 단신으로 1932년 3월에 부산에서 관부연락선에 몸을 싣고 시모노세키[下關]에 도착하였다. 다시 열차를 타고 오사카를 지나 교토[京都]에 도착하였다.

막상 교토 역에 도착하였지만 그를 맞이해 주는 사람은 아무도 없었다. 할 수 없이 노동자로 취업하기 위해서 일본에 왔기에 무조건 공사현장을 찾아 나섰다. 때마침 교토에서 오사카[大坂] 우메다[梅田]까지 지하철을 개통하기 위해 공사를 하고 있어서 거기에 취직을 하게 되었다. 이렇게 해서 숙소와 식사가 해결되었으며, 여기에 월급까지 받을 수 있는 좋은 기회를 만나게 되었다.

다행히 일요일은 쉬는 날이어서 기숙사에 머물면서 고향 부모님과 친구들에게 편지를 쓰는 일이 그의 일과였다. 이렇게 해서 몇 달을 보내다가, 다행히 교토 가와라 마찌에서 서서히 공사가 진행되면서 사인[西院]까지 공사가 진행되었다. 그래서 숙소도 자연히 사인 쪽으로 옮기게 되었다.

사인에서는 주일이면 교회 종소리가 숙소까지 들렸다. 이때 유석준은 교회 종소리가 나는 쪽을 향하여 걸어갔다. 교회당은 비록 작은 공간이었지만 마치 고향 부모님이 계신 집 같아서 그렇게 평안할 수가 없었다. 그는 교토 조선인교회(현 교토 한인교회)에서 부산 출신 노진현(盧震鉉, 43대 총회장 역임) 목사의 설교에 감동을 받고 예수를 믿기로 작정하고 교회에 등록하였다. 유석준은 고향 생각이 날 때마다 교회에 가서 하나님께 열심히 기도했다. 그리고 돌아오면 그렇게 마음이 평안할 수가 없었다. 이렇게 열심히 신앙생활을 하면서 1938년부터 이 교회 제직으로 봉사하기 시작했다.

다행히 태평양 전쟁 시 교토는 미군의 폭격이 없어서 계속 땅을 파는 노동자인 유석준에게는 큰 도움이 되었다. 이때 미군은 일본의 문화재를 보호해야 한다면서 나라[奈良] 교토는 폭격을 가하지 않았다. 여기에 안심하고 노동일을 했던 유석준은 주일이면 찬양대와 교회학교 교사로 열심히 봉사하였다.

유석준은 교토에서 자리를 잡자 부인(정봉수)과 함께 교토에서 해방을 만나게 되었다. 이때 많은 사람들이 고향을 찾아 나섰지만 유석준은 고향이 교토라는 생각을 갖고 계속 교토에 머물며 교회를 지켰다. 그리고 동포들의 인권에 대해서 많은 관심을 갖고 교인들을 돌보았다. 그리하여 1945년 11월에 공동의회에서 장로로 피택을 받고 장립을 받았다.

귀국하지 못한 가정의 자녀들의 교육문제를 해결하기 위해서 미군 극동사령부를 방문하여 한국인 학교를 설립하는 데 큰 역할을 하였으며, 이 일로 자동적으로 초대 교토 한국인 교육위원회 상임이사로 선임되었다. 이를 기반으로 교포들의 자녀 교육을 위한 교토 한국인중학교를 설립하고 교장직을 맡아 봉사하게 되었다. 역시 민단이 교토에서도 설립되자 교토 민단 본부 부의장, 의장직을 1949년부터 1965년까지 맡아 수고하였다. 1967년부터 1969년까지 민단 교토 지방본부 단장도 역임하였다. 여기에 교토 민단 본부장의 지위를 갖고 민단 전 일본 단장으로 출마하였지만 반한(反韓)파라는 모함으로 결국 낙선하는 아픔을 겪기도 했다.

그러나 재일대한기독교 총회를 위해서 열심히 헌신적으로 봉사하였다. 재일대한기독교 총회가 재건되자 사무실을 교토교회 사무실 내에 두고 1948년부터 1963년까지 상무 및 협동총무로 봉사하였다. 또 1970년부터 1977년까지 오사카에 KCC(한국기독교회관) 관장을 역임하였으며, 관장을 사임한 후에는 1978년부터 1980년까지 KCC 이사장을 역임하였다. 1981년에는 재일대한기독교총회 부총회장을 역임하는 등 교포 교계에서는 빼놓을 수 없는 인물로 많은 활약을 하였으며, 한국 교회와 재일대한기독교의 가교 역할도 담당하였다.

교토한인교회 장로로서 교회에서만 충성스럽게 봉사하지 않고 교회의 벽을 넘어 재일본 한국기독교청년회(YMCA) 이사장, 명예이사장 등을 역임하였다. 일본에서는 한국통으로 널리 알려진 인물로 일본과 관계있는 기관이나 단체마다 그의 자문이 필요하였기에 여러 단체에서 고문 또는 자문위원으로 추대하기도 하였다.

1973년 8월 8일 김대중 전 대통령이 일본에서 납치되어 갈 때 교토에서 도시샤대학 유하사 하찌로 명예총장과 함께 '김대중 선생 생명 지키는 운동'에 참여하여, 이 일로 한때 반한파로 몰려 고국을 방문하지 못했던 일도 있었다. 그러나 김대중 대통령이 집권하면서 그의 모든 혐의는 모함으로 막을 내리고 말았다. 이때 김수진 목사도 이 운동에 가담했다 하여 귀국 시 즉시 남영동 보안사에 끌려가 10일 간 고문을 받은 일도 있었다.

이후 국가로부터 훈장을 받는 등 뒤늦게 그의 활동이 인정되어 자유롭게 한국을 왕래할 수 있었다. 그러나 이국땅 교토에서 고국의 하늘을 바라보면서 생을 마감하였다. 그의 저서로는 《在日 韓國人의 설움》 등이 있으며, 〈복음신문〉 등에 많은 칼럼을 남겼다.

35 김제 지방에 지대한 영향을 준 안백선 장로

 안백선(安百善, 1877-1955) 장로는 전라북도 김제군 황산 들판에 있는 선인동에서 출생하였다. 그가 태어났던 선인동에 기독교의 복음이 전해진 것은 김제 지방을 떠맡았던 최의덕 선교사가 이 지역을 드나들며 복음을 전파하면서부터였다.
 이 지역 농민들은 1년 내내 힘써 농사지은 곡식들을 창고에 가득 쌓아 놓고는 그 곡식을 자랑하면서 술판을 벌이기 일쑤였다. 농한기에는 화투놀이가 이들의 오락이었다. 처음에는 술내기로 하다가 술이 거하게 취하면 쌀을 가마니로 내놓고 화투를 하였다. 이것이 농촌에 있어서는 유일한 오락이고 하나의 재미로 성행하였다.
 그런데 그 긴 겨울을 나면서 화투로 쌀을 잃어버리고 결국 알몸이 된 딱한 사람들이 한두 사람이 아니었다. 이러한 사실을 안 최의덕 선교사는 사랑방을 찾아 나서서 복음을 전하고 쪽복음을 팔기도 하였다.
 어느 날 뜻하지 않게 화투로 많은 재산을 날린 안백선을 만나 그에게 예수에 대한 이야기를 하자, 곧 그는 시간이 없다면서 얼마의 돈을 내놓고 쪽복음 한 권을 사가지고 부지런히 자신의 집으로 향하였다. 이때 안백선은 담배 생각이 나서 쪽복음 낱장을 뜯어 담배를 말아 피우곤 하였다. 때마침 한 장을 뜯어 담배를 피우려고 하는데 선교사의 모습이 떠오르면서 성경 말씀이 눈에 들어왔다. 그는 누가복음 12장 22절에서 27절을 펴들고 읽어 내려가기 시작하였다.

"또 제자들에게 이르시되 그러므로 내가 너희에게 이르노니 너희 목숨을 위하여 무엇을 먹을까 몸을 위하여 무엇을 입을까 염려하지 말라 까마귀를 생각하라 심지도 아니하고 거두지도 아니하며 골방도 없고 창고도 없으되 하나님이 그리하시나니 너희는 새보다 얼마나 귀하냐 또 너희 중에 누가 염려함으로 그 키를 한 자라도 더할 수 있느냐 백합화를 생각하여 보라 실도 만들지 않고 짜지도 아니하느니라 그러나 내가 너희에게 말하노니 솔로몬의 모든 영광으로도 입은 것이 이 꽃 하나만큼 훌륭하지 못하였느니라."

이때 안백선은 몇 번이고 손뼉을 치면서 집에 쌓아 놓은 모든 입담배를 모아다가 불살라 버리고 그 길로 최의덕 선교사가 살고 있는 전주까지 걸어가서 선교사를 만나게 되었다.
"선교사님, 저는 김제 선인동에서 온 청년입니다."
"조금만 기다리세요."
이렇게 두 사람은 만나서 이야기를 나누다가 결국 안백선은 무릎을 꿇고 축복 기도를 받고 주님을 영접하게 되었다. 이렇게 해서 예수를 영접했던 안백선은 얼마 동안 전주 서문교회를 출석하였다. 그러나 김제군 봉남면 월성리에 월성교회가 있다는 말을 듣고 가까운 월성교회에 출석하면서 신앙생활을 하였다. 안백선은 예수 믿는 일이 너무나 감사하여 선인동에 초가 세 칸을 마련하고 1905년 첫 예배를 드렸다. 이것이 선인동교회의 출발이 되었다.

선인동교회를 설립했던 안백선은 마을 청년들을 모아 놓고 금주 금연운동을 벌였다. 겨울 농한기가 되면 이 마을 청년들을 모아 놓고 일장의 신앙간증을 하면서 자신이 경비를 다 내어 최의덕 선교사가 운영하는 달성경학교(월성경학교)에 가도록 하였다. 그는 선교사의 모습을 보고 '왜 저 사람들은 그렇게 살기 좋은 나라를 놔두고 조선 농촌에 머물면서 기독교를 전파할까?' 하고 몇 번이고 곰곰이 생각하였다. 그는 최의덕 선교사를 중심으로 여러 선교사들이 시간을 바꾸어 가면서 강의하는 모습에 다시 한 번 놀라고 말았다.

달성경학교는 한 해 겨울로 끝내는 것이 아니라 3년간을 다녀야 수료증을 주었다. 최의덕 선교사는 안백선의 열심에 놀라 자신의 설교권을 넘겨주기 위해서 그를 영수(領袖)로 임명하였다. 영수로 임명을 받자 안백선에게는 큰 짐이 되었지만, 그 일 자체를 하나님의 축복으로 알고 더 열심히 기도하면서 잘 감당해 갔다. 이러한 열심이 선인동을 예수 마을로 소문이 나게 하면서 많은 젊은이들이 몰려들었다.

이러한 소식이 김제 읍내까지 알려져 김제 감옥에서 옥리(獄吏)로 근무하는 김여일이라는 청년이 선인동교회에 출석하면서 새로운 바람이 일기 시작하였다. 이 일로 자연히 김제 읍내에 사는 많은 사람들이 김여일의 인도를 받고 그곳까지 다녔다. 그러다가 몇몇 사람들이 의논하여 1910년 김제 읍내에 있는 옥산리에 옥산리교회(현 김제제일교회)를 설립하였다. 역시 김여일의 열심 있는 신앙에 많은 감동을 받은 젊은 청년들이 옥산리교회로 모여들기 시작하였다.

그러나 안백선 영수는 자녀들과 함께 신앙생활을 해야 한다면서 전주로 이사를 하고 처음 신앙생활을 했던 전주 서문교회에 출석하였다. 그는 전주 서문교회 장로로 피택된 후 그 교회에서 장로로 시무하게 되었다. 그의 세 자녀들은 모두 현대교육을 받았다. 장남 안남용은 3·1운동에 가담하여 옥고를 치른 일이 있으며, 그 후유증으로 일찍이 사망하였다. 둘째 아들 안삼용은 의사가 되었으며, 막내 안상용도 형의 뒤를 이어 의사가 되었다. 두 자녀가 모두 장로로 시무하였다.

36 김건철 장로의 할아버지 김응록 장로

　필자는 1996년 10월 한국교회 100주년기념관에서 《고창교회 100년사》 출판기념회에 초청을 받고 행사에 참여했던 일이 있었다. 여기에 고창교회 출신들이 모여 출판기념 감사 예배를 드리는 모습을 보고 놀랐다. 이북에 고향을 둔 고창교회 교인들이 월남해서 서울 한복판에서 100주년 기념 행사를 했다는 사실 하나로 그들의 신앙이 얼마나 훌륭한지 알 수 있었다.

　100주년을 맞이한 고창교회는 1928년에 발간된 《조선예수교장로회사기》에 설립 과정이 자세하게 기술되어 있다. 강서군(江西郡) 고창교회(高昌敎會)는 1896년 방기창의 전도로 김제근(金濟根), 김진환(金鎭煥)이 예수를 믿기로 작정하고 김제근 사랑채에서 예배드린 일에서 시작되었다. 방기창(1907년에 목사 안수를 받았던 초대 목사) 조사의 헌신적인 노력으로 많은 교인들이 모여들자 17칸의 예배당을 건축했고, 그 지역의 많은 사람들이 모여들기 시작하였다.

　이처럼 고창교회 초대 교인들의 헌신적인 노력으로 초대 신자였던 김진환이 1915년 초대 장로로 장립을 받았다. 김응록(金膺祿, 1882-

1950) 장로는 1936년에 6대 장로로 장립을 받았다. 그 장로가 김건철 장로의 할아버지다.

고창교회 장로 중 민족구원에 앞장섰던 김응록 장로는 평안남도 강서에서 김병호와 박 씨 사이에서 둘째로 출생하였다. 김응록은 아버지의 영향으로 유년 시절에 고향에서 신앙생활을 하다가 미지의 세계를 알기 위해서 어린 나이로 고향을 떠나 미국 북장로교 선교부에서 설립한 평양 숭실중학교에 입학하면서 고향을 떠나게 되었다. 그런데 1895년 청일전쟁에서 승리한 일본은 조선에 대한 모든 일에 간섭하고 나섰으며, 조선을 자신의 영토로 만들려고 획책하고 있었다. 이를 알게 된 김응록은 책상에 앉아서 공부만 할 수 없다고 생각하고 학교에 자퇴서를 내고 항일운동에 뛰어들었다.

러일전쟁에 승리한 일본은 한반도를 식민지로 만들기 위해 강제로 토지를 매입하고, 철도를 부설하기 위해서 갖은 방법을 동원하였다. 일제는 이미 철도를 서울에서 신의주까지 완공하였다. 1910년 11월 27일부터 12월 2일 사이에 압록강 철교 개통식에 참석하기 위해 경의선 열차 편으로 총독 데라우찌[寺內]가 서북 지방에 왔다. 실제로는 그에 대한 암살 계획이 없었지만 일제는 암살 계획을 조작해 700여 명의 청년들을 구속하기 시작하였다. 이때 김응록도 구속되고 말았다.

얼마 동안 구속되어 있었지만 다행히 700여 명 중 105명만 형이 확정되었고, 결국 4명만 제주도로 유배를 가고 나머지는 모두 석방되었다. 비록 석방은 되었지만 김응록은 늘 불안하였다. 언제 또 일제의 조작으로 구속되지 않을까 하는 생각에 1912년 12월 31일 평양을 거쳐 신의주를 지나 중국 단동에 도착하였다. 다시 마차를 타고 러시아로 가려고 했지만 갑자기 고문으로 인한 후유증이 재발하자, 요령선 통화현에 있는 쾌대모자(快大帽子)에서 진료를 받고 회복이 되었다. 그는 러시아로 가는 길을 포기하고 만주에서 독립운동을 하겠다는 결심을 갖고 그 지역에서 주택을 마련하고 세를 받아서 사업을 시작하였다. 그런데 그곳에서 뜻하지 않게 이시영(李始榮, 대한민국 부통령 역임)을 만나 함께 독립운동을 하는 한편 심양을 오고가면서 교역을 시작하였다.

그런데 이곳에서 시작한 사업이 너무나 잘되어 여기저기서 지점을 달라고 하여 지점을 내주기도 했다. 자연히 사업이 확장되면서 그는 북경까지 드나들게 되었다. 이처럼 사업이 확장되자 비좁은 사무실을 넓혀 계속 독립운동에 힘을 쏟았다. 자연히 집에 찾아오는 민족 운동가들이 많아지기 시작하였다. 그리하여 그는 독립운동에 주력하기 위해 쾌대모자의 농토를 매각하고 요령 성에 있는 통자구(通子溝)에 농토를 마련하고 벼를 심는 일에 힘썼다.

그 후 벼농사가 잘되자 해마다 재산을 축적하면서 '주식회사 평안농장'을 설립하였다. 이곳에서 쌀농사를 대대적으로 지었기에 조선에서 건너온 많은 농민들에게 일감을 만들어 주고 함께 생활하는 데 어려움이 없었다. 그리고 밤만 되면 이들과 함께 독립운동을 하는 등 깊은 뜻을 갖고 일을 추진해 갔다. 열심히 기도하던 김응록은 기도의 응답대로 이루어진 일을 생각해서 자신의 집에서 농장에서 일하는 일꾼들이나 독립운동에 뜻을 둔 운동가들과 함께 예배를 드렸다. 예배 인도는 늘 말씀으로 살았던 김응록이 담당하였다.

하나님의 축복으로 재물이 축적되자 다시 영구(營口)에 정미소를 세우고 '동안공사'(東安公司)라고 불렀다. 특별히 이 지역은 일본인들이 많이 모여 살았기에 김응록을 바쁜 나날을 보냈다. 일본인들이 갖다 준 일감에서 돈을 축적하면 그 돈을 군자금으로 사용했다. 그 후 동안농장이 약 50만 평으로 확장되었고, 평안농장은 350만 평으로 확장되었다. 김응록은 다시 고구려의 영토를 찾은 듯한 기분이 들었다.

그 후 열심히 일하던 중 1945년 해방을 맞이하게 되었다. 이때 김응록은 해방의 기쁨을 만끽하면서 고향으로 돌아왔다. 그런데 뜻하지 않게 소련군이 진주하면서 다시 일제와 같은 탄압을 가하자 그냥 있을 수 없다고 판단했다. 그는 가는 곳마다 젊은 청년들을 모아 놓고 신앙의 열정을 쏟아놓았다. 결국 6·25 한국전쟁이 일어나던 그 해 10월 20일, 공산군에 의해 총살을 당함으로 순교의 반열에 앉게 되었다.

김응록의 손자 김건철 장로는 할아버지의 정신을 이어받아 사업도 대성하고, 할아버지의 장로직을 그대로 계승해 한국 교회 장로들 사이에서 높이 평가받는 인물이 되었다.

37 서울 남대문교회의 기둥이 된 이용설 장로

　이용설(李容卨, 1895-1993) 장로는 평안북도 희천에서 이재후(李載厚)와 최재신(崔載信)의 자녀로 출생하였다. 청일전쟁의 난리를 피해 평양 상수리를 떠나 얼마 동안 희천에서 생활하다가, 평양에서 70리나 떨어진 외서창(外西倉)으로 이사를 갔다.
　1907년 평양 장대현교회에서 대부흥운동이 일어났다. 이러한 여파를 타고 소안론(W. Swallon) 선교사는 평양 교외에 있는 외서창교회에서 부흥운동을 전개하고 있었다. 이때 이용설의 아버지는 지난날의 모든 미신을 버리고 예수를 영접한 후, 평양 장대현교회에 등록하여 온 가족이 열심히 길선주 목사의 지도를 받으면서 신앙에 매진하고 있었다. 이 일로 인하여 이용설의 아버지 이재후는 장로로 장립을 받고 자신의 아들인 이용설을 평양에 있는 숭실중학교에 진학시켰다.
　이용설은 숭실중학교에서 새로운 학문을 터득한 후 다시 숭실전문학교에 진학하여 새로운 세계가 있음을 알고, 세계를 위해서 봉사할 수 있는 길은 의사라고 깨달았다. 그래서 숭실전문학교 교수인 모우리 선교사에게 상담을 청하였다. "선교사님, 저는 의사가 되어서 인류의 건강을 맡아 봉사를 하고 싶습니다."

이 말에 감동이 된 모우리 선교사는 이용설이 의사가 되겠다는 생각을 갖고 있는 것에 대단히 기뻐하면서 세브란스 의학전문학교 교장인 자신의 친구 에비슨 선교사에게 편지 한 장을 써 주었다. 그리고 이용설에게 직접 찾아가 만나서 의논하라고 하였다. 이용설은 이 일이 너무 기뻐서 숭실전문학교 재학 시절에 얻었던 학업 성적표 하나를 들고 서울로 향하였다. 성적표 하나를 들고 남대문에 있는 세브란스 의학전문학교 교장 에비슨을 만나게 되었다. 성적표와 함께 모우리 선교사의 소개장을 내밀었다. 얼마 동안 성적표를 읽어 보던 에비슨 교장은 그 자리에서 교무과 직원을 불러서 성적표를 건네주었다. 그리고 이용설 학생에게 "내일부터 학교에서 와서 수업을 받으시오"라고 했다.

이 말에 감동을 받은 이용설은 그 자리에서 '아멘'을 몇 번이고 속으로 부르짖은 다음 모든 수속을 마쳤다. 그렇게 원하던 의사의 길이 열리고 있었다. 그런데 뜻하지 않게 스코필드(F. W. Schofield, 석호필) 박사를 만나게 되었다. 그는 수의학을 전공했지만 세브란스 의학전문학교에서는 세균학을 강의하였기에 그의 힘도 대단하였다. 특별히 그의 수업 시간에 강의를 들을 때마다 이용설은 큰 희망을 가졌다.

바로 이 무렵 스코필드 박사 가정에서 영어 성경공부 시간이 개설되었다. 이용설은 매일 수업이 끝나면 동료 학생들과 함께 참여하였다. 그곳에서 일본 동경에서 일어났던 2·8 독립운동에 관한 정보를 들었다. 당시 남대문교회 조사로 사역하던 함태영의 권유로 몇 차례 기도회에 참여하기도 했다. 이때 함태영 조사는 이미 프린트되어 있는 3·1 독립선언서 한 뭉치를 들고 와서 세브란스 의학전문학교 학생들에게 비밀리에 나누어 주었다.

3월 1일은 토요일이었기에 많은 학생들이 수업 후 모여들기 시작하였다. 이때 이용설은 기숙사에 숨겨 두었던 독립선언서를 한아름 안고 탑골공원으로 향하였다. 이때 입구에서 독립선언서를 배포하고 시간이 되자 팔각정 앞으로 나가 민족 대표들이 오기를 기다리고 있었다. 이때 황해도 남본전교회 정재용 전도사가 단상에 올라가 독립선언서를 낭독했다. 마지막에는 그의 선창을 따라 "대한민국 독립 만세"를 힘차게 불렀다. 어느덧 태극기의 물결은 장안에 가득했고, 함께 만세를 부르면서 태극기를 휘날리고 시위를 벌였다.

그러자 일제 헌병과 경찰관들은 만세에 참여한 시민과 학생을 가리지 않고 검거하기 시작했다. 이러한 사실을 안 이용설은 살아서 나라를 지켜야 한다면서 교수들의 숙소로 몸을 피했다. 이때 그는 하나님께 안전하게 지켜 달라는 기도를 하였다. 그러자 "용설아, 여기 있지 말고 북경(北京)으로 망명의 길을 떠나라"는 하나님의 음성을 들었다.

야밤을 이용하여 서울을 탈출한 이용설은 북경에 도착하였다. 때마침 록펠러 재단에서 설립한 협화의과대학에서 마지막 가을 학기를 끝내고 인턴 과정을 받게 되었다. 다행히 협화의과대학 기숙사에 머물러 있었기에 신분을 보장받게 되었다.

그런데 어느 날 대학에서 에비슨 교장을 상면하면서 국내 소식을 자세히 알게 되었다. 이때 에비슨 교장의 안전하다는 말만 믿고 이용설은 1922년 8월 꿈에 그리던 고국으로 돌아오게 되었다. 그러나 그가 귀국한다는 정보를 입수한 일본 형사대는 바로 그의 집 대문 앞에서 그를 체포해 평양 경찰서에 구속시켰다. 이 소식을 접한 에비슨은 총독부에 가서 강력히 항의하였다. 얼마 동안 구류생활을 하고 석방이 된 이용설은 서울에 입성하게 되었다.

그의 실력을 알았던 에비슨 교장의 주선으로 1924년 미국에 있는 노스웨스턴대학 의학부 4학년에 편입하여 졸업한 후 학위를 받고 귀국하였다. 이때 에비슨 학장에 의해 세브란스 의학전문학교 교수로 임명을 받았다. 남대문교회를 열심히 봉사하던 이용설은 남대문교회의 유능한 장로가 되었다.

해방이 되어 미군정이 실시될 때 그의 실력이 인정되어 보건후생부 장관으로 임명받았다. 그는 대한민국 정부가 출범하기까지 3년간 보건 행정을 맡아 수고하다가, 세브란스 의학전문학교 학장으로 취임하였다. 1950년 5월 제2대 국회의원 선거 시 인천에서 출마하여 당선되었으며, 6·25 한국전쟁으로 인해 부산으로 피난을 가서도 의료 분야에서 많은 공로를 세웠다.

그가 남긴 업적은 참으로 많기에 작은 지면에 다 소개하지 못함을 아쉽게 생각한다. 그의 자녀로는 이창실, 이순실 권사가 있다. 그리고 아들 이근영은 의사이며 장로로서 미국에 거주하고 있다. 막내인 이정실은 의사의 부인으로 미국에 거주하고 있다.

38 3대째 신안군 비금 덕산교회를 지키고 있는 김금환 장로와 후손들

1908년 3월 목포항에서 미국 남장로교 선교사 맥콜리(H. D. McCallie, 맹현리)가 범선에 몸을 싣고 장장 10시간이란 긴 시간을 배 안에서 기도하면서 어느덧 전라남도 신안군 비금도(비금면) 월포리 촌전에 도착했다. 그곳에 배를 정착시키고 예배를 드린 것이 비금 덕산교회의 출발이다. 이때 강낙언이라는 사람이 첫 신자가 되었다. 월포리 촌전에 사람들이 모여들자, 맹현리 선교사는 자신의 조사인 마서규를 파송하여 예배를 인도하게 하였다.

"무안군(분군에 의해 현, 신안군) 덕산리교회가 성립하다. 선시에 본리인 강낙언이 믿고 전도하여 신자가 초진(稍進)하여 예배당을 신건하고, 선교사 맹현리와 조사 마서규, 이행언, 김경운, 김봉현 등이 차제(次第)에 시무하니라."

비금 덕산교회가 망동에 자리를 잡자 매년 교인들이 모여들었다. 그러자 자연히 집사를 임명하였다. 그 집사 중에 비금 덕산교회의 첫 장로로서 김성규 집사가 피택을 받았다. 그리고 얼마 안 되어 장로로 장립을 받으면서 비금 덕산교회 교인들은 그렇게 좋아할 수가 없었다.

그 후 맹현리 선교사의 활동과 교역자로 부임했던 조사들의 수고로 유교에 깊이 빠져 있던 많은 사람들이 개종하고 모여들었다. 그러자 어느덧 장로 1명을 피택하게 되었다. 하지만 김성규 장로 1명으로는 비금 덕산교회를 이끌고 갈 수 없어서 조하파 선교사가 비금 덕산교회 관리 당회장으로 재직 시 전라노회의 허락을 받고 장로 1인을 더 선출하였다.

이때 비금 덕산교회의 초대 교인인 김홍규 씨의 장남인 김금환(1896-1982)이 2대 장로로 선임되었다. 그는 비금 덕산리 망동에서 출생하여 덕산교회에 출석하면서 신앙이 성장하였다. 한문사숙에서 《천자문》을 배우고 그동안 농한기를 이용하여 목포 선교부에서 운영하는 달 성경학교를 3년째 출석하면서 3년 과정을 이수하였다. 이때부터 망동학원에서 성경과 한자를 가르치면서 그의 실력은 점점 향상되었다.

김금환 장로의 책임이 막중하였다. 그는 비금면 주민들에게 복음을 전하는 사명을 자신의 사명으로 알았다. 그는 낮에는 논과 밭에 나가 열심히 일하고, 밤에는 바닷물이 들어오고 나가는 것을 이용하며 고기 그물을 거두고 치는 일로 바쁜 나날을 보냈다. 그러한 중에도 그의 기도와 노력으로 교인들이 증가하자 김인환, 김영욱 집사를 차례로 장로로 일할 수 있도록 선출하였다.

그런데 일제가 덕산리에 있는 선왕산에 1개 연대를 진주시켰다. 또 덕산리 한사 부락에 있는 한림서원(翰林書院)을 징발하여 교실은 훈련소 행정사무실로, 운동장은 훈련장으로 만들었다. 매일 허수아비를 만들어 놓고 칼로 찔러 죽이는 잔인한 훈련을 실시했다. 여기에 서해안 쪽에 있는 바다는 일본 군함과 미국 비행기가 서로 싸우는 일들이 자행되었다. 밤만 되면 혹시 미국 비행기가 폭격을 하지 않을까 걱정하는 주민 일부는 육지로 이사를 가기도 했다.

비금도가 군사 기지가 되면서 비금 덕산교회 여자석을 막아 통신부대가 사용한다면서 교회 공간 일부를 징발하고 나섰다. 여기에 비금도에서도 지원병을 모집하고, 여성들을 감언이설로 속여 근로 정신대란 미명하에 일본군 위안부로 끌고 가는 일이 한두 번이 아니었다. 또 비금초등학교에는 신사(神祠)를 만들어 놓고 매일 학생들에게 참배하게 하였으며, 주민들에게는 면사무소 건너편에 있는 야산에 비금신사(飛禽神祠, 현 갈보리교회)를 개설해 놓고 매월 1일과 15일을 참배일로 정하였다.

이러한 어려움 속에서 목회자들이 강제로 축출당하게 되자 자연히 강단은 김금환 장로의 몫으로 남게 되었다. 그러다가 해방이 되자 그동안 일제의 압력에 의해 문을 닫았던 비금도에 있던 7개 교회가 다시 문을 열었다. 같은 교회 장로인 김인한 장로와 김영욱 장로도 재건에 앞장섰다.

그러나 6·25 한국전쟁을 만나 인민군들이 계속 남하하면서 7월 21일 드디어 목포를 점령하게 되었다. 이어서 인민군들은 목포항에서 출발해 각 섬으로 떠나는 배편으로 비금도에도 상륙하였다. 이때도 김금환 장로는 물론 교인들이 덕산교회에 모여 예배를 드렸다. 유엔군이 인천에 상륙했다는 말을 들었던 인민군들은 김금환 장로를 비롯하여 교계 지도급 인사들을 처형시키기 위해서 면사무소 창고에 강제로 집합시키고 처형을 시키려고 준비하고 있었다.

바로 이 무렵 해병대들이 인민군 복장을 하고 비금도에 상륙하였다. 이들은 면사무소를 점령하고 창고에 구속되어 있는 교인들과 우익인사들을 처형시키겠다면서 좌익과 인민군들을 모두 한쪽으로 모으라고 했다. 그런 다음 그들을 한적한 곳으로 옮겨 놓고 한 사람씩 심문을 하면서 시간을 끌었다. 해병대 군인들은 기독교 교인들과 우익 진영 인사들을 모두 풀어 주고 각기 자신의 집으로 돌아가라고 하였다.

해병대들이 치안을 확보하고 목포에도 아군이 진주하게 되었다. 여기에 김인환 전도사, 김영욱 목사는 육지로 나가 교역을 하게 되었다. 그러자 그 넓은 비금에 있는 모든 교회의 관리나 설교는 김금환 장로의 몫이었다. 그는 끝까지 비금 덕산교회를 지키면서 후배 장로들을 양성했다.

이후 장남인 김피득(1919-1979)이 대를 이어 장로가 되었으며, 그의 손자 김일출(1940-현재) 장로가 비금 덕산교회를 지키고 있다. 손자 김성모(1947-현재, 도초제일교회)는 목사, 손녀 김완덕(1945-현재)은 권사, 그의 남편은 김여관 장로(목포 성산교회)가 되어 각기 성실하게 교회를 섬기고 있다.

39 최초로 토마스 선교사 전기를 쓴 오문환 장로

　오문환(吳文煥, 1903-1962) 장로는 1928년 평양에서 최초로 순교했던 《도마스 牧師傳》을 저술했던 인물로 유명하다. 필자는 그의 저서 희귀본 2권을 소유하고 있었는데, 그중 1권은 예장 통합 측 총회 역사사료관, 또 다른 한 권은 대전신학대학교 이자익 기념관에 각각 기증하였다. 이처럼 역사의식이 남달랐던 그는 오정하(吳鼎夏)의 3남으로 평양 조왕리에서 출생하였다. 어려서부터 글 읽기를 좋아했던 오문환은 한문서당을 다니면서 한자를 일찍이 익혀 중국에서 발행한 한자 서적은 거의 완독할 정도의 실력을 갖추었다.

　오문환은 보통학교를 졸업하고 평양 숭실중학교에 합격하자마자 서점에 가서 영어에 대한 참고서를 몇 권 사 가지고 와서 혼자서 열심히 외우고 써 보기를 반복했다. 그는 숭실중학교에 입학하고 첫 영어 수업이 시작될 때 이미 기초적인 실력을 갖추었기에 영어 선생이 그의 실력을 인정했다. 그는 앞에 나와서 알파벳을 칠판에 써가면서 영어를 가르치기 시작하였다. 이 일로 인하여 친구들은 그의 실력에 감탄했고, 함께 영어를 잘하게 됐다는 이야기가 숭실중학교에 파다하게 퍼지게 되었다.

　숭실중학교를 졸업한 오문환은 평양 숭실대학 영문학과에 진학하여 선교사 밑에서 매일 영어로 말할 수 있는 기회가 많아졌다. 그는 숭실대학이 생긴 이래 영어를 제일 잘했다고 한다. 이처럼 뛰어난 영어 실력을 갖고 있는 오문환은 졸업하자 숭의여학교 영어 교사로 발령받아 학교에 취직하게 됐다.

　이때 오문환 교사는 영어수업 시간에 교과서는 교무실에 놓고 분필 하나만 들고 와서 "학생들, 앞으로 영어를 많이 알고 잘하는 사람은 세계를 자기 집처럼 드나들 때가 옵니다"라고 했다. 그리고 교과서를 다 외어 칠판에 쓰고 설명했으며, 모든 학생들이 영어를 열심히 공부했다고 한다.

　오문환의 영어 실력은 평양 시내는 말할 것도 없이 평양장로회신학교까지 소문이 나서, 나이 많은 목사 후보생인 신학생들의 영어 교수로도 활동했다. 그는 평양에서 몇 번째 안 가는 실력 있는 교사로 소문이 나 있었다. 이미 그는 평양 숭실대학교 재학생 시절에 《조선 기독교사》의 일부분인 《平壤洋亂》을 저술할 정도의 실력을 갖춰 조선 기독교계에 널리 소문난 인재로 알려지기 시작하였다.

　그러한 그가 토마스 선교사에 대한 관심을 갖게 된 것은, 토마스 선교사가 평양에서 순교를 했기에 평양이 축복을 받고 조선이 축복을 받게 되었다는 사실에 너무 감사했기 때문이다. 1927년에는 마펫 선교사를 중심으로 '도마스 목사 순교기념전도회'를 창설하고 회장은 마펫 선교사, 총무는 오문환이 맡았다.

　이 순교기념전도회는 몇 가지 사업을 정하였다. 그중에 가장 중

요한 사업은 토마스 선교사 전기 출간이었으며, 여기에 토마스 선교사 기념예배당이자 해상 전도를 위한 복음선인 도마스 호를 마련하는 것이었다. 이러한 사업계획을 만들었던 오문환은 총무로서 직접 이 일을 실행하기 위해 발벗고 나섰다. 그는 《도마스 牧師傳》을 쓰기 위해서 토마스 선교사가 황해도 백령도를 거쳐서 평양 대동강에서 순교하기까지의 과정을 직접 답사하고, 당시 그 현장을 방문하여 지역 주민 등을 만나는 등 열심을 보이기도 하였다. 이러한 결과 전기가 출간되었다.

또 1935년에는 평양 시내 교회를 방문하여 주일 예배가 끝나는 시간을 얻어 토마스 선교사의 행적을 이야기하면서 모금한 후원금으로 '도마스 호'를 건조하여 대동강 상하류는 물론 백령도, 연평도, 강화도에 인접해 있는 교동도까지 다니면서 복음을 전파하였다.

그러나 1938년 신사참배를 반대했던 선교사들을 모두 추방시키고, 평양에 있는 모든 미션학교가 폐쇄되고 말았다. 이때 오문환이 관장하고 있던 모든 사업은 중단되고, 오히려 치안유지법을 내세워 일본 고등계 형사에 의해 체포되어 얼마 동안 평양 경찰서에 구속되었다. 1945년 봄 정반신 사건으로 이승길 목사와 함께 평양 헌병내에 체포되어 구속되었다가 해방이 되어 출감하였다.

오문환은 신앙의 자유를 억압하고 있는 소련과 김일성 정권의 정권 때문에 더는 평양에 머물 수 없음을 깨닫고, 가족들과 함께 월남하여 '도마스 목사 순교기념전도회'를 재건하고 옛날 도마스 선교사가 다니면서 선교했던 그 지역을 순회하면서 전도사업을 전개하였다.

월남한 오문환에게는 너무나 할 일이 많았다. 그는 〈경성일보〉 초대 사장으로 취임하였으며, 일제 말엽에 폐간되었던 〈조선일보〉를 복간하는 데도 일익을 담당하였다. 그러나 뜻하지 않게 6·25 한국전쟁이 일어나자 '도마스 목사 순교기념전도회'를 계속하기 위해서 임시 정부가 머물고 있는 부산에서 다시 사업을 실시하였다. 이때는 경남 지방에 널려 있는 도서 지방을 대상으로 선교운동을 전개했다. 1951년에는 부산항에서 150톤급 제2의 도마스 목사 복음선을 진수하게 되었다.

이 일로 오문환 장로는 경상남도 해안을 끼고 있는 수많은 섬과 여러 육지 등을 다니면서 복음을 전하였다. 이때 설립된 교회만도 71개가 되었으며, 성경학교도 3곳, 중학교도 2곳, 고아원 등 많은 시설을 개설하였다. 여기에 남북여객사라는 버스회사까지 운영하면서 전도사업기금을 마련하였다. 이렇게 더 바쁜 나날을 보내면서 1954년 서울이 수복되자 상경하여 광신상업고등학교를 재건하였으며, 학교법인 계명의숙을 세우고 장안중학교의 문을 열어 많은 학생들에게 공부할 수 있는 기회를 만들어 주었다.

그러나 한국교회사를 정리하다가 서울대병원에서 생을 마감하였다. 유족으로는 장남 오만식 서울대 교수가 있다. 또 차남 오성식은 서울 묘동교회 장로로 시무하였으며, 인제대학교 부총장을 역임하였다.

40 치과 의사였던 서울 연동교회 송선영 장로

 필자는 종로 6가에 자리 잡고 있는 송치과의원에서 송선영 장로를 만나게 되었다. 당시 필자가 종로 3가에서 가정교사를 하던 중 치아에 이상이 있어서 우연히 송치과의원을 방문하게 되었다. 때마침 친절한 그의 모습이 장로인 것 같아서 여쭈어 보았더니 연동교회 장로라는 말에 너무 기뻤다. 필자는 묘동교회 교육전도사로서 그때부터 송선영 장로와 오랫동안 깊은 교제를 갖게 되었다.

 송선영(宋善榮, 1919-1976) 장로는 1919년 3·1 운동이 일어나던 그 해 9월에 경기도 시흥에서 송주철의 둘째로 출생하였다. 일찍이 부모로부터 3·1 운동에 대한 역사적 인식을 갖고 태어났던 송선영은 그 어느 아이들보다 민족에 대한 많은 관심을 갖고 일생을 살아왔다. 이러한 역사적 배경을 안고 있는 그는 어떻게 하면 민족에게 봉사할 수 있을까 생각하기 시작했다. 머리가 영특했던 그는 독학으로 검정고시를 거쳐서 경성치과전문학교(당시 남대문 한국은행 옆에 있는 자리를 잡았다. 현재는 서울대학교 병원 내에 자리를 잡고 있다)에 진학하였다. 그때부터 서울에 거주하면서 서울 연동교회에 등록하고 교인이 되었다.

그러나 뜻하지 않게 6·25 한국전쟁으로 군의관에 입대하여 군의관 중위 계급장을 달고 전방에 전출을 받고 얼마 동안 근무했다. 그 후 경기도 일동에 자리 잡고 있는 미 9군단 민사처 구호병원장으로 근무하면서, 경기도 일동에서 최초로 복음을 전하는 전도사 역할을 담당하였다. 전쟁이 한창 치열한 1952년 12월 7일, 일동초등학교 뒷산에 천막을 치고 간호사 7명을 모아 놓고 함께 예배를 드린 것이 오늘의 일동 동부교회의 출발이 되었다. 그는 토요일이 되면 간호사를 대동하고 일동 마을을 순회하면서 무료진료를 베풀었다. 그는 항상 입을 빌리라고 해놓고 하는 말이 있다.

"예수님을 믿을 것입니까?"

이 말에 예수를 믿겠다는 사람들이 하나둘 생겨나게 되었다. 이들을 신앙적으로 관리하려면 천막을 치고 첫 예배를 드리는 것이 좋겠다는 생각에 부대장에게 건의하여 군 천막을 얻고, 추운 겨울이기 때문에 난로까지 준비하는 등 세밀하게 준비했다. 부대에서 매일 아침마다 참모회의를 진행하게 되면 같은 부대 내에 있는 군목도 참모회의에 왔다. 회의를 다 마친 후에 교회 설립에 대한 이야기를 하자 군목은 너무 좋아서 매 주일마다 설교를 담당하게 되었다.

이렇게 해서 시작한 일동 동부교회는 매 주일 교인들이 증가했고, 어린아이들이 모여들자 그들에게 성탄 노래를 가르쳐 주고 연극을 연습시키는 등 바쁜 나날을 보내게 되었다. 이 일로 인하여 아이들은 학교 수업이 끝나면 집에 가는 것도 잊은 채 천막 교회로 모여들었다.

드디어 천막으로 된 일동 동부교회에서 성탄의 노래가 울려 퍼지자 아이들은 말할 것도 없고 부모들까지 모여들어, 그 해 12월 25일 일동 지역에서 최초로 성탄절을 맞이하게 되었다. 이때 송선영 군의관의 헌신과 부대 장병, 간호사들의 노력으로 아동들까지 포함해서 100여 명이 운집한 가운데 첫 번째 성탄절을 맞이하게 되었다. 비록 천막 교회였지만 미군의 협력을 얻어 따뜻하게 난로를 피워 놓고 예배를 드릴 때마다 새로운 교인들이 계속 모여들기 시작하였다.

1953년 새해를 맞이하면서 계속 교인들이 증가하자, 예전에 서울에 있으면서 다녔던 서울 연동교회 전필순 목사에게 부탁하여 첫 번째 세례 및 학습식을 거행하였다. 이렇게 일동 동부교회가 설립되었으며, 경기노회로부터 교회 설립 허가를 받고 임시 당회장은 전필순 목사가 맡아 수고하였다. 이때 연동교회 당회에서는 송선영 군의관을 일동 동부교회 집사로 임명하고, 그의 노력으로 미군의 협력과 서울 연동교회의 협력으로 천막 교회에서 벽돌 교회로 발전하였다.

1955년에 교회당이 완성되자 전필순 목사의 집례로 입당예배를 드리는 등 놀라운 발전을 가져오게 되었다. 같은 5월에는 일동 동부교회가 크게 부흥되자 경기노회로부터 장로 청원을 허락 받고 투표한 결과 송선영 집사가 장로로 선임이 되었다. 그 후 연동교회의 당회장인 전필순 목사의 집례로 송선영 장로는 장립을 받았다.

일동 지역에서는 환자들뿐만 아니라 지역 주민들이 송선영 장로를 대단한 인물로 존경하였다. 전쟁 후 휴전이 협정되면서 그 지역의 청소년들이 길거리에서 방황하고 있는 모습을 보았던 송선영 장로는 일동 뒷산에 천막을 치고 일동 야간학교를 부대 장병들과 함께 이끌어 갔다. 결국 이 일동 야간학교가 모체가 되어 현재는 일동

중고등학교로 발전하는 데 일익을 담당하기도 하였다.

그 후 군의관 생활을 그만두고 제대한 후 종로 6가에 송치과의원을 개설하면서 연동교회에 출석하게 되었다. 얼마 동안 일동 동부교회로 출석하였지만 그 교회가 매년 부흥되어 가자 그 지역 교인들로 하여금 교회의 모든 일을 하게 하고 서울 연동교회로 이명을 하게 되었다. 이미 서울 연동교회에서는 송선영 장로의 실력을 인정했기에 1963년 6월 장로로 취임을 하였다. 송선영 장로는 서울 연동교회에 큰 힘이 되었다. 그러나 송선영 장로는 늘 일동 동부교회에 대해서 가만 있을 수가 없어서 가끔 무료 진료도 나가고, 때로는 연동교회 청년들을 동원하여 여름 성경학교 등도 지원했다.

이렇게 열심히 일했던 송선영 장로는 1976년 9월 서울 영락교회에서 모이는 제61회 총회 총대로 참가하고 귀가하는 길에 뇌출혈을 만나 소생하지 못하고 삶을 마감하고 말았다. 유족으로는 부인 함유순 권사와 5남 1녀를 두었으며, 네 자녀가 박사이며, 3남 송요선 집사가 송치과의원을 맡아 원장으로 가업을 이어가고 있다.

41 한국인의 은인 일본인 마스도미 장로

흔히들 전북 고창 지방에서는 마스도미[桝富左衛門, 1880-1934] 장로를 승부(桝富) 장로라고 부른다. 승부 장로는 일본 후쿠오카[福岡]에서 출생하였으며, 시모노세키[下關]상업학교를 졸업하였다. 청일전쟁 시 경리 장교로 조선에 얼마 동안 머물면서 가난한 조선에 살고 있는 조선 농민을 한 번도 잊은 적이 없었다고 한다. 군 장교로 제대하고 동경에 있는 와세다[早稻田]대학 생활을 하면서 친구의 권유로 우에무라[植村] 목사가 시무하고 있는 후시미쬬교회(富士見町敎會)에서 세례를 받고 얼마 후에 학부를 졸업했다.

신자가 된 그는 아버지 가업인 양조장(釀造場)을 정리하고 조선에 이상촌을 건설해야겠다는 뜨거운 마음을 갖고 있었다. 이때 문득 가난한 조선에서 살고 있는 사람들이 자신의 눈에 필름처럼 지나가자 다시 조선을 방문하였다. 이미 조선은 한일병탄이 이루어져서 많은 일본 자본가들이 조선의 농토를 매입하기 위해 군산항에 진을 치고 있었다. 이러한 사람들의 틈바구니에 끼어 있던 승부는 그 길로 전북 김제 봉월리와 고창 오산을 향하고 있었다.

우선 김제 봉월리에 농토를 마련하고 봉월교회를 설립하였다. 다시 전북 지방의 오지인 부안면 오산리에 땅을 매입하였다. 김제 봉월리에는 그 넓은 농토를 개간하여 쌀을 재배하기 위해 농장을 마련하고 오산리에는 사과나무를 심어 과일을 재배하였다.

그러나 오지인 오산에는 교육기관이 없어서 오산리 입구에 홍덕학당을 설립하고 운영하였다. 이때 이 지역에 훌륭한 인재를 양성하기 위해서는 지도자가 필요하다는 생각을 갖고 상경하여 기호학교(현 중앙고등학교) 출신인 김영구, 윤치병, 양태승을 초청하여 함께 일하기로 결심하였다. 이상촌에 좋은 학교를 세워 운영하려면 선진화된 일본으로 유학을 해야 한다면서 승부 자신과 함께 세 청년이 일본 고베에 있는 고베신학교에 입학하였다. 모든 과정을 마친 이들과 함께 귀국했던 승부는 홍덕학당을 오산으로 옮기고 오산학당을 운영하였다. 학당장은 양태승, 오산교회는 윤치병, 기숙사 사감은 김영구에게 맡겼다.

그는 고베신학교(神戶神學校)에서 배웠던 실력을 갖고 조선 사람들에게 필요한 신앙을 지도해야 한다면서 매일 아침마다 성서를 펴들고 묵상하면서 성경을 연구하였다. 이 일로 인하여 오산학당은 민족구원과 함께 발전해 갔다. 한편 오산에 생산되는 사과는 오산 지역의 새로운 명물로 부상되었다. 하루는 오산 사과농장에서 떨어진 사과를 주워서 먹고 있는 오산 주민을 보았다. 승부 장로는 이들에게 떨어진 사과를 주워오라고 하고 이것을 모아다가 잼을 만들어 팔 수 있도록 판로를 만들어 주기도 하였다.

승부 장로의 인격에 감화를 받은 오산 주민들은 그의 전도로 교회에 나오게 되고 이로 인해 오산교회는 계속 부흥되었다. 김제에 설립했던 봉월교회도 마찬가지였다. 그러나 오산교회나 오산학당은 조선인이 운영해야 한다면서 주민들을 모아 놓고 일장의 강연을 하였다.

"지금 내가 운영하고 있는 이 학교는 여러분의 자녀를 위해서 설립된 학교입니다. 제가 설립자로 남게 되면 결국 일본인 학교라고 소문이 나서 민족의식이 사라져 버릴 것입니다. 그러니 이제부터 이 학교를 부안면 주민들이 운영해야 합니다."

이렇게 해서 주민들이 참여하여 결국 오산고등보통학교로 승격시키게 되었다. 다시 이 학교를 군 소재지로 옮겨 가려면 고창군민들이 여기에 참여해야 한다면서 재단법인을 조직하게 되었다. 역시 이사장은 승부 장로가 맡았으며, 학당장은 양태승이 맡았다. 여기에 전 군민들이 참여하자 고창읍으로 이전을 하고 학교 신축을 위해서 모금하였다. 그러던 중 많은 군민들이 참여하여 벽돌로 2층 건물을 완성하고 준공식을 거행했다. 이 행사는 조선총독부 사이도 총독이 참여할 정도로 총독부의 행사나 다름이 없었다. 이렇게 학교 건물이 완성되자 학교 명칭을 고창고등보통학교(현 고창고등학교)로 하였다.

비록 이사장은 일본인이었지만 광주학생사건으로 많은 학교에서 퇴학당한 학생들이 고창고등보통학교로 모여들었다. 그 대표적인 인사가 한글 학자 한갑수였다. 여기에 교장은 양태승이 맡았으며, 오산교회를 맡았던 윤치병은 목사 안수를 받고 서울 안동교회 담임목사가 되었으며, 기숙사 사감이었던 김영구는 서울 승동교회 목사로 사역하였다.

이처럼 비록 일본인 장로가 세웠지만 학교 자체가 예수의 정신이라는 바탕 위에 설립되었기에 전국적으로 널리 알려져 갔다. 승부 장로는 김제와 고창을 오갔고, 그가 살고 있는 일본 동경도 자주 다녔다. 매년 성탄절이 되면 고창에서 온 유학생은 물론 조선에서 온 유학생을 자신의 집에 초청하여 그리스도의 사랑을 나누기도 하였다. 혹시 학비가 모자라는 학생을 만나면 장학금 명목으로 돕기도 했다.

더욱이 승동교회에서 목회하던 김영구 목사가 뇌출혈로 사망했다는 소식을 접하고, 그의 부인 박세라 여사의 생활비가 염려되어 매월 얼마의 생활비를 지원하였다. 이때 박세라 여사는 세브란스병원 청소부로 일하면서 겨우 생활을 유지해 갔으며, 그가 보내 준 금액은 전액 예금해 두었다가 봉화산 아래 먹골 배밭을 구입하였다. 이것이 생활의 바탕이 되어 온 가족이 그곳에서 생활하면서 김영구 목사의 아들 김종수가 아버지의 가업을 이어받아 목사가 된 후 35년 전에 먹골에 영세교회를 설립하였다.

그 후 그의 아들인 김충렬 목사가 김영구 목사, 김종수 목사의 대를 이어가면서 승부 장로의 은혜에 보답하고자 매년 한 차례씩 승부 장로의 추모예배를 드리고 있다. 여기에 정부에서는 그의 귀한 뜻을 모든 이에게 알려야 한다면서 1995년 모란장을 수여하기도 하였다.

42 한신대학교 설립자 김대현 장로

1938년 9월 장로교 총회가 신사참배를 결의하자 주한 외국 4개 선교부(미국 북장로교, 남장로교, 호주 장로교, 캐나다 연합교회)에 속한 선교사들은 신사참배를 결의한 장로교 총회와는 함께 일할 수 없다고 발표하였다. 여기에 평양장로회신학교는 이미 재학하고 있는 졸업반 학생에 한해서 나머지 학기는 통신으로 공부하고, 1939년 3월에 졸업식을 거행하고 폐교를 단행하였다. 이 일로 인하여 재학하고 있는 학생이나 목회자를 양성해야 하는 긴박한 상태를 만나게 되었다.

이러한 일로 1939년 9월 평북 신의주에서 모인 제28회 총회에서는 교역자 양성을 위하여 교통의 중심지인 서울 지역에 있는 승동교회를 임시 교사로 하고 '조선신학원'을 개설하기로 결의하였다. 그러나 총회 일부 내에 서북세력들이 중심이 되어 과거 평양장로회신학교 교사를 사용하고 계속 교역자를 양성하려고 하였다. 그런데 4개 선교부에서 이를 허락하지 않자 할 수 없이 평양 동덕학교와 마포기념관, 평양 서문교회 하층을 사용하기로 하고, '평양신학교'로 1940년 2월 조선총독부로부터 인가를 받고 4월 11일 개교하였다.

이 평양신학교는 일제에 협력했던 이승길, 김석창, 김관식, 김응순, 채필근 목사 등으로 구성된 조직체였다. 초대 교장에 채필근 목사, 교수에 고려위, 일본인 다나카[田中理夫]였으며, 강사로는 이승길, 김관식, 사이토[齋藤佑], 야마모토[山本新] 등이었다. 여기서 평양신학교의 위상을 다음 문장에서 확인할 수 있다.

"한 사람의 남김없이 다 皇國의 臣民인 以上에는 新 秩序의 建設과 新 體制의 樹立에 대하여 應分의 努力 없을 수 없습니다"(이하 생략).

기선을 빼앗겼던 기호 출신들이 중심이 되어 그해 4월 경기도 학무국으로부터 학원인가를 얻게 되었다. 인가를 얻었던 조선신학원은 이사장 겸 원장에는 서울 승동교회 김대현 장로가 취임을 하였다. 이 조선신학원의 교수로는 김재준, 윤인구, 김영주, 함태영, 김관식 목사 등이었다. 이처럼 조선신학원 이사장 겸 원장으로 취임한 김대현(1867-1940) 장로는 경북 영일에서 출생하였다. 일찍이 부모의 신앙으로 옥해 제일교회에 출석을 하면서 신앙이 성장하였다.

자수성가한 김대현은 일찍이 분가하여 광산업에 손을 대면서 얼마의 재산을 모으기 시작하였다. 일본 경찰은 그의 재산이 욕심나서 자주 괴롭게 할 뿐만 아니라 친일세력인 일진회(一進會) 일로 괴로움을 주기도 했다. 또한 그는 독립 자금을 상해로 보냈던 일이 있어서 여러 번 경찰서에 드나들기도 하였다.

이러한 일로 인하여 경찰서에서 자주 출두 명령이 내려지자 아예 서울로 상경하여 동대문구 창신교회에 등록하고 그 교회에 출석하였다. 당시 창신교회 신축을 하도록 많은 헌금을 냈던 이가 김대현이었다. 어느 정도 창신교회가 자리를 잡자 서울에서 역사가 있는 교회에 다녀야 한다면서 종로 2가 인사동에 자리를 잡고 있는 서울 승동교회로 이명하였다. 여전히 교회 봉사는 그를 따라갈 만한 사람이 없었다. 때마침 장로를 선출하는 일이 있었다. 승동교회 교인들은 한결같은 신앙심과 물질로 열심히 봉사한 김대현 집사를 장로로 선출하였다. 이미 이 교회는 백정이었던 박성춘이 장로가 되었던 교회로 널리 알려져 있었다. 그런데 이번에는 재력가인 김대현이 장로 장립을 받게 되자 승동교회에 대한 소문이 달라지기 시작하였다. 김대현은 1923년 50세의 나이에 장로로 장립 받았고, 승동교회는 계속 성장해 갔다.

재력가인 김대현 장로의 힘은 대단하였다. 그 당시 조선신학원을 설립할 때 인가를 받기 위해서는 기본 재산이 있어야 했다. 그는 자신의 재산 50만 원을 선뜻 내놓고 허가를 얻게 되었다. 그는 이사장, 원장의 직분까지 맡게 되었다. 당시 50만 원의 사재는 오늘의 화폐가치로 환산한다면 수백억 원이 되었으리라고 생각된다.

이처럼 조선신학원이 출발하면서 함경도 출신이면서 북간도 용정 명동에서 성장하고 진보신학에 앞장섰던 김재준이 잠시 서울에 재직할 당시 승동교회를 다녔던 관계로 교수로 오게 되었다. 여기에 경북 김천 황금동교회의 송창근 목사, 부산 출신의 윤인구 목사 등이 교수로 오게 되었다. 이들은 모두 진보주의 목회자로 알려진 인물이었다.

김대현 장로는 안타깝게도 1940년 9월에 삶을 마감하게 되었다. 그는 누구도 따라갈 수 없을 정도의 신앙심으로 하나님께 헌신적으로 봉사했던 분이다. 교회에 재정이 부족할 때마다 김필헌(金必獻)이라는 이름으로 된 통장을 주면서 찾아서 부족한 액수를 채우라고 했다고 한다. 이름 그대로 하나님께 반드시 바칠 헌금이었기에 이름을 그렇게 불렀다고 한다.

김대현 장로가 남기고 간 재산으로 조선신학원을 잘 운영해 갔으며, 일제가 패망하자 서울 용산구 남영동 일본 천리교 경성교구 본부 건물이자 적산가옥이었던 곳을 인수하여 조선신학원이 사용하였다.

1953년 6월 대구에서 모이는 장로교 총회에서 김재준 목사의 신학방법론을 문제 삼아 제명을 하자, 그를 따르는 일부 세력들이 교권의 횡포라고 비난하면서 총회를 이탈하여 한국기독교장로회를 출범시켰다. 이 일로 교단 분열을 겪었지만 현재는 우리 교단인 통합 측과 교류하면서 에큐메니컬 운동에 협력하고 있다.

김대현 장로의 재산으로 형성된 조선신학원은 해방 후 조선신학교, 다시 1953년 한국신학대학으로 발전했으며, 현재는 종합대학교로 경기도 오산에 자리를 잡고 있다.

43 평양 숭인상업학교 설립자 오윤선 장로

오윤선(1878-1950) 장로는 평안남도 대동군 고평에서 출생하였다. 그는 일찍이 고향 한문사숙에서 한학을 통달했다. 때마침 서양 문화가 평양에 전해지고 있다는 소식을 들은 오윤선의 부모는 평양으로 이사하고 가까운 산정현교회에 등록하였다. 평양 숭실학교가 설립되었다는 소식을 접한 그의 부친은 오윤선을 평양 숭실학교에 진학시켰다. 이때 성경을 접한 그는 예수의 정신처럼 살겠다는 굳은 의지를 갖고 근검 절약하는 생활을 하였으며, 자신의 숭실 동문들이 다니는 여러 교회를 방문할 때마다 연합운동에 참여하였다.

이 일로 그의 활동을 인정한 산정현교회에서는 1918년 공동의회에서 그를 집사로 선출하고 그 후에 안수집사로 세웠다. 그 후 산정현교회에서 장로를 선출할 때 그의 신앙과 봉사하는 일에 감동이 되어 1922년 공동의회에서 조만식 집사, 김동원 집사와 함께 장로로 피택을 받고 장립을 받았다. 그는 교회의 모든 행정적인 일을 도맡아서 하였다. 조만식 장로와 김동원 장로와 함께 산정현교회에서 시무했기 때문에 1920년 조만식 장로가 벌인 '조선물산장려운동'에 동참하였으며, 1922년에 전국적으로 확산되어 민족운동으로 금주, 금연, 폐창, 절제운동을 전개할 때 적극적으로 참여하였다.

이러한 운동을 전개하기 위해서는 평양 시내에 있는 교회들이 참여해야 한다면서 교파를 초월하여 평양 산정현교회를 중심으로 시내 7대 교회(장대현교회, 남문외교회, 사창동교회, 서문외교회, 연화동교회, 명촌교회, 산정현교회)가 참여하였다.

숭인상업학교(崇仁商業學校)의 원래 뿌리는, 1894년 마펫 선교사가 널다리교회(장대현교회 전신)에서 숭덕학원(崇德學院)을 설립하면서 출발했다. 이 운동을 전개하려면 일꾼이 필요하다는 의견을 모아 1923년 숭인상업학교(崇仁商業學校)를 조직하는 데 한몫을 담당하였다. 이 학교 설립에 크게 공헌한 이가 오윤선 장로를 비롯해서 조만식 장로, 김동원 장로다. 오윤선 장로는 설립자로만 남고 산정현교회 장로들이 도맡아 운영하였다. 이 학교의 역대 교장으로는 정두현 장로를 비롯해서 조만식 장로, 김항복 장로로 교계에서 널리 알려진 인사들이다.

이런 인사들이 참여한 관계로 교사진도 쟁쟁하였다. 성경 과목은 한경직 목사와 김재준 목사가 맡았으며, 민족의식이 강한 교사들이 학생을 가르치고 있었다. 이러한 일이 있기까지는 설립자의 한 사람이었던 오윤선 장로의 철저한 민족의식의 영향이 있었다고 생각된다. 더욱이 1929년 11월 3일 광주학생 사건이 평양까지 올라오면서 숭인상업학교 학생들은 그냥 있을 수 없다는 생각으로 비상 학생총회를 소집하고 이 운동에 참여하기로 결의하였다. 이미 교사들은 이러한 움직임을 파악하였지만 학생들을 격려하고 나섰다. 바로 1919년

3·1운동이 일어난 지 10년이 되는 해였다. 누가 먼저 학교 종을 쳤는지는 모르지만 비상 종소리에 모든 학생들이 학교 운동장에 모였다.

이때 한 학생이 운동장 단상에 올라가 외쳤다.

"하나, 약소민족을 해방하라! 둘, 피압박 민족을 해방하라! 셋, 제국주의를 타도하자!

학생들은 운동장을 몇 바퀴 돌고는 시내로 나가 시가행진을 벌였다. 결국 이 운동은 평양 시내에 있는 모든 학교에 번져 며칠 동안 계속 항일운동을 전개하였다. 이 운동은 혹독한 경찰의 탄압 속에서도 계속 진행되었다. 결국 1930년 3월 말까지 계속 진행되었다. 이 일로 이 학교 학생 8명이 만세사건으로 구속되었다.

이러한 상황을 만난 오윤선 장로는 어느 때보다 많은 기도를 하였으며, 구속된 학생들을 위해 매주 1회씩 면회를 신청하고 돌보았다. 이 무렵 조선총독부 학무국은 숭인학교에 대한 감시가 더욱 심해졌다. 이때 숭인고등보통학교로 전환하려고 하였지만 광주학생 사건에 참여했다는 구실로 인가를 얻지 못하고 5년제 숭인상업학교로 인가를 받았다. 그동안 인가를 내려고 백방으로 노력하였지만 성사되지 못하고 실업학교로 전환하면서 학생들이 몰려오기 시작하였다.

숭인상업학교로 인가를 얻기 위해서 오윤선 장로는 1930년 1월에 모이는 평양 도제직회(都諸職會)를 소집하고 숭인상업학교 인가를 얻는 일에 기도를 요청했다. 그러자 평양 시내에 있는 모든 교회들이 재정적인 문제와 학생들을 추천하는 일에 대해 결의하게 됐다. 많은 이들이 이 일에 적극 참여해 1932년에 학교 부지 800평과 학교 운동장 1,800평을 시가 2만 원에 매입하였으며, 대강당 겸 채플로 2층

128평, 교사 3층 연화조로 72평을 건축하는 경비 15,000원을 확보하고 건축을 시작하였다.

모든 건물이 완성되자 이 학교의 설립자로서 가장 공이 많은 오윤선 장로는 다음과 같이 연설하였다.

"숭인상업학교는 평양의 자랑이요, 우리 힘의 소산이외다. 이제 우리 숭인상업학교가 우리의 피와 땀으로 이만큼 큰 것은 감개가 깊거니와 앞으로 학교가 발전하려면 여러 교회 교인들의 절대적인 기도가 이루어져 그 기도로 인해 손색이 없는 학교로 만들어지리라고 믿고 싶습니다."

드디어 5년의 과정을 이수했던 제1회 졸업생 104명이 배출되었다. 이 일로 오윤선 장로는 몇 번이고 하나님께 감사의 기도를 드렸다. 그런데 1938년 9월 뜻하지 않게 총회가 신사참배를 결의하자 산정현교회 주기철 목사를 비롯해서 모든 당회원들이 이를 항의하고 나섰다. 이때도 오윤선 장로는 한가운데서 주기철 목사를 도우면서 일제에 항거하였다. 결국 산정현교회 당회원들은 일제의 감시를 받아야 했던 어려운 수난의 길을 걸었고 결국 주기철 목사는 순교하고 말았다.

오윤선 장로는 공산당 정권이 들어서자 조만식 장로, 김동원 장로와 함께 조선건국준비위원회를 자신의 집으로 초청하여 발기하였다. 그는 북한 동포를 뒤로 하고 나만 살겠다고 월남할 수 없다고 하여 결국 조만식 장로와 함께 그곳에서 생을 마감하였다. 그의 손자 오융훈은 인천 부평 대광교회에서 장로로 선임을 받고 할아버지의 신앙의 대를 이어가고 있다.

44 제헌국회 부의장을 역임한 김동원 장로

　　김동원(金東元, 1884-1950) 장로는 평양의 대부호로 널리 알려진 김대윤(金大潤)의 장남으로 출생하였다. 그의 동생은 소설가로 유명한 김동인이다. 마펫이 평양 선교부를 설치하고 장대재에 장대현교회를 설립하였다. 그는 마펫 선교사의 조사인 한석진의 전도를 받고 부모와 함께 장대현교회를 다니다가 후에 조만식 장로를 만나 산정현교회로 이명을 하였다.

　　평양에서 한일병탄을 만났던 김동원은 적을 이기려면 적진에 들어간다는 생각으로 진남포에서 일본 상선을 타고 일본 유학길에 오르게 되었다. 약 13일 정도 걸려서 일본 요코하마(橫浜)에 도착하였다. 이때 김동원은 그 넓은 대지 위에 기차가 달려가는 모습을 보고 그만 놀라고 말았다. 일본은 1872년에 이미 기차가 요코하마와 도쿄(東京)를 왕래하면서 많은 사람들을 수송하고 있었다. 김동원은 일본 근대화에 놀라고 말았다. 일본 동경에 도착한 그는 동경에 자리잡고 있는 동경정칙학교(東京正則學校)에서 교육을 받은 후 다시 일본 법정대학에 진학하였다.

일본 유학을 마치고 온 김동원은 같은 교회에서 신앙생활을 했던 조만식 장로의 지도를 받으면서 그의 활동에 참여하였다. 때마침 안창호를 만나 1907년 신민회에 가입했던 김동원은 곧 신민회 회원들이 중심이 되어 대성학교(大成學校)를 설립할 때 함께 참여하였다. 이미 안창호는 서울에서 언더우드 선교사가 설립했던 경신학당에서 중등 과정을 이수하고 평양에 돌아와 평양에서 기독교 신앙을 중심으로 학교를 설립하겠다는 꿈을 하나씩 이루어 가고 있었다.

그런데 뜻하지 않게 일제는 관서 지방의 기독교 세력을 말살할 계획으로 음모를 꾸몄다. 데라우치(寺內毅) 조선 총독이 압록강 철교 개통식에 참여하기 위해서 서울역을 떠나 평양을 지나 선천역에 도착하였다. 이때 매큔 선교사와 악수하는 것을 자신을 암살하기 위한 신호라고 억지를 쓰고 관서 지방 교계 지도자들을 비롯해서 닥치는 대로 구속했다. 그 인원이 자그만치 800여 명이 되었다. 이때 세계 여론에 놀란 데라우치 총독은 이중 105명만 남기어 놓고 모두 석방시켰다. 이 사건을 가리켜 105인 사건이라고 말하고 있다.

억울하게도 김동원은 105인 사건에 주모자로 낙인찍혀 평양 형무소에 수감되었으며, 이때 선교사들은 세계 여러 나라에 이러한 조작된 사건을 알렸다. 결국 마지막에는 4명만 형을 받고 제주도로 유배를 시키고 나머지 101명은 모두 석방을 시켰다.

일본의 악랄한 행동에 놀란 김동원은 독립운동을 하려면 돈이 필요하다는 사실을 인지하고 평양 산업진흥에 힘을 쏟았다. 그의 노력에 의해 평양 산업진흥은 의외로 사업이 잘되어 하나님께 늘 감사한 마음으로 산정현교회를 열심히 섬겼다. 산정현교회에서 뜻하지 않게 오윤선 장로를 만나 평생 동지로 삼고 조만식 장로와 함께 삼총사로서 일제 저항 운동에 힘을 쏟았다. 그가 걸어가는 길은 평탄치가 않았다. 일제의 탄압에 더이상 견딜 수 없음을 느꼈던 김동원은 상해임시정부가 출범했다는 소식을 접하고 비밀리에 재정 지원도 하였다. 이 일로 그의 사업은 언제나 일본 고등계 형사들의 감시대상이 되었다. 그러나 평양 시내에 있는 기독교인들의 협조로 생각밖에 많은 수입이 생기자 그것을 자신의 명예를 위해 사용하지 않고, 오직 조국 독립만을 바라는 마음을 갖고 독립운동에 재정 지원을 하며 신앙을 지켜갔다.

산정현교회 장로로 선임되면서 그는 자연히 신앙에 있어서 실력을 갖추었고, 일본에 대한 많은 정보를 알고 있었기에 당시 평양노회 총대로 총회에 매년 참석하였다. 1921년 9월 평양에서 모이는 제10회 총회 시에는 회계로 선임되었다. 이때 총회장은 평양 깡패 출신 이기풍 목사가 선임되었기에 이기풍 목사와 뜻을 같이하면서 총회에 헌신적으로 일하였다. 당시 총회는 재정적으로 열악할 때였기에 총회 재정이 모자라면 부족한 부분은 언제나 김동원 장로의 몫이었다.

앞에서 오윤선 장로를 소개하면서 김동원 장로와의 협력 관계를 소개하였다. 그는 숭인상업학교가 설립되기 전인 숭덕학교를 설립하는 데 많은 지원을 아끼지 않았다. 이 일로 교감의 직책을 맡아 봉사하였다. 그렇게 김동원 장로의 이름이 널리 알려지면서 평양 YMCA를 조직할 때 발기위원회 위원장직을 맡아 수고하였다.

그 역시 산정현교회에 시무장로로 있었기에 주기철 목사의 신앙 행동에 동참하면서 많은 어려움을 만나게 되었다. 결국 조만식, 오윤선, 김동원 장로들은 일제의 눈을 피해 갈 수 없었다. 이 일로 고통을 당했던 이들은 밤이 깊으면 새벽이 온다고 확신하며 기도하던 중 1945년 8월 15일 하나님의 선물인 한반도의 해방을 맞이하였다. 일제에 의해 폐쇄되었던 산정현교회를 재건하였지만 조선기독교도연맹이 출현하면서 수난을 만나게 되었다.

김동원 장로는 더이상 북한에 머물지 못하고 야밤을 이용해 월남하게 되었다. 그는 늘 마음속으로 북한 형제들의 아픔을 나누지 못함을 가슴 아프게 생각하고 있었다. 남한에서 유엔의 감시하에 선거가 시작될 때 국회의원으로 당선되어 국회 개원을 할 때 국회 부의장이 되었지만 6·25 한국전쟁을 맞이하게 되었다. 그는 두 번이나 피신해서 살겠다는 욕심을 버리고 서울을 지키다가 결국 인민군에 의해 체포되어 북한에서 처형을 당하고 말았다.

45 독학으로 의사 면허를 획득한 김원식 장로

김원식(1904-1973) 장로는 평안남도 진남포에서 출생하였다. 비록 세상에 태어났지만 너무나 가난하여 보릿고개만 되면 직접 보릿자루를 들고 다니면서 동냥해서 끼니를 때워야 할 정도였다. 그의 부모는 아들을 학교에 입학시킬 만한 여유가 없었다. 그러나 더이상 진남포에서 살 수 없다고 판단했던 그의 부친은 가족을 이끌고 황해도 신천으로 이사하였다. 다행히 마을 가까운 곳에서 울리는 교회 종소리를 듣고 그 소리가 너무나 아름다워 신천교회에 출석하고 예수를 구주로 영접하였다.

김원식은 주일학교에 출석하였지만 한글을 읽지 못해 너무나 부끄러웠다. 그러나 김원식은 친구의 도움으로 한글을 배우기 시작하였다. 한글을 배운 김원식은 친구 집에서 빌려 읽은 성서가 너무나 좋아서 좋은 구절마다 암송하였다.

16세가 되던 해 봄에 신천교회에서 세례를 받기 위해서 문답을 하는데 당회 앞에서 자신이 외우고 있는 성경 구절을 줄줄 외웠다. 그러자 당회에서는 놀라서 문답을 거치지 않고 세례 문답에 합격시켰다. 김원식은 비록 늦게 한글을 터득하였지만 한글이 자신의 삶의 전환점을 만드는 계기가 되기도 하였다. 때마침 신천교회의 신천 선교부에서 근무하면서 신성학교 교장인 매큔 선교사를 강사로 청빙하였다. 이때 담임목사는 김원식을 불러서 매큔 선교사 앞에서 성경을 암송하도록 하였다. 이때 김원식은 조금도 부끄러움 없이 여기저기 절수를 찾아가면서 성경을 암송했다. 그 모습을 보고 매큔 선교사는 깜짝 놀라고 말았다.

"목사님, 저 애를 우리 신성학교에 입학시킬 테니 보내 주세요."

"선교사님, 저 애는 집안이 하도 가난하여 초등학교 졸업을 못하였습니다."

이 말에 놀란 선교사는 "초등학교는 졸업을 못했지만 그냥 신성중학교에 입학을 시킬 테니 걱정하지 말고 보내 주세요"라고 말했다.

이렇게 해서 초등학교 문턱에도 가 본 일이 없는 김원식은 하나님의 특별한 축복을 받고 1919년 4월 1일 신성중학교에 입학하게 되었다. 이뿐이 아니었다. 매큔 선교사는 김원식의 체격을 보고 자신의 집에서 잔심부름을 하면서 먹고 자도록 했다. 그래서 먹고 자는 일이 한꺼번에 해결되는 기적이 일어났다.

중등 과정을 마친 김원식은 매큔 선교사의 은혜를 잊을 수가 없었다. 매큔 선교사도 김원식의 향학열에 놀라 다시 숭실전문학교에 진학할 수 있도록 배려하였다. 1928년 4월 1일 매큔 선교사의 추천으로 숭실전문학교 영문과에 진학하여 시험에 합격하여 평양생활을 하게 되었다. 이때 매큔 선교사는 숭실전문학교 학감인 마우리 선교사에게 소개장을 써주면서 마우리 선교사를 꼭 만나 전달하라고 했다. 그는 평양 숭실전문학교 학감 마우리 선교사를 찾아 갔다. 그런데 그의 뜨거운 환영에 김원식은 너무 놀랐다.

"미스터 김, 우리 집에 머물면서 학교에 다니세요 우리 집에 여러 가지 잔일이 많이 있으니 이 일을 도우면서 학교를 다니세요."

김원식은 하나님의 큰 축복에 감사하며 열심히 공부하면서 마우리 선교사 가정의 모든 일을 잘 도와주었다. 이렇게 해서 3년간의 교육을 다 받은 후 졸업하게 되었다. 이후 김원식은 마우리 선교사의 서신 한 장을 들고 목포에 있는 목포 영흥학교 교장 김아각(D. J. Comming) 선교사를 찾아갔다. 그러자 김아각 교장은 김원식 졸업생을 영어 교사로 채용하였다.

그는 바로 학교 옆에 있는 목포 양동교회에 출석하였으며, 같은 교회에 출석했던 목포 제중병원 간호사를 만나 연애 끝에 목포 양동교회 박연세 목사의 주례로 결혼 예식을 올렸다. 김원식은 그동안 많은 고생을 하고 살아왔지만 하나님의 은혜로 따뜻한 가정을 이루게 해주신 하나님께 몇 번이고 감사의 기도를 올렸다.

김원식은 부인이 근무하고 있는 목포 제중원에서 일하고 있는 의사에 대해 관심을 갖게 되었다. 옆에서 지켜보았던 김원식은 새로운 진로의 길을 찾아 나섰다. 그것은 의사가 되는 꿈이었다. 이러한 결심을 한 후 목포 제중원에서 의사로 있는 선교사들의 의학에 관한 서적을 보면서 독학하였다. 낮에는 목포 영흥학교에서 영어를 가르치는 일에 몰두하면서도 집에 돌아오면 의사 면허시험 준비에 열중하였다. 그는 독학으로 4년간 공부를 하면서 외과에 관련된 모든 서적을 암송하다시피 하였다.

드디어 조선총독부 의무국에서 실시하는 시험을 치르기 위해서 총독부의 문을 열었다. 2일간의 시험을 치르는 과정에서 힘이 들었지만 다시 목포에 내려가서 안온한 가정에 머물면서 합격 통지서만 기다렸다. 드디어 의사 합격증을 받아든 김원식은 김아각 선교사에게 그 사실을 전했다. 때마침 순천 선교부에서 운영하는 알렉산더병원에서 의사를 모집한다는 소식을 접한 그는 곧 김원식을 소개하였다.

이렇게 해서 1937년 1월, 순천 알렉산더병원 의사로 발령을 받고 정들었던 목포를 떠나게 되었다. 알렉산더병원에서 의사로 활동하며 자신이 그토록 원했던 하얀 가운을 입고 환자를 정성껏 진료하면서 감사 생활을 하였다. 이러한 그의 믿음이 인정을 받아 순천 중앙교회에서 34세의 젊은 나이로 장로 피택을 받았다. 이후 당회와 순천노회의 지도를 받으면서 1938년 순천 중앙교회 장로로 장립을 받았다. 그런데 순천 중앙교회에서 황두연 장로가 이끌고 있는 원탁회 사건에 연루되어 옥고를 치르기도 하였다.

해방이 되자 상경하여 서울 갈월동에 갈원의원을 열고 개업하였으며, 그 지역의 가난한 주민들에게 항상 무료로 진료해 주었다. 이때 남선교회 전국연합회 선교부장을 맡으면서 자신이 받은 은혜를 생각해서 베트남 선교에 힘을 쏟았다. 그러는 동안 박성준 목사를 전국연합회 명의의 선교사로 파송하는 데 큰 공을 세웠다. 이러한 일들이 인정되어 1969년 제12회 남선교회전국연합회 정기총회에서 회장직을 역임하였다. 그러나 불행하게도 1973년 교통사고로 삶을 마감하고 말았다.

46 전주기전대학을 설립했던 조세환 장로

조세환(1924-2004) 장로는 전남 장성군 삼서면 소룡리에서 조병열 장로의 자녀로 출생하였다. 조세환 장로는 독립운동가의 후손으로 남다른 애국심을 갖고 출생하였다. 장성 지방의 3·1 운동은 이미 광주에서 광주 숭일학교와 수피아여학교를 중심으로 일어났다. 조병열은 광주 숭일학교를 졸업하고, 자신의 모든 삶을 소룡리교회에서 운영하는 소룡사숙(小龍私塾)에서 후학 양성에 힘을 쏟았다.

이러한 신앙의 배경에서 자란 조세환은 광주 서중학교에 진학하여 졸업한 뒤 수원고등농림학교(현 서울대학교 농학부)에 진학하였다. 해방이 되자 수원고등농림학교는 서울대학교 농과대학으로 학제 변경이 되었다. 해방 후 1946년도에 졸업했던 조세환은 잠시 광주 수피아여자중학교에서 교사로 봉사하였다. 수피아여자중고등학교는 1908년 미국 남장로교 배유지(E. Bell) 선교사가 자신의 주택에 광주 숭일중고등학교와 함께 설립했던 학교였다.

역시 같은 미국 남장로교 선교부에서 설립한 전주기전여자중학교가 해방을 만나 복교하자 같은 미션학교였기에 전주로 자리를 옮겼다. 기전여자중학교는 1900년 미국 남장로교 선교사 매티 테이트

(Mattie S. Tate, 최마태) 선교사가 자신의 사랑에서 개교하였다. 미국 남장로교 선교부의 절대적인 지원을 얻어 전주 선교부에서 부지를 마련하고 학교를 신축하였다.

그런데 군산 선교부에서 사역을 하던 전킨(W. M. Junkin, 전위렴) 선교사는 너무나 무리한 사역으로 그만 몸이 쇠약하게 되었다. 이때 군산 구암 예수병원 의사의 진단을 받고 전주 선교부로 이동하였다. 이때 의사의 진단은 30리 밖에는 절대로 나가지 말라는 부탁이 있었지만, 선교의 열정이 너무 강하여 무리하다가 결국 1908년 전주 예수병원에서 삶을 마감하고 말았다.

그의 순교자적인 열정을 그냥 묻어둘 수 없어서, 전주 선교부에서는 그의 희생적인 삶에 감화를 받고, 전주여학교를 전킨 선교사의 정신을 이어받는다는 의미로 학교의 명칭을 전주 기전여학교라 불렀다. 그의 부인은 남편을 기념하기 위해서 미국에서 종을 제작하여 전주 서문교회 종탑에 기증하기도 하였다.

이러한 역사적인 배경이 있는 학교에 부임한 조세환은 평교사로 학생을 가르치는 일에 힘을 쏟았다. 조세환은 비록 평교사였지만 최선을 다하여 교육에 임하자 뜻하지 않게 그에게 교무주임, 교감을 맡겼다. 이렇게 하다가 전주 기전여자중학교가 자리를 잡자 같은 캠퍼스에 기전여자고등학교를 신설하고 얼마 동안 교감으로 있다가 교장으로 승진하였다.

그는 교회에서도 모범적으로 봉사하였다. 기전여자중고등학교에서 신앙적으로 잘 지도하기 위해서 조세환 장로는 자신의 사가에서 1959년에 예배를 드리기 시작했다. 이것이 전주 성암교회의 출발이 되었다. 당시 기전여자중고등학교는 예나 지금이나 한결같이 세례교인 이상이 되어야 교사의 자격을 주었다. 조세환 장로는 전북노회 회원이 되면서 항상 전북노회 총대로 총회에서 많은 활동을 하였다. 총회 임원은 물론 남선교회 전국연합회 제27회 회장(1968년)을 맡기도 했다. 이처럼 그의 활동이 전국적으로 알려지면서, 1981년 부산 영락교회에서 모이는 제66회 총회에서 부총회장으로 선임되는 이변이 일어났다.

장로가 부총회장으로 선임되는 일은 장로교회로서는 하나의 놀라운 사건이 되었다. 당시 호남권에서 부총회장이 선임되어야 하는 때였는데, 익산 신광교회 안경운 목사가 후보로 출마하였지만 조세환 장로에게 그 자리를 내놓게 되었다. 그런데 1년이 지난 후 1982년 제67회 서울 영락교회에서 모이는 총회에서는 안경운 목사가 당선되고, 부총회장으로 있던 조세환 장로는 낙선되고 말았다. 당시는 부총회장이 되어서도 다시 총회장 선거 시 투표로 결정되는 것이 법으로 정해져 있었다.

이러한 제도는 비효율적이라는 여론이 일자 선거법을 개정하여 1983년부터는 부총회장으로 당선되면 총회장은 자동적으로 계승하는 제도가 생겨나면서 지금까지 부총회장으로 당선되면 곧 총회장으로 선임되고 있다. 그 후 조세환 장로는 이것 또한 하나님의 은혜로 알고, 그전보다 더 열심히 총회를 섬겼다. 그는 한국기독교회관 건축위원장을 비롯해서 총회 협동사업위원회, 연세대학교 이사 등 많은 곳에서 성실하게 활동하였다.

1989년 장로회 전국연합회에서는 그의 실력을 인정하여 회장을 역임하게 되었다. 역시 교계에서 활동하던 실력을 살려 자신이 몸담고 있던 기전여자고등학교를 1978년 전라기독학원에서 재단을 분립하여 전주기독학원을 설립, 학교법인으로 등록하였다.

이와 함께 여성 지도자를 양성해야 한다면서 전주기독학원을 법인으로 하여 전주기전대학을 설립하고, 호남 지역에서 여성 지도자를 양성하게 되었다. 특별히 시대에 필요한 학과를 개설하여 관광학부에는 경찰경호과를 비롯해서 골프과, 국제관광과, 중국어과, 일본어과 등 11개 학과를 설립했고, 보건복지학부에는 메디컬 스킨케어, 보건행정, 부동산, 부사관, 산업디자인 등 12개 학과가 있었다. 여기에 시대의 변화에 따라 기전평생교육원, 기전유치원, 기전어린이집, 전주 시외에서 다니는 학생들의 편리를 위한 기숙사를 4층으로 신축해 운영하고 있다.

이러한 업적을 남겼던 조세환 장로는 말년에 모든 기관과 사업을 후학들에게 물려주고, 2002년에는 정부로부터 황조근조훈장을 받았으며, 2004년 80세의 나이로 삶을 마감하였다. 현재 그의 장남 조희국 장로 등이 아버지 조세환 장로의 그 귀한 뜻을 계승해 가고 있다.

47 애국가 가사를 작사했던 윤치호 장로

윤치호(尹致昊, 1865-1945) 장로는 충남 아산에서 윤웅열의 장남으로 출생하였다. 그가 다섯 살 되던 해에 아산에서 한학자로 유명한 장 선생을 모시고 한학을 연마하였다. 아홉 살 되던 해에 서울로 상경해 2년간 당시의 학자로 이름이 널리 알려진 어윤중의 문하생이 되어 새로운 학문을 접하게 되었다. 그 당시에는 머리가 영특하면 과거시험을 보고 관리가 되는 것이 인생의 최고 목표라고 생각하였지만 윤치호의 부친 윤웅열은 아들이 그러한 길을 걷지 않고 새로운 세계를 향해서 갈 수 있도록 인도하였다.

윤치호는 1881년 9월, 제2차 일본 신사유람단원이 되어 조정으로부터 파견을 받고 58명이 일본을 방문하게 되었다. 10일간의 긴 여행이 끝난 후 일본 요코하마에 도착하였다. 이때 윤치호는 난생처음으로 요코하마에서 기차를 타고 도쿄로 향하였다. 그는 필담(筆談)으로 일본 관리에게 물어보았다. "언제 이런 기차가 다녔습니까?" 이때 일본 관리는 하얀 종이에 '1872년'이라고 썼다. 윤치호는 이 글을 보고 깜짝 놀라고 말았다. 윤치호는 17세의 어린 나이였지만 어윤중의 수행원으로 일본에 가게 되었다.

이러한 일본의 모습을 보았던 윤치호는 일본의 근대화가 기독교의 영향에서 이루어진 사실을 발견하고 더 많이 배워야겠다는 생각을 가졌다. 그는 약 2년간 남아서 일본의 근대화가 되었던 과정을 배우고 싶어서 일본 최고의 개화 사상가인 나카무라(中村正直)가 설립한 학교 동인사(同人社, 와세다대학)에 입학하여 중등 과정을 이수하였다.

조선인으로서는 최초로 일본 유학에 오른 이는 유길준이며, 윤치호는 김옥균의 권유에 따라 1883년 1월부터 요코하마에 있는 일본 주재 네덜란드 영사의 협력으로 영어를 배우기 시작하였다. 영어를 습득한 윤치호는 곧 귀국하게 되었다. 일본에서 영어를 배웠던 윤치호는 조선에 초대 미국 공사 푸트가 부임하자 그의 통역관이 되면서 그의 활동 무대는 서서히 확대되어 가고 있었다.

그러나 윤치호는 1884년 12월 4일에 일어났던 갑신정변으로 큰 타격을 받게 되었다. 직접 가담은 하지 않았지만 김옥균과 친분관계로 개화파로 분류되었다. 그 어려운 가운데 푸트 영사의 추천으로 상해에 있는 남감리교 미션학교인 중서서원(中西書院)에 입학하여 중등 과정을 이수하게 되었다. 이러한 관계로 중서서원에서 실시하는 세례를 받게 되었다.

미국 남감리회 소속 교인이 된 윤치호는 선교부의 추천으로 1888년 미국 유학길에 오르게 되었다. 그는 감리교 다락방 본부가 있는 네슈빌에 있는 밴더빌트대학에 입학하면서 조선인으로서는 첫 유학생이 되는 영광도 차지하게 되었다. 이때 언더우드 선교사가 안식년을 맞이하여 미국 네슈빌에서 모이는 미국 세계선교신학생대회에 참석하였는데, 그와 함께 강사로 참여하였다. 이때 미국 남장로교 소속 신학생들이 이 대회에 참가하고 조선 선교사로 나가겠다는 결심을 하게 되었다. 이 일로 미국 남장로교 선교부에서 조선 호남 지방에 선교사를 파송할 수 있는 결정적인 역할을 하였다고 하여, 흔히 언더우드 선교사와 윤치호는 호남 선교의 공로자로 기록하고 있다.

미국 유학생활을 마친 윤치호는 10년 만인 1895년에 귀국하였으며, 그의 실력을 인정한 조정에서는 학무협판(문교부 차관) 등의 관직을 내렸다. 그는 1897년에 서재필, 이상재 등과 함께 독립협회를 주도해 왔었다. 그런데 불행하게도 독립협회는 해산을 해야 하는 운명을 만나고 말았다.

이 무렵 그 유명한 애국가를 작사했던 윤치호를 결코 잊을 수가 없다. 1904년 영국 극동함대 한 척이 제물포에 입항하게 된다. 함대 사령관에게 양국의 애국가를 연주하겠다는 말을 듣고 고종 황제는 당황하였다. 이때 고종 황제는 머리가 영특한 윤치호 외무협판을 불러 즉시 국가(國歌)를 제정해서 부를 수 있도록 협조를 요청하였다. 이때 윤치호는 기도하는 가운데 애국가를 4절까지 작사하였다. 그가 작사한 가사에 스코틀랜드 민요인 '올드 랭 사인'(Auld Lang Syne) 곡을 붙여서 영국 함대가 우리의 첫 애국가를 연주하게 된다. 그가 작사했던 애국가 가사가 1907년 감리교회에서 재작한 찬미가 제14장에 남겨지게 되었다. 그러나 그가 일제 말엽에 친일했다는 이유로 애국가 가사는 작사가 미상으로 처리해 버렸다. 이러한 일은 너무나 안타까운 일이다.

그의 애국적인 운동은 계속되었다. 1905년 을사늑약조약이 체결되자 국권이 상실된 마당에 그냥 앉아 있을 수만은 없다고 판단한 윤치호는 '자강운동'을 조직하고 회장직을 맡아 애국 계몽운동을 전개해 갔다. 바로 이 무렵 미국 남감리교 해외 선교부의 지원을 받고 개성에 한영서원(송도고등보통학교)을 설립하고 교장직을 맡았다. 이러한 역사의식을 갖고 있던 윤치호의 활동을 그냥 묵과할 수 없었던 일제는 105인 사건을 조작하여 윤치호를 주모자로 몰았다. 그는 최고형인 6년형을 받고 결국 3년간 옥살이를 하고 무죄로 출감하였다.

비록 석방은 했지만 윤치호에게는 항상 일제 고등계 형사의 감시가 뒤따르고 있었다. 그는 모든 일은 주님께 맡기고 기독교의 각종 국제 대회 강사로 나서는 등 명사로 알려졌다. 또 1930년 조선남북감리교회 통합 과정에서 전권위원회 부위원장을 맡아 조선기독교감리회 탄생에 큰일을 해내기도 했다.

1881년부터 1943년까지 60년 동안 쓴 그의 일기는 그의 모교인 에모리대학에 기증하였다. 그가 애국가 가사를 작사하였지만 미상으로 남게 된 이유가 있다. 그는 일제 말엽에 일제의 강압에 의해 할 수 없이 일제에 부역을 하게 되었다. 그래서 그를 친일파로 분류하였고 애국가 작사자가 친일파가 되었다면 국민의 감정이 흔들리게 될까 봐 아예 작사 미상으로 남게 된 것이다.

48 10개 교회를 개척한 장애인 김수만 장로

　김수만(1902-1972) 장로는 경상북도 안동시 남후면 광음동에서 출생하였다. 안동은 유교가 일찍이 자리를 잡고 양반들이 사는 곳으로 소문난 지역이었다. 그런데 이러한 지역에서 10개의 교회를 개척한 김수만은 어떠한 인물이었을까? 그는 가난한 가정이었기에 남후초등학교를 졸업하고 얼마 동안 부모를 따라다니면서 농사일을 돕는 것이 그의 일이었다. 그 무렵 초등학교 동창 몇 사람이 일본에 가면 낮에는 공장에서 일을 하고, 저녁에는 야간중학교에 다닐 수 있다고 한 이야기를 어렴풋이 듣고 자신도 일본에 가야겠다는 생각을 갖고 부모에게 그 뜻을 전하였다.
　"아버님, 저도 다른 아이들처럼 일본에 가서 낮에는 공장에 다니고 밤에는 야간중학교에 다니겠습니다."
　이 말에 놀란 그의 아버지는 집에서 키우고 있던 돼지를 팔아 여비를 마련해 주고 일본으로 갈 수 있는 길을 열어 주었다. 그리고 직접 아들 수만을 데리고 부산에 가서 일본으로 가는 관부연락선에 승선하는 것을 보고 그의 아버지는 집으로 돌아오게 되었다. 수만은 아버지의 전송을 받으면서 관부연락선에 몸을 싣고 밤새도록 가는 배에서 몇 번이고 하나님께 기도를 하였다.

"하나님, 저는 아무것도 없습니다. 오직 주님의 권능만 믿고 일본에 가고 있습니다."

이렇게 해서 일본 시모노세키[下關]에 도착하였다. 다시 일본 오사카[大坂]행 열차를 타고 낮이 훨씬 지난 오후 늦은 시간에 오사카에 도착하였다.

친구들이 모여 사는 집에 머물면서 친구들의 오사카 생활에 대한 이야기를 밤이 깊은 줄 모르고 열심히 듣다가 잠이 들고 말았다. 아침이 되자 친구들의 도움을 받으면서 자그마한 방직 공장에서 일하게 되었다. 밤에는 야간중학교에 진학하려고 했지만 일이 너무 힘이 들기 때문에 그만 포기하고 일본인의 조수로 있으면서 일본어를 열심히 습득하였다. 친구들이 얘기했던 대로 야간중학교에 다니려고 했지만 신체적인 한계를 생각해서 그 일은 포기하고 자신에게 맡겨진 일은 성실하게 해나갔다.

큰 꿈을 안고 일본 오사카에 갔던 김수만은 도시에서 공장 생활을 하는 것보다는 차라리 자신이 살던 농촌이 늘 그리웠다. 그는 향수병에 가까울 정도로 고향 산천과 부모님의 얼굴, 함께 주일학교에 다녔던 친구들의 얼굴이 너무나 그리웠다. 그래서 고향에 가기로 하였다. 이렇게 해서 오사카 생활을 접어두고 시모노세키로 가는 기차를 타고 그곳에서 다시 밤에 부산으로 가는 배에 승선하여 부산에 도착하였다. 때마침 미리 연락했던 대로 부모님이 부산항 부두까지 마중나와 계셨다. 부모의 따뜻한 사랑을 받으면서 고향인 남후면 광음리에 도착하였다.

　그는 고향에서 그리 멀지 않은 무릉교회에 다시 출석하면서 신앙생활에 정진하였다. 그래도 일본 오사카에서 2년간 있었던 덕택에 그는 일본어를 잘하게 되었으며, 이 일로 자신의 친구들을 모아 놓고 일본어를 가르칠 수 있는 실력이 있었다. 그를 따르는 많은 친구들에게 복음을 전하면서 무릉교회에는 청소년들이 모여들었다.

　때마침 마을 정미소에서 일을 도와달라고 해서 그 정미소에서 일을 보면서 농사철에는 아버지의 농사일을 돌보기도 하였다. 주일이 되면 정미소 일이나 농사일은 제쳐 놓고 교회 가는 일이 그의 전부였다. 그리고 자전거를 타고 다니면서 믿지 않는 동리에 가서 전도했다. 그런데 불행하게도 그는 자전거에서 떨어지고 말았다. 곧 안동에 있는 성소병원에 입원하였는데, 모든 의사들이 다리를 절단하지 않으면 큰 불행이 온다고 했다. 그는 할 수 없이 한쪽 다리를 절단하게 되었다. 다행히 수술이 잘되어서 얼마 동안 치료를 받고 완쾌되어 집으로 돌아왔다.

　집에 돌아온 김수만은 한쪽 다리가 없어서 여간 불편하지 않았다. 그는 새벽마다 교회에 나가 하나님께 호소하였다. "하나님, 제게 다리를 주옵소서. 다리만 주면 더 열심히 주의 일을 하겠습니다."

　이러한 기도를 하던 중 주님의 음성을 듣고 마을 뒷산에 올라가 구부러진 소나무 가지를 발견하고, 그 소나무 가지로 한쪽 다리를 의지할 수 있도록 만들었다. 이렇게 해서 김수만은 한쪽 다리 대신에 소나무 가지에 의지해 새로운 인생길을 걷게 되었다.

　그런데 김수만에게는 또 하나의 시련이 오고 말았다. 바로 그 무서운 6·25 한국전쟁이었다. 그가 살고 있는 오지 마을까지 인민군이 점령하고 말았다. 인민군들이 전도에 미쳐 있던 김수만을 그냥 놔둘 리가 만무하였다. 결국 김수만도 인민군에게 체포되어 마을에서 인민재판에 회부되었다.

"여러분, 여기 김수만 동무는 예수에 미친 사람입니다. 이러한 사람은 우리 마을에서 처형을 시켜야 합니다."

"군관 동무님, 인민군 시대가 오면 너나 할 것 없이 좋은 세상이 온다는데 저런 병신을 인민재판에 회부하는 일에 반대합니다."

이때 마을 사람들이 이느 노인의 발언에 "옳소" 하면서 소리를 내자 그 인민군은 황급히 도망치고 결국 김수만은 살게 되었다. 이렇게 해서 기적적으로 살아난 김수만은 그냥 있을 수 없어서 인민군이 통치하고 있는 때에도 복음을 전했다. 전쟁이 끝나자 더 열심히 복음을 전하면서 개척 교회를 7개 처(길안, 금소, 신덕, 금곡, 임하, 송사, 묵계)나 세웠다. 그의 헌신적인 전도에 놀란 안동교회에서는 1975년 10월 9일 묵계교회를 개척하고 김수만 장로 기념교회로 하게 되었다.

49 고학으로 한의사 시험에 합격한 윤영철 장로

윤영철(尹泳鐵, 1929-1982) 장로는 전남 해남 우수영에서 윤종현과 문여엽 집사 사이에서 넷째아들로 출생하였다. 그러나 실제로는 장남이 되었다. 첫째, 둘째, 셋째가 모두 다섯 살을 넘기지 못하고 사망하였기에 자연히 윤영철이 장남이 된 셈이다. 미국 남장로교 선교사인 레이놀즈(W. D. Reynolds, 이눌서) 선교사와 드루(Dr. A.D. Drew, 유대모) 선교사가 1894년 3월 인천 강화도에서 출발하여 군산, 전주, 고창, 무안 목포, 해남 우수영을 방문해서 이곳에 복음을 전하게 되었다.

그 후 1897년 배유지(E. Bell)와 하리슨 선교사가 나주에 선교부를 설치하려고 하였지만, 나주 지역 유생들의 강력한 반발로 배유지의 조사인 변창연이 목포 양동 초분(草墳)에 땅을 마련하고 첫 예배를 드렸다. 이것이 목포교회의 출발이 되었다. 1898년 배유지 선교사와 오웬(C.C. Owen, 오원 또는 오기원) 선교사가 함께 목포 선교부를 개설했다. 이 일로 인해 무안, 함평, 진도 등 해변가를 중심으로 교회가 출발하게 되었다. 1902년 배유지(E. Bell) 선교사가 이곳에 복음을 전하면서 우수영교회가 설립되었다.

그런데 윤종현은 아들을 낳기만 하면 사망하고 말았다. 이러한 일이 세 번이나 반복되자 매년 마을 뒷산에 있는 당산에 올라가 산신령에게 수없이 굿도 하고 용하다고 소문난 무술인을 만나 굿도 해 보았다. 하지만 여전히 자녀를 낳기만 하면 이상한 괴질로 사망하고 말았다. 우리 속담에 부모가 돌아가시면 산에 묻지만, 자녀가 죽으면 가슴에 묻는다는 말이 있다. 이러한 일로 윤영철의 부모는 세 명의 자녀를 가슴에 안고 다니니 그들의 가슴이 얼마나 아팠을까 하는 생각이 든다.

바로 이 무렵 해남 우수영에 나타난 배유지 선교사는 서툰 한국어로 "여러분, 예수를 믿으세요. 예수를 믿기만 하면 모든 기도의 내용을 하나님께서 들으시고 다 해결해 주십니다"라고 복음을 전하기 시작했다.

이러한 때에 넷째로 출생한 윤영철이 죽을까 봐 그의 부모는 미신을 그렇게 열심히 섬기던 것을 그만두고 우수영교회에 출석했다. 그 후부터 윤영철은 하나님의 축복으로 잘 자랐다. 이렇게 해서 윤영철은 주일학교도 열심히 출석하고 전도도 열심히 하였다. 얼마 전에 불교계의 '무소유'로 알려진 박재철(법정 스님)에게도 전도하여 그와 함께 주일학교를 다니기도 하였다. 이때 박재철은 예수를 영접하여 예수의 사상을 깊이 간직하였다. 그러나 해방이 되자 목포로 유학을 나와 당시 목포상업중학교에 입학하고, 그 후 목포상과대학에 진학하면서 윤영철 장로와 교분이 끊어지게 되었다. 박재철은 예수의 무소유를 갖고 윤영철과 헤어지면서 불교로 전향해 버렸다.

윤영철은 예수 믿고 낳은 아들이었고, 일찍이 한문서당에 다니면서 《천자문》은 말할 것도 없고 《사서오경》까지 줄줄 외울 정도로 천재적인 두뇌를 갖고 있었다. 우수영초등학교를 졸업했던 윤영철은 기도하던 중 많은 사람들에게 의료 해택을 주고자 약종판매업을 하기 위해서 시험을 치렀는데 무난하게 합격하게 되었다. 얼마 동안 우수영에서 약종판매업을 하다가 목포로 진출하여 목포 양동교회에 출석하였다. 그는 제중원을 드나드는 많은 사람을 보고 한의사가 되어야겠다는 생각을 하고 한자로 된 《동의보감》을 통독하고 한의사 시험에 임하였다. 그런데 뜻하지 않게 합격통지서를 받고 순천으로 자리를 옮겨 순천에서 순천 제중한의원을 개업하였다.

그는 순천 제일교회에 등록하고 온 식구가 함께 교회생활을 하였다. 윤영철 원장의 신앙에 감동된 많은 교인들이 그에게 장로의 일을 할 수 있도록 성원해 주어 30대에 장로가 되었다. 이 일로 남선교회 전국연합회 제10회(통산 26회) 정기총회에서 제10대 회장으로 선임되었다. 윤영철 장로는 순천 지방 교계는 물론 일반 사회에서도 실력을 인정받게 되었다. 때마침 이광선 목사가 운영하는 고아원인 순천성신원을 인수받고 제중고아원으로 명칭을 변경하였다. 이러한 관계로 자연히 제중한의원에서 얻은 이익은 제중고아원에 모두 투자하였다. 한때 200여 명이 넘을 정도로 고아들이 모여들었으며, 고아들은 그를 아버지라고 불렀다.

이러한 사실을 알았던 순천시에서는 그에게 순천시 개발위원회 위원장직을 맡겨 순천을 새롭게 만들도록 일할 수 있는 기회를 주기도 하였다. 순천에 전남혈액원이 자리를 잡고 잘 운영되고 있는데, 전남 도청이 있는 광주로 이전한다는 소식을 접했던 윤영철 장로는 광주로 이전하는 것을 반대하기 위해서 호남고속도로를 달리다가 결국 1982년 교통사고로 삶을 마감하고 말았다.

윤영철 장로가 사망했다는 소식을 접한 순천에서는 장례식을 두 번이나 거행했다. 첫 번째 장례식은 순천노회 노회장을 역임했기 때문에 순천노회 노회장(老會葬)으로 거행하였으며, 두 번째 장례식은 순천시 개발위원회 위원장직을 맡고 있었기에 순천시 시민장(市民葬)으로 거행하였다. 그는 비록 갔지만 그의 기독교적인 정신은 지금도 계속 살아 움직이고 있다.

윤영철 장로는 하나님의 백성으로서 모든 재산과 삶을 순천 시민을 위해서 남기고 갔다. 그가 운영했던 제중고아원이 모체가 되어 현재는 순천사회복지관으로 개편하고, 어린이부터 시작해서 노인에 이르기까지 복지 사회의 좋은 모델을 제시하고 있다. 제중고아원에서 자라난 고아들이 이제는 모두 성장하여 각계각층에서 하나님의 자녀로 열심히 일하고 있다. 현재 순천사회복지관은 셋째 아들인 윤동성 안수집사(순천제일교회)가 맡아 수고하고 있다.

50 부산 지방의 거목이었던 양성봉 장로

　양성봉(梁聖奉, 1900-1963)은 부산의 모태 신앙 가정에서 5녀 1남의 독자로 출생하였다. 부모의 간절한 기도 끝에 얻은 아들인지라 그가 태어났다는 소식에 초량교회 모든 교인들이 함께 기뻐하며 축하해 주었다고 한다. 유아세례를 받았던 양성봉은 그의 부모가 이미 하나님의 지혜로 잘 키우겠다고 약속한 자녀였다. 그는 신동이라고 할 정도로 영리하였다고 한다. 취학할 나이가 되자 부산에서 최초로 설립되었던 부산진초등학교에 입학하였으며, 6년간 한 번도 결석하지 않고 모범생으로 졸업하였다.

　그가 성장한 지 얼마 안 되어 한일병탄이라는 슬픈 역사가 일어났다. 이 일로 일본인들이 부산에 대거 진출하면서 자신들의 자녀들만을 교육시키겠다는 뜻을 갖고 부산상업학교를 설립하였다. 이때 보통 실력으로 입학할 수 없었지만 양성봉은 머리가 영특하여 그 많은 일본인들을 제치고 당당하게 부산상업학교에 입학하였다.

　하나밖에 없는 아들을 신앙으로 잘 키우겠다는 뜻을 갖고 초량교회에 나가 새벽마다 기도했던 그의 부모의 바람이 하나씩 이루어져 가고 있었다. 이렇게 해서 매년 농한기에 호주 장로교 선교부에서 운영하는 달(月)성경학교에 입학하고 부모와 함께 다니기도 하였다. 그렇게 3년간의 전 과정을 이수하고 졸업한 양성봉은 성경암송대회가 열리면 우승은 항상 그의 몫이었다고 한다.

그는 청년면려회(CE) 운동에 앞장섰으며, 경남 지방 청년면려회에서 주관하는 웅변대회나 성경암송대회에서 항상 1등을 독차지할 정도로 열심이었다. 특별히 경남 청년면려회 연합회에서는 매년 겨울 방학을 이용하여 여러 지방(진주, 거창, 통영, 마산, 함안, 의령, 합천)을 순회하면서 웅변대회와 성경암송대회를 개최하는 일에 힘을 기울였다. 여기에 찬양대를 조직하여 순회 공연도 했는데 그는 언제나 찬양대 대장으로 활동하였다.

1931년 일제가 뜻하지 않게 만주 사변을 일으키고 중국 3성(요령 성, 길림 성, 흑룡강 성)을 만주국으로 만들고 일제에 충성을 강요하는 교육을 시키기도 하였다. 다시 1937년 7월 7일 중일전쟁을 일으켰던 일제는 군국주의 국가로 만들기 위해서 조선 청년들에게는 물론, 한국 교계로 하여금 일본의 정신이 담긴 신사참배를 결의하고 그 정신을 청년들에게까지 전파하고 나섰다.

이때 양성봉은 신사참배(神社參拜)는 우상을 섬기는 일이기 때문에 반대 운동을 전개하였다. 그 후 부모의 권유를 받고 시골에 가서 농토를 일구면서 농촌운동을 전개하였다. 그는 신사참배는 하나님을 모독하고 일본 신을 찬양하는 일이라면서 계몽운동을 전개하였다. 그렇게 열심히 신사참배 반대운동을 하고 다니던 중 뜻하지 않고 8·15 해방을 만나게 되었다.

그런데 그렇게 민족해방을 부르짖었던 그 일은 이루어졌지만 남북분단의 아픔을 겪게 되었다. 이때 양성봉은 통일된 조국을 달라고 외쳤지만 이미 강대국 사이에서 이루어진 일을 해결하는 방법은 기도밖에 없다고 생각하고 매일 초량교회에 나가 기도하였다. 미군이 점령한 군정이 지나고 1948년 8월 15일 대한민국이 출범하면서 양성봉은 부산시장으로 임명을 받고 부산 시민을 위해서 열심히 일하였다. 다시 강원도지사로 임명을 받고 이미 농촌운동의 경험을 토대로 농촌운동에 앞장을 섰다. 특별히 강원도는 다른 지역에 비해 너무나 재정이 어려운 지역이 되어서 농촌 잘살기운동을 전개하였고, 점차 농촌의 사정이 달라지기 시작하였다.

그는 언제든지 지방을 가다가도 주일이 되면 꼭 교회에 가서 예배를 드렸다. 그러한 경험이 농촌생활을 파악하는 데 큰 힘이 되었다. 정부로부터 인정을 받았던 양성봉은 충남지사로 임명을 받아 선정을 베풀었다. 여기서 인정을 받자 고향인 경남지사로 임명을 받고 고향에 오게 되었다. 이때 초량교회뿐만 아니라 부산 교계가 그를 극진하게 환영해 주었으며, 교회들이 앞장서서 그가 선정을 베풀도록 협조하였다.

그런데 뜻하지 않는 6·25 한국전쟁으로 부산을 중심으로 수많은 피난민들이 모여들기 시작하였다. 이 일로 그는 더욱 바빠지기 시작하였다. 몰려든 피난민들의 양식이 문제였다. 때마침 미군들의 협조와 미국의 구호단체들의 협력으로 많은 양식이 부산에 도착하자 신, 불신자를 가리지 않고 양식을 잘 공급해 주어서 다 함께 살아갈 수 있도록 하였다.

부산 중앙교회에서 모이는 연합기도회에도 한 번도 빠지지 않고 맨 앞자리에 앉아서 하루 빨리 전쟁이 끝나기를 간절히 기도하는 일이 그의 일과가 되었다. 그렇게 열심히 기도하였지만 전쟁은 끊나지 않고 1·4 후퇴로 수많은 이들이 부산으로 몰려오고 있었다. 이 일로 부산은 주택이 부족하자 할 수 없이 부산 초량 뒷산에 구봉산 언덕보다 더 높은 곳에 있는 빈 땅, 소위 '하꼬방'(판잣집)이 등장하면서 여기저기 움막집들이 생겨나게 되었다. 여기에서 피난민 교인들이 예배를 드릴 수 있도록 천막 치는 일에도 열심히 협력하였다.

그의 신앙은 그 누구도 따라갈 수 없을 정도로 열심이었다. 초량교회를 신축할 때 자신의 개인집을 처분하여 당시 1천만 환을 헌금했다. 여기서 양성봉 장로의 삶을 읽을 수 있다. 당시 부산 지방에서는 양성봉 장로를 가리켜 '살아 있는 부산 사람이요, 활기찬 그리스도인이며 이 민족의 고난에 동참한 장로'라고 하였다. 그는 비록 하늘나라에 갔지만 외아들인 장남 양원탁 장로가 그의 신앙의 유산을 받아 초량교회를 지키고 있으며, 자부 주명희 권사, 그리고 손자 은민, 손녀 애열과 희열이가 있다.

51 평북 용천의 작은 그리스도라고 불렸던 정성초 장로

정성초(鄭成初, 1892-1950) 장로는 평안북도 용천군 양광면 용계동에서 정상옥과 김효학 사이에서 2남 3녀 중 장남으로 출생하였다. 그는 머리가 영특하여 그의 부모는 그를 용천에서 그리 멀지 않은 의주에 있는 의주향교(義州鄕校)에 유학을 보냈다. 향교에서 한학을 열심히 공부하던 중 《논어》와 《사서삼경》을 배웠다. 그리하여 자연히 중국어도 통달하여 중국 단동을 넘어 다니면서 자유롭게 중국어를 구사할 만큼 그의 영역이 확대되었다.

일제의 침략으로 일본인들이 새로운 도시를 형성해야 한다면서 의주에서 신의주로 모든 중심을 옮기자, 자연히 신의주는 새로운 일본인들이 전 지역에 발을 붙이고 있었다. 이 일로 인하여 이들은 토지를 측량한다면서 자신의 토지를 신고하라는 명령이 의주에 사는 주민들에게 전해졌다. 그런데 토지를 신고하게 되면 일본인의 소유가 된다는 거짓말에 속아서 대다수의 사람들이 토지 신고를 하지 않았다. 이 일로 신고하지 않았던 토지는 모두 일본인들이 강제로 빼앗아 갔다. 이 일로 정성초 부친 정상옥은 토지를 모두 빼앗기고 말았다.

이 지역에 기독교가 전파되기는 1890년 마포삼열(S. Moffet) 선교사가 평양을 거점으로 삼고 동서남북을 이어서 선교하자 자연히 의주 지방과 용천 지방에도 기독교가 서서히 전해지게 되었다. 이때 미국 북장로교 선교사들이 드나들면서 복음을 전하여 용천읍장로교회가 설립되었다. 여기에 신자들이 생겨나자 정상옥이 예수를 영접하면서 서양문화를 접하려면 미션학교를 설립해야 한다는 여론이 일어났다. 이때 이 지역의 부호 중 한 사람이었던 이윤일이라는 사람이 대지를 내놓았다. 이렇게 해서 미국 북장로교 선교부의 도움으로 광화학교가 설립되었으며, 이 무렵 교회 대지는 장성초의 부친인 정상옥이 내놓았다.

이 일로 인하여 용천군 양광에 새로운 기독교 문화가 정착되자 자연히 정성초는 광화학교에 입학하면서 새로운 기독교 문화를 접하게 되었다. 야학운동을 통하여 여성들에게 한글을 배울 수 있는 좋은 기회가 이루어지기 시작했다. 정성초는 광화학교를 졸업하였기에 이 지역 야학학교가 문을 열면서 야학학교의 교사가 되면서 민족운동의 필요성을 역설하였다.

이 지역 출신인 김병조 장로가 민족독립운동의 33인 중의 한 사람이 되었다. 때마침 정성초는 김병조 장로의 애국적인 행동에 감화를 받고 그를 협력하면서 민족운동에 가담하게 되었다. 이 무렵 비록 독립은 되지 못하였지만 일부 애국지사들이 상해로 망명하면서 임시정부를 수립하자 자연히 이 운동에는 국내에서 활동하는 젊은 청년들이 필요하였다.

바로 이 일에 정성초는 김병조 장로와 접촉하면서 얼마의 독립자금을 전했던 일이 있었다. 그러나 이 일로 일제는 그의 행동을 유심히 살피던 중 체포령이 내려지고 말았다. 그는 그냥 있을 수가 없어서 용천에서 그리 멀지 않는 백마라는 곳에서 은둔생활을 하면서 오직 기도로 날마다 주님께 영광을 돌렸다.

그 후 8·15 해방을 맞이하자 그 길로 고향에 돌아가 광화교회를 재건하고 다시 아버지가 설립했던 교회를 열심히 봉사하였다. 그런데 뜻하지 않게 북한은 소련군이 진주하면서 교회를 탄압하기 시작하였다. 이러한 기미를 알았던 용천 출신들은 소련군이 진주하고 있는 신의주로 진격을 가했다. 그는 이 일에 가담하였다 하여 소련군에게 체포되어 얼마 동안 신의주 내무서에 수감되었다. 다행히 석방이 되어 고향에 돌아올 수 있게 되었다.

때마침 일제에 의해 해산되었던 용천노회가 재건되었으며, 용천노회가 개회되었을 때 광화교회 당회장인 김세홍 목사는 장로 가택청원을 제출하여 노회에서 심의한 후 장로 1인을 선출할 수 있도록 허락하였다. 이 일로 인하여 정성초는 1948년 장로로 장립을 받고 광화교회 장로로서 최선을 다하면서 교회를 섬겼다. 뜻하지 않게 6·25 한국전쟁을 일으킨 북한 당국은 곧바로 김세홍 목사를 연행해 갔다. 이러한 소식을 접한 광화교회 교인들은 곧바로 정성초 장로에게 피난을 갈 것을 권유하였다.

"목사님이 체포되어 갔는데 이 교회는 제가 지키겠습니다."

결국 정성초 장로는 그 무서운 6·25 한국전쟁 속에서도 남으로 피난을 가지 않고 교회를 기도로 지키고 있었다. 9·28 수복이 이루어지자 곧 북한도 유엔군과 국군이 점령을 하게 되면 신앙의 자유를 누릴 수 있다는 생각으로 교회를 지키고 있었다. 그런데 이 무렵 북한 인민군이 용천 지방을 포기하고 도망갈 무렵 정성초 장로는 인민군에게 체포되어 용천 내무서에서 얼마 동안 수감되었다. 이때 인민군이나 내무서원들은 몇 번이고 정성초 장로에게 자신들의 일에 협력해 달라고 요구하였지만 그는 순교의 길을 택하고 말았다.

그가 마지막 처형을 당할 때 유명한 말을 남겼다고 한다. 바로 그 내용은 예수님께서 십자가에 못 박혀 돌아가실 때 남긴 말이었다. 그는 "저들의 죄를 용서하여 주시옵소서"라고 큰소리로 세 번 외치고 하나님 나라로 갔다고 한다.

52 한국전쟁 시 영락교회를 지키다 순교한 김응락 장로

김응락(金應洛, 1906-1950) 장로는 평안북도 의주군 고관에서 출생하였다. 비교적 윤택한 가정에서 출생한 김응락은 성품이 좋았으며, 다른 친구들과 잘 어울리며 자랐다. 그는 양시초등학교에 입학해서도 많은 친구를 사귀면서 학교생활을 하였다. 하루는 같은 반에 다니던 친구가 성탄절이 가까워지자 그에게 가까이 접근하여 12월 25일 예수 오신 날인 성탄절에 연극이 있으니 같이 출연하자는 제의를 받고 용천 덕흥교회 주일학교에 다니게 되었다. 이때 친구는 예수의 역을 맡았으며, 김응락은 예수를 3번이나 모른다고 부인했던 베드로 역을 맡아 성극을 준비하고 있었다.

김응락은 그렇게 성탄절 연극을 시작으로 열심히 교회를 다녔다. 이렇게 해서 용천 덕흥교회에서 세례를 받고 19세 되던 해에 서리집사로 임명을 받았다. 이후 그는 신의주로 나가 상업에 손을 대기 시작하였다. 이 일로 자연히 신의주 제일교회에 출석하면서 12년간 봉사하였다. 원래 수리에 밝아 사업을 찾던 중 포목상에 손을 대기 시작하였다. 중국 단둥을 통해서 수입해 온 비단은 그에게 좋은 일감이 되었다. 이렇게 해서 포목상 겸 비단 장사를 하면서 재산을 모으기 시작했고, 10의 1일은 하나님의 몫이라는 것을 알았기에 아낌없이 헌금하였다.

신의주 제일교회 교인들이 중심이 되어 일신학교를 설립하는 기성회가 조직되자, 자신의 재산 일부를 학교 설립 기금으로 아낌없이 헌납하였다. 이때 김응락 집사에 대한 신앙심을 알았기에 신의주 제일교회뿐만 아니라 신의주에서 그의 포목상은 문전성시를 이루었다고 한다. 그럴 때마다 일신학교에 투자한 김응락 집사는 어려운 학생이라도 생기면 장학금으로 지급할 수 있도록 많은 재산을 내놓기도 하였다.

그 후 그는 포목상을 위해서 서울에 가끔 출장을 오게 되었다. 혹시 주일에 서울에서 머물게 되면 종로구 안국동에 있는 안동교회에 출석하면서 신앙을 지켜가고 있었다. 이것이 인연이 되어 신의주 사업체인 포목상을 정리하고 남대문에 포목상 가게를 내게 되었다. 원래 시골에서 상경하는 소매인들은 꼭 주일을 택해서 상경하였지만, 그는 주일에는 포목상의 가게문을 굳게 닫고 안동교회에 출석하였다.

그의 신앙심에 놀란 안동교회에서는 장로를 선출할 때, 그가 비록 평안도 출신이었지만, 그의 신앙심을 보고 장로가 될 수 있도록 표를 밀어 주어 안동교회 장로로 시무하게 되었다. 원래 안동교회는 서울 토박이들이 모인 교회로서 이북 출신은 도저히 발을 붙일 수 없는 교회였다. 하지만 그의 믿음을 보고 그를 안동교회 장로로 시무하도록 했다.

그런데 해방과 함께 미국과 소련의 양대 군인들이 한반도를 분할 통치하자 이북에서 신앙의 자유를 얻기 위해서 월남하는 이들이 해가 갈수록 많아지기 시작하였다. 그런데 이러한 와중에 신의주 제2교회에서 시무했던 한경직 목사가 서울 중구 저동 영락정에서 모여 서울 베다니교회를 설립했다는 말을 듣게 되었다. 그는 곧 안동교회를 떠나 서울 베다니교회에 출석하였다. 그런데 여기서 뜻하지 않게 신의주 제일교회 윤하영 목사도 만나자 자연히 친분이 있는 베다니교회로 이명을 하고, 한경직 목사가 개척하고 고향인 평안도 사람들이 많이 모이는 교회에 출석하게 되었다.

이 무렵 베다니교회는 마을의 명칭을 따서 하라는 경기노회의 결의에 따라 서울 영락교회라는 이름을 갖게 되었다. 원래 영락교회는 일본 천도교 경성교구 본부의 건물에서 교회를 시작하게 되었는데, 이 건물에서 조선신학교 여학생부가 교육을 받았다.

53 신안군 진리교회에서 어머니와 함께 순교한 이판일 장로

　이판일(李判一, 1898-1950) 장로는 전남 신안군 임자면 진리에서 이화국의 자녀로 출생하였다. 이판일은 1911년 같은 면에 살고 있는 임소애와 결혼하였다. 부인은 이판일보다 두 살 위였다. 이판일은 날마다 행복하다고 느끼면서 살아가고 있었다. 그러나 이판일은 친구들의 꾀임에 빠져 날마다 술로 세월을 보내면서 가정에 불행한 일들이 연속적으로 일어나고 있었다.

　1931년 문준경(文俊卿) 전도사에 의해 진리교회가 설립되었다. 문준경 전도사는 진리마을에서 살고 있는 정태성 씨의 방 한 칸을 세를 얻어 기도회로 모였고, 이것이 교회가 되었다. 이때 이판일의 어린 자녀들은 아버지에게 전도를 하였다.

　"아버지, 교회에 나가세요. 교회에 가기만 하면 술과 담배는 끊을 수 있습니다."

　이 말에 아내도 그를 다그치면서 "여보, 다음 주라도 당장 나갑시다"라고 했다. 이렇게 해서 이판일은 그렇게 좋아하던 담뱃대를 두 동강이 내어 아궁이에 던져 버렸고, 아예 술을 끊고 새사람이 되었다. 이 기적 같은 일을 전해 들은 마을 사람들은 이판일의 행동에 놀라 진리교회에 출석하게 되었다. 이때 교회를 담임하고 있던 양석봉 전도사는 새벽마다 이판일과 그의 가족을 위해서 열심히 기도하였다.

새로운 변화를 갖게 된 이판일은 예수 믿는 일이 너무나 좋았고 동생인 이판성도 예수를 믿고 새사람이 되었다. 때마침 신안군에 속한 여러 섬을 순회하며 세례식을 베푼다는 소식을 들었던 진리교회 교인들은 더 열심히 기도하면서 세례 받을 준비를 하고 있었다. 당시 신안군의 성결교회 당회장은 목포 북교동에 있는 목포 북교동교회의 이성봉 목사였다.

이렇게 해서 이성봉 목사의 집례로 이판일과 이판동 형제가 나란히 앉아 세례를 받는 큰 축복을 받게 되었다. 세례를 받았던 두 형제는 진리교회의 기둥이 되었으며, 교회 일이라면 발벗고 앞장을 서기도 하였다. 가령 교회를 신축할 때 자신의 재산 일부를 내어놓고 건축을 하였으며, 추수감사절이라도 돌아오면 아예 동네 잔치를 베풀어 예수의 사랑을 몸소 실천했다. 이러한 일들이 한두 가지가 아니었다. 당시는 전임 교역자가 없던 시절이라 교역지가 자리를 비우는 경우에도 그는 흔들림 없는 신앙으로 교회를 지키며 예배를 드렸다고 한다. 그리하여 이판일은 진리교회가 장로를 선출할 때 가장 표를 많이 받고 장로로 선출되었다.

그런데 일제가 신사참배를 강요하자 이판일 장로에게는 고난의 길이 시작되었다. 하루는 임자도 파출소에서 나왔던 일본 경찰관이 통지서를 하나 가지고 왔다. 그는 통지서만 던져 주고 바로 갔다. 이때 이판일은 이상한 예감이 들어 그 통지서를 개봉해 보았더니, 앞으로 예배를 드리기 전에 일본 천황(天皇)이 살고 있는 동경(東京) 쪽을 바라보고 인사한 후에 예배를 드리라는 내용이었다. 이판일 장로는 동경 쪽을 바라보고 인사를 하라는 것은 우상에게 절하라는 뜻으로 알고 그 통지서를 부엌의 뜨거운 불길 속에 던져 살라버렸다. 얼마 후에는 예배 시간에 직접 경찰관이 긴 칼을 차고 신발을 신은 채 교회당에 진입하였다.

"경찰관 아저씨, 이곳은 하나님이 계신 신성한 교회당입니다. 신발을 빗으세요."

"뭐라고요? 신발을 벗으라고요?"

얼마간 신경전을 벌이다가 일본 경찰은 고개를 숙인 채 파출소로 돌아가고, 이판일 장로는 예배 시간이 되었기에 강단에 등단하여 예배를 인도하였다. 예배가 거의 끝날 무렵 다시 경찰관이 진리교회에 나타났다.

"내일 암태 파출소로 출두하시오. 왜 출두해야 하는지는 이 봉투 안에 담겨 있습니다."

이때 경찰관은 그 봉투를 주고는 쏜살같이 교회 마당을 빠져나가 버렸다. 이판일 장로는 교회당에서 얼마 동안 기도를 하고는 파출소로 향하였다. 이들은 신사참배를 거절했다는 이유로 이판일 장로를 끌고 목포 경찰서로 연행해 갔다. 이판일은 경찰서에 들어가자마자 "할렐루야"를 외쳤다. 그러자 일본경찰은 소리를 지르면서 할렐루야가 무슨 뜻이냐고 물었다. 이판일은 하나님께 인사를 하는 것이라고 대답했다. 이판일 장로는 모진 고문과 조사를 받을 때마다 '고대가(苦待歌)를 불렀다.

> ♪ 낮에나 밤에나 눈물 머금고
> 내 주님 오시기만 고대합니다.
> 가실 때 다시 오마 하신 예수님
> 오 주여 언제나 오시렵니까.

이판일 장로의 열정에 감동된 경찰관들은 뭐라고 숙덕거리더니, 바로 석방하라고 했다. 그 말의 내용을 알아차렸던 이판일 장로는 더 큰소리로 고대가를 불러댔다. 이들은 이판일이 약간 머리가 돌았다는 결론은 내리고 그를 석방시켜 버렸다. 이판일 장로가 돌아온 지 얼마 안 되어 일본은 망하고 말았다. 그러자 이판일 장로는 동리에 돌아다니면서 "조선이 해방이 됐습니다"라고 외치면서, 일본 사람들을 자신의 고향으로 잘 돌아갈 수 있도록 협력해 주어야 한다고 사람들을 설득하고 나섰다. 이 일로 진리교회는 갑자기 부흥되기 시작하였다.

그런데 뜻하지 않게 6·25 한국전쟁이 일어나자 다시 임자도는 공산군이 점령하게 되었다. 바로 이들은 진리교회를 인민위원회 사무실로 징발하고 말았다. 일제 강점기 때는 경방단(警放團)으로 징발을 당했던 일도 있었다. 할 수 없이 교회당을 빼앗긴 이판일 장로는 자신의 집에서 예배를 드리게 되었다. 어느 날 인민군이 이판일 장로를 연행해서 목포 내무서에 구속을 시키고 말았다. 이미 암태에서는 이판일 장로의 지도력을 알았기에 그를 설득해서 인민위원회에서 함께 일하자고 요청하였다. "아니, 저더러 인민위원회에 와서 일을 해달라고요? 하나님이 없다고 하는 공산주의 세계에서는 일할 수 없습니다."

그의 신앙에 놀란 어느 인민군의 도움으로 석방되어 그는 다시 암태에 돌아오게 되었다. 이미 서울은 수복이 되고 목포도 수복이 되었지만, 도서 지방은 계속 인민위원회 사람들이 붉은 완장을 차고 돌아다니면서 교인들을 색출하기 시작하였다. 이때 진리교회에 다니는 많은 성도들도 함께 체포되어 가게 되었다.

인민군은 해변기에 구덩이를 파고 체포한 암태 주민들을 생매장 했다. 이때 이판일 장로와 진리교회 교인들은 인민위원들을 저주하지 않고 "하나님, 저들의 죄를 사하여 주시고 저들도 다 하나님의 백성이고 대한민국의 백성들입니다"라고 기도했다. 이때 이판일 장로와 그의 가족을 포함한 진리교회 교인들 48명이 장렬히 순교를 당하였다.

국군 수복 후 고향으로 돌아온 그의 장남 이인재는 13명의 가족을 포함한 48명의 순교자를 낸 그곳 대기리에 아버지가 경작하던 땅 1천여 평을 팔아 교회당을 세우고, 이후 신학을 공부하여 주로 고향에서 목회하였다.

54 영광 염산교회에서 부인과 함께 순교한
허상 장로

허상(許詳, 1878-1950) 장로는 전남 광주에서 출생하였다. 예수 믿기 전에는 술주정꾼으로 광주에서 소문난 사람이었다고 한다. 하도 술을 많이 마셨기에 그만 주독이 들려 코가 딸기코로 변해 버렸다. 하루는 동생인 허화준(許華俊)이 평양에 있는 장로회신학교를 졸업하고 목사가 된다는 소리를 들었다.

"아니, 내 동생이 목사(牧使)가 된다고? 그럼 나주(羅州) 목사가 되어 온단 말인가!"

동생이 고급 관리가 된 줄 알고 그 길로 교회에 다니기 시작했는데 그때 그의 나이 39세였다. 그런데 동생을 위해 예수를 믿어 준 것이 결국 신앙의 길을 걷게 되어 술, 담배를 끊고 광주 양림교회 집사가 되었다. 이 일로 그는 겨울 농한기가 되면 광주 오원기념각에서 개최되는 달성경학교에 해마다 참가하여 3학년 과정을 이수하게 되었다.

이때 전남노회에서는 그의 열심 있는 신앙심에 놀라 그를 전도사로 초빙하였다. 그리하여 1936년 57세의 나이에 하나님의 은혜로 전남 영광군 군남면 군남교회 전도사로 초빙되어 사역하였다. 농촌에서는 농한기가 되기만 하면 가을 내내 힘써 추수했던 쌀가마니를 내어놓고 노름으로 패가망신하는 농가가 한둘이 아니었다. 이들은 일본인들이 만들어 놓은 화투 놀이에 빠져 아편 중독이 된 것처럼 빈손으로 화투방을 나와야 했다.

이러한 농촌의 실정을 깊이 파악한 허상 전도사는 군남교회에서만 사역을 한 것이 아니라 광주 선교부의 원조를 얻어 옥실리교회를 개척하였으며, 다시 염산교회도 개척하였다. 그가 강대상에 서기만 하면 불을 쏟아내는 듯한 느낌을 받게 하고 많은 사람들이 은혜를 받고 교회에 모여들었다. 어느덧 그가 시무했던 염산교회도 크게 부흥이 되어 자신이 사역하던 염산교회의 사역을 전도사의 신분으로 유지할 수 없어서, 영산포교회에서 목회하고 있던 김방호 목사를 초빙하고 자신은 그 교회의 장로가 되었다.

염산교회는 실력 있는 목사가 목회를 하자 자연히 사람들이 모여들어 200여 명이 모이는 교회로 부흥 성장하였다. 더 많이 1950년에는 정월을 맞이하여 사경회를 개최할 때 애양원교회에서 시무하는 손양원 목사를 강사로 청빙하였다. 이 일로 염산교회는 영광군 내에서 몇 째 안 가는 교회로 성장하였다.

그런데 뜻하지 않게 6·25 한국전쟁이 일어나고 말았다. 북한에서 해안을 따라 남하한 인민군과 그 지역 좌익세력들이 합세하여 염산교회를 압박하고 나섰다. 이때 많은 사람들이 남으로 피난을 가고 있었지만 허상 장로 부부는 김방호 목사 가족과 함께 염산교회를 지키고 있었다. 그런데 어느 날 인민군이 염산교회를 점령하면서 목사 사택까지 비워 주어야 하는 일이 발생하였다. 이때 김방호 목사의 가족은 옥실리에 살고 있는 장병태 신도 집으로 피난을 갔으며, 허상 장로 부부는 자신의 집에 머물면서 매일 기도로 나날을 보내고 있었다.

인민군들은 목사 사택과 교회를 염산면 인민위원회 사무실로 징발하고 말았으며, 이때 인민군은 장병태 신도 집에 있는 김방호 목사를 체포하였다. 자녀들은 아버지 목사를 처형하라는 말에 무릎을 꿇고 하나님께 기도하고 있었다.

이때 김방호 목사의 가족 피신처를 제공했다는 죄목으로 장병태를 끌고 가서 처형을 시키려고 할 때 장병태는 "하나님, 참으로 감사합니다. 저에게 순교의 길을 주신 것은 너무나 큰 하나님의 축복입니다"라고 기도했다. 이러한 기도 내용을 들은 인민군들은 저런 사람을 죽이는 것은 우리들의 수치라면서 그를 풀어 주고, 그 대신 김방호 목사와 그의 가족들 모두 살해했다. 이미 그의 장남 김흌 교사는 목포사범학교 교사로 재직하다가 목포에서 처형을 당하였으며, 둘째 아들인 김익 전도사는 신안군 비금 덕산교회로 피신해서 죽음을 면하였다.

인민군들은 허상 장로 부부와 나머지 염산교회 교인들은 염산 뚝방에 모아 놓고 손목을 두 줄로 묶은 후에 모두 물속으로 밀어 넣어 버렸다. 이때 많은 사람들이 한목소리로 "내 주를 가까이하게 함은 십자가 짐 같은 고생이나" 하고 찬송을 부르면서 순교를 당하였다. 이렇게 해서 허상 장로와 부인 이순심(李順心) 집사를 비롯해 염산교회 교인 77명이 순교를 당하는 역사를 남겼다.

1951년 2월 24일 교인의 3분의 2가 순교를 당한 염산교회의 살아남은 성도들은 다시 모여서 땅 속 항아리에 숨겨놓은 성경책과 마루광 항아리에 숨겨둔 찬송가를 꺼내어 새롭게 교회를 세워나갔다.

9·28 수복으로 국군과 유엔군이 영광군에도 상륙하였지만 영광군은 10월에 겨우 수복이 되었다. 염산교회를 이끌고 갈 교역자가 없던 때에 뜻하지 않게 비금 덕산교회에서 살아남은 김익 전도사(김방호 목사의 둘째 아들)가 부임하여 슬픔을 안고 있는 좌익과 우익의 가정을 방문하면서 서로 용서하고 살자며 외치고 다녔다. 어느덧 염산교회에는 교인들이 하나둘 모여들기 시작하였다. 이때 김익 전도사는 원수들까지 용서해 주는 하나님의 은혜에 너무 감사하여 눈물을 많이 흘리고 다니다가 그만 눈병으로 더이상 목회를 못하고 염산교회를 떠나 영산포읍에서 얼마 동안 요양을 하다가 삶을 마감하고 말았다. 이후 김익 전도사의 하나밖에 없는 아들인 김용성이 목사가 되어 담양 지방에서 목회를 하고 있다.

염산교회에서는 77명의 순교자들의 피를 헛되지 않게 하기 위해서 순교자의 기념교회로 모든 자료를 정리해 놓았다. 그 옆에 있는 야월교회도 65명이 순교하였다. 염산교회나 야월교회를 방문하면 많은 은혜를 받고, 또 남북이 서로 용서하면서 하나가 되자는 내용들이 남아 있어서 순례자들의 발걸음을 멈추게 하고 마음을 뜨겁게 한다.

55 농민운동에 앞장선 김규흥 장로

김규흥(金奎興, 1894-1950) 장로는 경기도 시흥군 군자면 죽률리에서 김경환의 장남으로 출생해 일찍이 고향에서 영신보통학교를 졸업했다. 그의 아버지가 알지 못하는 병으로 고생을 하자 동리에서 영험하다는 무당들을 불러다가 굿을 하였지만 아무 효험을 얻지 못하였다. 때마침 구자교회에 다니는 친구들이 와서 예배를 드렸는데 병세가 점점 좋아지자 이때 온 가족이 예수를 믿게 되었다. 이렇게 해서 김규흥은 신앙을 갖고 서울에 있는 배재학당에 진학하게 되었다.

그러나 불행하게도 김규흥이 19세 되던 해에 아버지는 사망하고 말았다. 아버지의 장례를 다 마친 후에 문중에서 문제가 일어나고 말았다. 원래 김규흥은 종가 집안이었기에 장례를 유교식으로 진행해야 하는데 기독교식으로 한 것이 문중 어른들의 심기를 불편하게 하였다. 그래서 다음부터는 기독교식으로 하지 말고 유교식으로 제사를 지내야 한다는 말로 장시간 토론이 이어졌다. 이러한 내용을 듣고 있던 김규흥은 벌떡 일어나서 "우리 아버지는 예수님이 계신 천국으로 편안히 가 계십니다"라고 했다. 이 말에 화가 난 문중 어른들은 김규흥을 크게 나무랐다. 그러자 소식을 접한 군자교회에서도 그냥 있을 수가 없어서 문중들이 모인 자리에서 한마디를 하였다. "여러분, 고인 김경환 성도는 하늘나라로 가셨습니다. 더이상 유족들을 괴롭히지 마세요."

이 말을 듣고 있던 문중 사람들이 벌떡 일어나 삿대질을 하면서 소란을 피우자 결국 김규흥의 집안은 갑자기 싸움터로 변하고 말았다. 이때 집안의 어른들은 김규흥 내외를 불러다가 무릎을 꿇게 하고 때리기까지 했다. 그들은 매를 맞으면서도 "하나님, 도와주세요"라고 기도를 하자 거기에 모여 있던 문중 사람들이 하나둘씩 다 자리를 떠나갔다.

그러자 김규흥은 하나님의 도우심으로 모든 문제가 잘 해결되었다면서 다시 상경하여 배재학당에 열심히 다니면서 주일이면 멀고 먼 군자교회에 출석하였다. 그런데 졸업 때가 가까워지자 스스로 자신의 진로를 협성신학교(현 감리교신학대학교)에 입학하여 목회자가 되겠다고 결정하였다. 2년을 수료하고 고향에 돌아와 고향 청년들을 모아 놓고 농촌계몽운동에 힘을 쏟기 시작하였다. 이때 군자교회에서 전도사로 시무해 달라는 청빙을 받고 전도사로 사역을 하였다. 기도에 은사를 받은 김규흥 전도사는 많은 병자들을 치유하기도 하였다. 정신 이상에 걸린 사람이나 환자를 만나 기도하면 모든 병들이 깨끗이 물러가는 기적들이 여기저기서 일어났다.

그런데 김규흥 전도사의 딸 세 명이 차례로 정신 이상에 걸려 이상한 소리를 하고 다니게 되었다. 김규흥 전도사는 이것조차도 하나님께 감사하며 더 열심히 기도하였다. 그러자 귀신들은 "에이, 더는 이곳에 살 수 없으니 빨리 나가자" 하고 나가 버렸다고 한다. 이러한 소문이 인근 각처에 알려지자 군자교회는 점점 부흥의 열기가 뜨거워지고 있었다.

때마침 김규흥 전도사는 군자교회에서 그리 멀지 않는 곳에서 최용신 전도사가 상록수 운동을 한다는 소식을 들었다. 그의 신앙 철학을 배우고 와서 자신의 신앙 철학을 확립하게 되었다. 첫째는, 하나님께 대한 철저한 순종 둘째는, 신학문 교육 셋째는, 농촌자립경제 확립 등 세 가지 목표를 갖고 신앙운동을 펼쳐 나갔다.

이를 실천하기 위해서 군자교회당에 초등학교에 다닐 수 없는 아이들을 모아 놓고 야간으로 교육을 실시하였다. 그런데 뜻하지 않게 학생들이 모여들자 세 학급으로 늘리게 되었다. 그는 이들을 모아 놓고 "농촌은 우리 힘으로 살리자"라는 구호를 외치면서 계몽교육을 실시하였다. 그리고 1회 졸업생들을 모아 놓고 농촌의 자립 경제를 일으키기 위해서 '농업협동조합'을 조직하는 데 성공하였다.

이미 그는 교회 청년들을 모아 놓고 덴마크의 그룬트비히 운동을 부르짖고 나섰다. 그런데 생각밖에 많은 청년들이 모여들어 이 운동을 하나씩 실천해 갔다. 생활필수품을 싸게 구매하여 농민들에게 원가 그대로 전해 주었으며, 농사개량법 강의와 축산장려운동을 전개하면서 농촌계몽운동에 힘을 쏟았다. 또 농촌 청소년들의 지식 함양을 위해서 교회 빈 공간을 이용하여 도서관을 마련하여 지식을 확장시킬 뿐만 아니라, 농촌 청년들에게 주제가처럼 찬송가를 부르게 하였다. "삼천리 반도 금수강산 하나님이 주신 동산~"

이렇게 열심히 힘쓴 군자교회를 뒤로하고 온 가족이 인천으로 이사하게 되었다. 비록 인천으로 이사하였지만 주일은 꼭 군자교회로 출석하였다. 그는 군자교회 청소년들을 늘 지켜보면서 자신이 벌여 놓은 모든 일에 직접 관여하였다.

해방을 맞이하자 군자교회는 새로운 시대를 만나게 되었다면서 김규홍 장로는 자신이 살고 있는 인천 논현동의 일제가 버리고 간 전매청 청사를 빌려 논현교회를 설립하였다. 그 후 뜻하지 않게 6·25 한국전쟁이 일어나 인민군이 인천을 점령하자, 할 수 없이 김규홍 장로는 가족을 이끌고 군자교회로 피난을 가려고 준비하고 있었다. 그러자 동민들이 "우리가 장로님의 생명을 지켜 주겠습니다"라고 간곡히 요구해서 할 수 없이 그곳에 남게 되었다.

인민군은 어느새 논현동에도 진입하고 있었다. 이때 마을 청년들이 김규홍 장로와 부인 안 권사를 피신할 수 있는 길을 마련해 놓았다. 그러나 김규홍 장로는 둘 다 숨게 되면 함께 죽을 수 있으니 자신은 그대로 여기 남겠다고 고집했다. 김규홍 장로는 결국 인민군에게 체포되었으며, 총살형을 당할 때 "하나님, 저들도 사랑해 주세요. 다 하나님의 형상으로 지음 받은 피조물입니다"라는 유언을 남기고 삶을 마감하였다. 남편 때문에 부인은 기적적으로 살게 되었다.

현재 그의 장남인 김태선 장로는 대원건설 회장으로 있으며, 큰딸 김갑순은 송재수 목사의 부인이 되어 미국에서 목회하고 있고, 셋째 딸 김화숙 권사는 정운상 목사의 부인이 되었다.

56 군산 지방 최초의 장로 최흥서

최흥서(崔興瑞, 1880-1936)는 전라북도 김제군 만경에서 출생하였다. 그는 대대로 흙을 일구어 농사를 짓는 가난한 농부였다. 별로 가진 것이 없었기에 학문과 지식이 없는 순수한 농군일 뿐이었다. 여기에 낫 놓고 기역자도 모르는 농군이었다면 그의 삶에 대해서 짐작이 가리라고 생각된다. 그는 만경 갯벌에 나가 고기를 잡기도 했다. 10대 후반에는 전북 고부에서 일어났던 농민혁명운동에 죽창을 들고 나갔지만 결국 외세의 힘에 밀려 끝이 나고 말았다.

20대에 접어들면서 나라의 어려움을 어렴풋이 깨닫고 있을 때, 만경강을 오르내리던 미국 남장로회 전킨(W. M. Junkin, 전위렴) 선교사를 만나 예수를 믿게 되었다. 1891년 9월 언더우드 선교사가 안식년을 맞아 미국 시카고에서 보고회를 갖고 있을 때, 미국 남장로교 소속 매코믹 신학교 재학생인 테이트(L. B. Tate, 최의덕)가 선교사로 지원하였다. 그러나 미국 남장로교 해외 선교부에서는 한국에 보낼 준비가 안 되었다면서 거절하고 말았다. 언더우드 선교사는 때마침 미국 신학생전국연합회가 주관하는 내슈빌 전국대회에 강사로 초빙을 받았다. 이 무렵 한국인으로 밴더빌트대학에 유학 중이었던 윤치호를 초청하여 한국 문화와 역사를 강의하도록 부탁했다. 이렇게 해서 언더우드와 윤치호의 강연을 들었던 미국 남장로교 소속 신학생인 레이놀즈(W. D. Reynolds, 이눌서), 전킨 등이 다시 한국 선교사로 지원하였다.

이때 언더우드 선교사는 힘을 얻고 미국 남장로회 지역인 미국 남부 지역을 순회하면서 한국 선교에 대해 열변을 토하고 다녔다. 때마침 미국 남장로회 해외 선교부에서 한국에 선교사를 보낼 수 있는 선교비를 마련하게 되었으며, 여기에 언더우드 선교사의 형인 존 언더우드가 얼마의 선교금을 내놓게 되자 활기를 띠기 시작하였다.

이렇게 해서 미국 남장로교 해외 선교부에서는 젊은 선교사 지원자가 나타나자 이들 7명을 모두 한국 선교사로 파송하게 되었다. 이들의 이름은 전킨 선교사 부부를 비롯해서 레이놀즈 선교사 부부, 테이트 선교사 남매, 데이비스(L. Davis) 등이었다. 선교사가 확정되자 1892년 샌프란시스코를 떠나 일본 요코하마와 나가사키를 거쳐 인천 제물포항에 도착하여 호남 지방 선교를 담당하게 되었다. 1894년 전위렴 선교사가 군산에 선교기지를 마련하고 자신의 집에서 예배를 드린 일이 군산교회의 출발이 되었다.

이후 전위렴 선교사는 군산 선교부를 개설하고 만경강을 오르내리면서 선교했는데 이때 최흥서에게 복음을 전하게 되었다. 그 후 최흥서는 전위렴 선교사가 주관하는 달(月)성경학교에서 한글을 터득하고 열심히 성경을 읽으면서 진리를 터득하게 되었다. 이때 전위렴 선교사는 그의 열심에 감동해 그를 조사로 임명하고, 자신이 설립한 군산교회(후에 개복교회) 조사 및 전도인으로 활동하게 되었다. 최흥서 조사는 자신처럼 가난하고 배우지 못한 민중을 위해 헌신해야 한다면서 열심히 전도하였다.

때마침 서울에서 진사의 벼슬을 했다는 홍종익(洪鐘翊)과 홍종필(洪鐘弼)에게 전도하자 곧바로 예수를 영접하였다. 이들은 강원도 평해 출신으로 서울에서 진사의 생활을 하다가 일제의 강압에 의해 1905년 을사늑약조약이 체결되자 그 길로 관리직을 사임하였다. 그 후 선친이 마련해 놓은 땅을 일구기 위해서 전라도 군산 옆에 있는 익산군 웅포 제석리로 낙향하였다. 이때 웅포에 다니면서 전도에 힘쓰던 최흥서는 이들의 사정을 잘 인지하고 예수의 귀한 복음을 전했다. 그러자 홍종익과 홍종필은 곧 신앙을 갖고 멀고 먼 군산 개복교회에 출석하게 되었다. 이들의 영향으로 개복교회는 계속 부흥 성장하게 되었다. 결국 이들은 지방에 있는 농토를 정리하고 군산에 사업체를 마련하여 열심히 신앙생활을 하게 되었다.

최흥서는 비록 배운 것은 없었지만 오직 신앙 하나만을 갖고 열심히 봉사했던 결과 개복교회 전위렴 선교사를 도와 개복교회 조사로 수고하게 되었던 것이다. 그러니 전위렴 신교사는 너무나 넓은 지역을 맡아 일하다가 결국 과로로 더는 활동을 하지 못하게 되었다. 이때 의사는 전주 예수병원에 입원하고 있는 그에게 30리 밖에는 나가지 말라고 부탁하였다. 그러나 전위렴 선교사는 전도의 열정이 너무 강한 나머지 무리하게 활동을 하다가 결국 1908년에 전주에서 삶을 마감하게 되었다. 이 일로 다시 미국 남장로교 선교사인 해리슨(W. B. Harrison, 하위렴) 선교사가 2대 담임목사로 부임하였으며, 여전히 최흥서는 해리슨 선교사의 조사로 활동하였다.

최흥서 조사는 만경강 건너편에 있는 옥구군 대야면 지경리에 지경교회를 설립하고 그 교회에서 장로로 시무하였다. 비록 배운 것은 없었지만 예수 믿는 일을 큰 축복으로 알았다. 그의 장남인 최주현은 군산 영명학교에 진학하였으며, 중학교 과정까지 이수했던 최주현은 다시 서울에 있는 세브란스 의학전문학교에 진학하여 의사가 되었다. 그 후 최주현은 대야 지방에 있는 환자를 돌보아야 한다면서 대야 삼성병원을 개설하고 그 지역주민들의 건강을 위해 수고하였다. 둘째 아들 최성현은 서울에서 신앙을 지켜나갔다. 그의 막내 아들인 최대현은 아버지의 대를 이어 전주 서문교회 장로로 시무하다가 말년에 서울에 자리를 잡았다.

57 '삼천리 반도 금수강산'을 작사한
남궁억 장로

　남궁억(南宮檍, 1863-1936) 장로는 서울 정동에서 남궁영의 외아들로 신분도 좋고 경제적인 여유도 있는 집안에서 출생하였다. 그런데 불행하게도 아버지를 일찍 여의었지만 남궁억은 홀어머니 밑에서 숱한 고생을 하면서도 꿋꿋하게 자랐다. 원래 머리가 영특한지라 아버지 밑에서 천자문을 통독하였기에 스스로 한학에 몰두하게 되었다. 그리하여 《사서삼경》(四書三經)을 통달하였다.

　학문에 대한 그의 열정은 누구도 따라갈 수 없었다. 21세가 되던 해에 서양 문물이 들어오면서 서울에 있는 관립 영어학교에 입학하였다. 이때 집안 어른들에게 서양학문을 배운다고 비난을 받았지만, 그러한 것은 조금도 개의치 않고 열심히 공부하여 독일 영사인 몰렌토프의 사무직 견습생으로 일하게 되었다. 이때 남궁억은 영어와 독일어를 함께 배울 수 있는 좋은 기회를 갖게 되었다. 이처럼 어학에 재간이 있었던 남궁억은 조정에서 필요로 하는 인재가 되어 조정 내무주사(內務主事)로 발령을 받았다.

그가 주로 하는 업무는 외국인들이 조선에 오면 통역하는 일이었다. 그의 실력을 인정했던 조정에서는 그에게 궁내부(宮內部)에서 가장 요직으로 알려진 서기관급인 별군직(別軍職)에 임명했다. 4년간 성실하게 일한 결과, 1893년에 경상도 칠곡 지방의 부사(府使)로 임명을 받고 그곳에서 근무하던 중 동학혁명 농민운동과 청일전쟁을 만나게 되었다.

다시 조정의 발령으로 토목국장으로 승진하여 상경하였으며, 당시 서울의 거리를 확장하는 일에 큰 공을 세우기도 하였다. 사람들이 가장 많이 다니는 종로통을 정비하여 탑골공원을 조성하였으며, 외국인들이 많이 거주하고 있는 정동도 새롭게 거리를 확장함과 동시에 정비하였다. 1896년에 조정에서 단발령을 내리자 이에 반발하는 유생들이 항의를 했다. 그러자 선유사(宣諭使)로 임명을 받고 단발령의 정당성을 펴 가면서 조정의 큰 힘이 되기도 하였다.

그는 때마침 망명생활을 마치고 귀국했던 서재필 박사를 도와 독립협회를 조직하는 데 일익을 담당하였다. 이 일로 1897년 독립협회가 발족하자 총무의 직책을 맞게 되었다. 서재필 박사는 조선을 대한제국(大韓帝國)으로 부르게 되었으며, 고종(高宗)을 고종 황제(高宗皇帝)로, 민비(閔妃)를 명성 황후(明星皇后)로 부르게 되었다. 이때 서재필 박사를 중심으로 독립협회 신문이 발간될 때 남궁억은 장지연과 함께 〈황성신문〉(皇城新聞)을 창간하고 초대 사장이 되었다.

이때 그는 근대문화운동에 앞장섰던 윤치호의 전도를 받고 종로 광화문에 있는 종교교회에 출석하면서 기독교와 깊은 관계를 맺게 되었다. 여기에 1903년 서울에서 황성기독청년회가 조직될 때 한몫을 담당하였으며, 한일 YMCA 대회가 개최될 때도 참여하는 등 근대문화에 적극적으로 참여하였다.

이러한 가운데 그는 경상도 성주 목사(牧司)로 발령을 받아 얼마동안 근무하였으며, 1906년에는 강원도 양양 군수로 발령받고 근무하였다. 그런데 1905년 을사늑약조약을 체결했다는 소식에 그는 크게 실망했다. 그래서 무지몽매한 민초(民草)들에게 교육을 시켜야겠다는 큰 뜻을 갖고 양양에 현산학원을 설립하고 민족교육의 장으로 만들기도 하였다.

1910년 한일병탄이 일어났다는 소식에 충격을 받은 남궁억은 즉시 군수직을 사임하고, 자라나는 청소년들에게 민족의식을 심어 주어야 한다면서 미국 남감리교 캠벨 여선교사가 설립한 배화여학당 교사로 활동하면서 여성 의식화 교육에 헌신하였다. 처음에는 영어 교사로 활동하였으며, 여학생들이기 때문에 나라 잃은 백성들에게 나라를 사랑하는 마음을 가슴속 깊이 심어 주기 위해서 무궁화꽃으로 삼천리 금수강산을 수놓은 지도를 수본(繡本)으로 만들어 수를 놓게 하였다. 또 태극기도 수로 놓게 하였다.

남궁억은 이 일로만 끝나지 않고 야간에는 남대문 근방에 있는 상동청년학원에서 영어를 가르쳤다. 그의 열성에 감동을 받은 상동청년학원 이사회에서는 그에게 야간 청년학원 원장의 직책까지 맡게 하였다. 1918년 그렇게 밤낮을 가리지 않고 활동하던 남궁억은 건강이 극도로 악화되어 학교를 떠나 강원도 홍천군 서면 묘곡리에 자리를 잡고 묘곡에 한서교회를 설립하였다. 이곳에서 다시 청소년들을 모아놓고 무궁화와 태극기 운동을 전개하는 등 많은 동요를 손수 지어 학생들에게 부르게 하였다. 그리고 1922년에는 그 유명한 찬송 가사인 '삼천리 반도 금수강산 하나님 주신 동산~'을 작사하였다. 그가 작사한 그 가사는 우리 민족에게 새로운 희망과 소망을 주기에 충분하였다. 이에 일제 말엽에는 '삼천리 반도 금수강산'을 부르지 못하게 까맣게 먹칠해 버리는 일도 있었다.

1923년에는 춘천에서 사역하고 있는 미국 남감리교회 선교사들의 도움을 받아 모곡학교와 기숙사를 신축하고 학교를 운영하였다. 주일이면 모곡교회에서 예배를 드리고 평일은 모곡학교에서 애국 훈련을 시키는 등 열심을 다하였다. 그러나 일제는 그를 그냥 놔두지 않고 1933년 보안법을 어겼다고 하여 춘천 경찰서에 연행해 갔으며, 그는 결국 옥중에서 얻은 병으로 석방되었다. 그러나 감시는 여전하였다. 마지막 임종 시 무덤을 만들지 말고 무궁화 나무 밑에 뿌려 거름이 되게 하라고 유언을 남기고 삶을 마감하였다. 그런데 그의 후손들은 유언을 어기고 묘를 세우기도 하였다.

남궁억 장로의 귀한 뜻을 널리 전하기 위해서 남궁억 역사박물관을 신축하였으며, 그 옆에는 옛날 모곡교회를 복원하여 모곡교회 박물관으로 사용하고 있으며, 모곡교회는 현대식으로 새로 신축하였다. 그리고 모곡교회 앞뜰은 무궁화 꽃이 가득 피어 있어서 그곳에 가면 남궁억 장로의 애국정신을 엿볼 수 있다.

58 전북 군산 개복교회 초대 장로 홍종익

홍종익(洪鐘翊, 1883-?) 장로는 강원도 평해에서 출생하였다. 비교적 부유한 가정에서 출생한 홍종익은 일찍이 한문사숙(漢文私塾)에서 한학을 터득하고 조정에서 실시하는 과거시험에 장원급제하여 진사가 되어 서울 생활을 하게 되었다. 그런데 나라가 점점 쇠약해 가다가 결국 1905년 을사늑약조약으로 국권을 상실하게 되었다. 그러자 부친이 전라도 익산 웅포 제석리에 넓은 토지를 마련해 놓았기에, 사촌 동생인 홍종필(洪鐘弼)과 함께 낙향하여 전라도에서 생활기반을 마련하였다. 이들은 제석리에다 곱배집을 신축하고 형인 홍종익은 위채에서 생활하였고 아래채는 홍종필이 살았다. 그들은 비교적 여유 있게 살 수 있었다. 이미 부친들이 제석리 앞 들녘에 있는 땅에서 매년 500석씩 농민들로부터 농토 사용료를 받아 살고 있었다.

이처럼 부잣집에서 성장했던 이들은 여전히 타향인 제석리에서도 큰소리를 치면서 살았다. 그런데 밤만 되면 도둑떼들이 몰려와 창고에 있는 모든 곡식을 훔쳐가는 일들이 한두 번이 아니었다. 이미 군산은 일본인들이 땅을 매입하여 살고 있었으며, 일본인들은 자신들의 농작물을 지키기 위해서 이미 치안 문제를 깨끗하게 해결해 놓았다. 결국 홍종익 형제는 제석리에 있는 집을 그대로 놔두고 군산으로 이사를 가게 되었다. 군산에서 이들은 개복교회 조사인 최흥서로부터 전도를 받고 개복교회 교인이 되었다.

어느 날 제석리에 살고 있는 송원규, 엄주환, 강진희, 강두희, 강문희를 초청하였다. 이때 홍종익은 제석리에 온 이들에게 예수를 믿기만 하면 하나님이 지켜 주시고 일본인들이 무시하지 못한다고 전도했다. 그들은 이 말을 듣고 예수를 믿기로 결단하고 제석리로 돌아갔다. 그 길로 엄주환의 사랑채에서 예배를 드리다가 홍종익이 살다가 비워 놓는 홍종익의 빈집으로 예배 장소를 옮기게 되었다. 이러한 소식을 접한 홍종익은 자신의 곱배집을 염가로 제석리교회 교인들에게 제공했다. 그리하여 제석리교회는 이곳에 뿌리를 내리게 되었다. 1908년에는 제석리교회에서 운영하는 사립 부용학교를 설립하여 웅포에 최초로 교육기관이 생기면서 더욱 활기를 띠게 되었다. 이곳을 졸업하게 되면 군산 선교부에서 운영하는 군산 영명학교에 진학하게 되었으며, 여자들은 멜본딘여학교(현 영광여중고)에 진학하면서 개화된 문화를 접하는 좋은 기회가 되었다.

1902년 전위렴 선교사가 자신의 사랑채에서 시작했던 학교가 바로 군산 영명학교가 되었다. 또 1902년 전위렴 선교사의 부인이 자신의 사랑채에서 시작한 학교가 군산여학교였다. 미국에 있는 멜본딘여자대학교 학생들이 모금해서 새로 건물을 신축하였기에 학교 이름을 멜본딘여학교라 부르게 되었다. 한편 제석리교회에서 장로로 시무한 박수명은 다음과 같이 증언하였다.

"처음 군산에서 예수를 믿고 돌아왔던 엄주환과 강진희는 본래 들녘에서 농토를 일구면서 사는 소시민이었으며 송원규, 강두희, 강문희는 홍종익 형제의 집에서 일꾼으로 살았던 천민들이었다. 하지만 예수 안에서 천민, 진사 구별 없이 형제처럼 지내면서 살아가는 축복을 받게 되었고, 강문희는 후에 조사 및 전도인이 되어 제석을 떠나게 되었다."

그리하여 익산 웅포에 살았던 대다수의 주민들이 군산으로 나오게 되면서 홍종익 장로가 다니는 군산 개복교회에 출석하게 되었으며, 군산 개복교회 장로를 세울 때 홍종익과 홍종필이 장로로 선출되었다. 홍종필(洪鐘弼, 1887-1935)은 장로로 시무하다가 목사의 소명을 받고 평양에 있는 장로회신학교에 진학하여 목사 안수를 받고 개복교회의 제3대 목사가 되었다. 홍종필 목사는 개복교회 목사로 부임하면서 총회를 위해서 많은 활동을 하였다. 총회 서기를 3년간 연속 봉사하였으며, 이러한 인연으로 부총회장을 거치지 않고 곧바로 1930년 9월 평양 서문밖교회에서 모이는 제19회 총회에서 총회장으로 선임되었다.

초대 한국인 목사였던 김필수 목사는 군산 개복교회 담임목사로 재직하면서 1915년 9월 4일에 모인 대한예수교장로회 제4회 총회에서 평양장로회신학교 제1회 졸업생을 제치고 제2회 졸업생인 그가 총회장으로 선임을 받기도 하였다.

이처럼 군산 개복교회의 위상이 든든하게 되었던 것은 최흥서 장로의 전도를 받고 홍종익 형제가 예수를 믿었기 때문이다. 비록 홍종필 목사가 급서를 하였지만 개복교회는 기도하는 가운데 새로운 목사를 초빙할 수 있었다. 1935년에 이수현 목사가 부임하였다. 이수현 목사도 선임자인 홍종필 목사 못지않게 민족을 사랑하는 목회자였다.

그는 일찍이 독립운동을 해서 하루 빨리 조선이 일본으로부터 독립해야 한다는 큰 뜻을 갖고 조선을 탈출하여 만주 신흥군관학교에 입학하였다. 그곳에서 군사교육 과정을 이수하고 1919년 3·1 운동이 일어날 무렵 만주 용정에서 독립 만세를 부르다가 일경에 체포되어 결국 서대문 형무소에서 6개월간 옥살이를 하다가 출옥하게 되었다. 그 후 그는 출감하여 목회자가 되기 위해서 평양 숭실전문학교, 평양장로회신학교를 졸업하고 전북노회에서 목사 안수를 받고 군산 개복교회에서 목회하게 된 것이다. 그는 군산중앙교회에서 시무하는 중에 1966년 9월 제48회 합동 측 총회장을 역임하기도 하였다.

59 탑골공원에서 독립선언서를 낭독했던 정재용 장로

정재용(鄭在鎔, 1881-1976) 장로는 황해도 주내에서 정추기와 나주 임씨 사이에서 외아들로 출생하였다. 그의 부친은 조선 말엽 통정대부(通政大夫)로서 정삼품(正三品) 벼슬을 하였다. 이러한 가문에서 출생한 정재용은 1903년 해주읍 감리교회에 출석하면서 신앙생활을 시작하였다. 교회에 출석하면서 1년 연상의 여인인 김재경과 결혼하였다. 김재경은 광산 김씨 집안으로 해주 읍내에서는 큰소리를 내면서 살았던 집안의 자녀였다.

다행히 마을 향교(鄕校)에서 운영하는 서당이 있어서 정재용은 한학을 거의 마스터하였다. 기독교를 접했던 정재용은 22세의 나이로 서울 연지동에 자리 잡고 있는 경신학당(儆新學堂)에 입학하여 새로운 학문을 접하게 되었다. 그는 경신학당에서 1년 선배인 이갑성, 1년 후배인 김원배를 만나 경신학당의 역사를 익히고 선배들의 민족애에 못지않게 열심히 기도하면서 새로운 시대에 대처할 수 있는 사상을 터득하게 되었다.

당시 경신학당은 지하 1층은 화강암으로, 지상 3층은 빨간 벽돌로 지은 현대식 서양 건물이었다. 언더우드 선교사가 6대 교장으로 다시 취임하면서 서울에 새로운 명물 건물로 자리를 잡았다. 여기에서 자신보다 나이가 네 살 어린 최남선 선생을 만난 일은 정재용에게는 큰 힘이 되었다. 최남선은 이 학교의 교사로 재직하면서 월간 잡지인 〈소년〉을 창간한 인물이었다.

정재용은 경신학당 기숙사에 머물러 있었기에 주일이면 기숙하고 있던 학생들이 이웃에 있는 연동교회에 출석하면서 연동교회 학생회에서 신앙이 더욱 성장해 갔다. 이렇게 해서 연동교회 출신으로 자부심을 갖고 학교생활을 하게 되었다.

1910년 7월, 그는 여름방학을 맞이하여 고향 해주에서 보내다가 다시 8월을 맞이하여 경신학당에 돌아와서야 비로소 그 억울한 한일병탄을 알게 되었다. 그때 정재용은 두 손을 불끈 쥐고 일본으로부터 독립해야 한다는 사실을 뼈저리게 느끼고 매일 실시하는 채플시간에 더 많은 기도를 했다.

드디어 1911년 6월, 4년간의 교육을 받았던 6명의 경신학당 졸업생은 졸업장을 손에 쥐고 그렇게 그리웠던 고향에 도착했다. 그는 온 가족들의 환영은 말할 것도 없거니와 해주읍 교인들의 열렬한 환영을 받았다. 그런데 해주읍교회에서 사역하고 있던 데밍(C. S. Deming) 감리사와 베일러(Miss M. Beiler)의 요청으로 정재용은 전도사로 사역하게 되었으며, 특별히 주일학교의 책임자로 사역하였다. 이곳에서 그의 신앙심과 교육열이 널리 알려져 감리교 계통 학교인 의창학교(懿昌學校) 교감으로 부임하였다.

어느 날 정재용 교감의 사역에 대한 소식을 들은 서울 중앙감리교회의 김창준 목사로부터 급한 연락을 받고 상경하였다. 이때 김창준 목사는 인쇄물 한 보따리를 주면서 원산 감리교회에서 사역하고 있는 정춘수 목사에게 빨리 철도편으로 우송해 달라고 부탁했다. 서울역에 도착한 정재용은 이상한 예감이 들어 그곳에서 종이 한 장을 빼어서 주머니에 넣고 독립선언서를 낭독하는 탑골공원으로 향하였다. 많은 애국 시민들과 학생들은 민족지도자 33인이 나타날 줄 알았지만 나타나지 않았다. 이때 정재용 전도사는 주머니에서 독립선언서를 꺼내 들고 팔각정 단 위에 올라가 독립선언서를 낭독하였다.

이 독립선언서를 경청하고 있던 애국 시민들과 학생들은 어느새 가방 깊숙이 간직해 놓았던 태극기를 꺼내 들었다. 일부 시민들과 학생들은 후문으로, 일부 학생들은 정문으로 나가 대오의 흐트러짐 없이 질서정연하게 만세를 불렀다. 이때 일본 헌병대에 체포되었던 정재용은 얼마간 서울 헌병대에 수감되었다가 해주 형무소에 수감되었다. 다시 항소를 하자 평양 복심원에서 2년 6개월간 형을 받고 평양 형무소에서 옥살이를 하였다. 정재용은 형을 다 마친 후 고향인 해주로 돌아가 해주읍교회에 봉사했다. 그러던 중 교인의 증가로 해주 동대문 밖 욱정(旭町)에 남욱정교회를 세웠다. 그리고 해주읍교회는 마을 이름을 따서 남본정(南本町)교회라 불렀다.

해주 남본정교회가 계속 성장하자 1932년 남본정교회에서는 큰 행사가 진행되었다. 정재용은 당시 함께 집사로 봉사했던 문창모(文昌模)와 함께 장로 장립을 받았다. 문창모는 의사로서 해주 구세병원 의사로 활동하였기에 교회로서는 더없는 좋은 일꾼이었다.

뜻하지 않게 해방을 만난 해주 남본정교회 교인들은 1945년 8월 17일 대한 독립 만세를 불렀다. 그 후 해주 남본정교회에 400여 명이 모여 건국준비위원회 해주지회를 결성하였고 정재용은 위원장으로 취임하였다.

1946년 3월 1일, 남본정교회(南本町敎會)에서 3·1 운동 기념식이 열렸다. 이때 정재용 장로는 탑골공원에서 독립선언서를 낭독했던 선언서를 27년 만에 직접 낭독하였다. 그로서는 남다른 감회를 갖게 되는 시간이었다. 그러나 이러한 기쁨도 잠시뿐이었다. 북한에 소련군이 진주하면서 1946년 2월 8일에는 북조선 인민위원회(위원장 김일성)가 조직되면서 지주들의 토지를 몰수하여 농민에게 무상으로 분배한다는 정책이 발표되었다. 그 후 정재용 장로도 황해도 연백평야의 그 넓은 들녘을 모두 몰수당했다.

그는 얼마 동안 은거생활을 하다가 1951년 1·4 후퇴 시 위험을 무릅쓰고 개성을 거쳐 둘째 아들이 있는 서울위생병원(원장 정우영)으로 피난을 했다가 다시 부산까지 피난민 생활을 하였다.

서울이 수복되자 상경했던 정재용 장로는 1954년 1월 7일 육당 최남선을 만나 탑골공원 팔각정에서 함께 사진을 촬영하였다. 이 사진은 정재용 장로가 1976년 12월 31일 세상을 떠나자 그다음 해 1월 16일 세상에 처음으로 공개되었다. 그러면서 1919년 3월 1일 독립선언서 낭독자는 정재용 장로라는 사실을 알게 되었다.

60 86세의 나이로 국회의원이 된 문창모 장로

　문창모(文昌模, 1907-2002) 장로는 평안북도 선천에서 출생하였다. 그는 정주 오산학당을 거쳐 배재학당에 진학하였으며, 배재학당 기독학생회 회장으로 재직 시 순종 임금의 인산일 며칠 뒤인 1926년 6월 15일 정오에 서울에서 서울 지역 학생들과 함께 시위를 벌이기로 계획하고 준비했다. 그러나 누군가의 밀고로 사전에 발각되어 도피생활을 하다가 당시 배재학당 김성호 선생이 반강제로 자수를 권유해 서울 서대문 형무소에서 3개월 동안 독방에 감금되었다. 그는 몇 차례 이질로 죽을 고비를 넘기다가 석방되었다.

　이후 배재학당의 특별한 배려로 복학하고 졸업하였으며, 감옥에서 이질로 죽을 뻔한 일로 그때 의사가 되겠다고 결심하여 세브란스 의학전문학교에 진학하여 1931년 졸업하였다. 의사 면허를 얻은 그는 셔우드 홀 선교사가 설립한 해주 구세병원에 취직하면서 정재용과 인연을 맺게 되었다. 당시 정재용은 이 병원의 서무과장으로 재직하고 있었다. 그의 권유를 받고 해주 남본정교회에 출석하여 함께 남본정교회 장로 장립을 받게 되었다.

그 후 문창모 장로는 다시 평양에 있는 기홀병원에 의사로 근무하다가 1935년 황해도 옹진 용호도에 공의로 발령을 받고 얼마 동안 그곳에서 의사로서 정성껏 봉사하였다. 1937년에는 해주에서 장인의 도움으로 안이비인후과 전문 평화병원을 설립하고 봉사활동을 하였다. 그의 신실함에 많은 환자들이 모여들었고, 어떤 날은 환자가 200명이 넘는 날도 있었다고 한다.

일제 말엽 선교사를 추방시키자 해주 구세병원을 자연히 문창모 장로가 맡아 봉사하게 되었다. 일제가 적국의 병원이라 하여 몰수하게 되자 그는 해주 읍내 몇몇 유지들의 도움으로 개인 병원을 개업하였다. 1945년 8월 15일 해방을 만나자 같은 교회에서 봉사하던 정재용 장로와 함께 해주 건국준비위원회를 조직하고 정재용 장로는 위원장, 문창모 장로는 부위원장 직책을 맡아 활동하였다. 당시 문창모 장로는 의사로서 병원에서 진료하랴, 재건운동을 하랴 눈코 뜰 새 없이 바빴다.

그는 교회 장로라는 이유로 해주에서 활동을 못하고 결국 생명의 위협을 느끼자 야밤에 가족을 이끌고 삼엄한 38선을 뚫고 월남하였다. 다행히 모교인 세브란스병원 야간 의료담당을 하면서 봉사하던 중, 뜻하지 않게 1946년 인천도립병원 원장으로 초청을 받아 일하게 되었다. 그의 실력을 인정했던 미 군정청으로부터 마산국립결핵요양소 소장으로 발령을 받아 마산에서 봉사하였다. 원래 문창모 장로는 자신이 봉사하는 기관에서는 단 하루도 빼놓지 않고 기도회를 가졌다. 역시 마산에서도 국립병원이었지만 기도회를 갖고 진료를 시작했다. 그러자 모든 직원들이 그의 신앙에 감동을 받게 되었으며, 이곳에서는 주일이면 마산 문창교회에 출석하였다.

　1948년 8월 15일 정부가 수립되자 그 해 10월에 서울 세브란스 병원 원장으로 취임하면서 결핵 퇴치운동과 함께 과거 해주 구세병원에서 전개했던 크리스마스실 운동을 재개하기도 하였다. 그런데 뜻하지 않는 6·25 한국전쟁을 만나자 모여드는 부상병을 그대로 놔두고 피난을 갈 수 없어서 그곳에서 계속 환자를 치료하였다.

　그러나 1·4 후퇴를 만나자 할 수 없이 피난지 청도로 내려가 환자를 돌보게 되었다. 그는 청도에서 죽어 가는 송장을 발견하고 그 송장 같은 환자를 열심히 기도를 하면서 한 달 만에 치료하여 살려 낸 일이 있었다. 이때 살아난 환자를 10년 후 강원도 원주 어느 교회에서 간증 설교를 하다가 만나는 일도 있었다.

　휴전 협정이 이루어지자 문창모 장로는 다시 세브란스병원에서 일하던 중 미국 교회의 장학금을 받아 1956년 인디애나 감리교병원 레지던트 수료 과정을 이수한 후 귀국하였다. 그 후 국제대학 학장을 맡으면서 병원 청진기는 한 번도 놓지 않고 잔료를 하였다.

　1958년 원주에 정착하면서 원주 연합기독병원 원장으로 취임한 후 1964년에는 그 병원 원장 자리를 후학들에게 인계하고, 그는 자신의 집에서 문이비인후과 의원을 열고 주로 가난한 환자들만 모아 진료하였다. 매주 토요일 오후가 되면 진료가방을 챙겨들고 가난한 농가를 방문하여 그들의 건강을 챙기기도 하였다. 그가 원주사회에서 유명하게 되었던 일이 있었다. 2000년 의약분업으로 병원과 약국의 파업 사태가 일어났을 때, 신앙 양심상 "환자를 떠난 의사는 더 이상 의사가 아니다"라는 말을 하면서 매일 새벽기도회가 끝나면 곧장 병원에 달려가 문을 열고 진료하였다고 한다.

그는 주위 사람들의 권유로 국회에 진출하려고 하였지만 두 번(1958년, 1963년)이나 낙방의 쓴맛을 보고 말았다. 1985년 연세대 창립 100주년을 맞이하여 정주영 회장과 함께 명예박사 학위를 받았다. 이것이 인연이 되어 1992년 통일국민당 전국구 1번 후보로 추천을 받고 제14대 국회의원으로 활동을 하였다. 이때 문창모 장로는 86세로 국회의원 가운데 가장 나이가 많았으며, 아직까지 86세의 나이로 국회의원으로 활동한 사람은 없었다. 국회의원으로 의사당에 가는 날도 진료가방을 늘 챙겨다녔다. 이처럼 그의 인생 열전을 잘 알았던 정부에서 국민훈장 모란장, 건국포장, 대한결핵협회 대상, 세계평화복지인물상, 대한적십자사 광무장을 수상하기도 하였다.

61 작은 예수로 알려진 장기려 박사

장기려(張起呂, 1911-1995) 박사는 평안북도 용천에서 장운섭과 최윤경 사이에서 둘째로 출생하였다. 장기려의 어머니는 자녀를 낳기만 하면 곧 사망해 버리는 일이 몇 차례 반복되자, 때마침 길을 가던 어느 여선교사가 전해 준 전도지를 받아 보게 되었다. 그 길로 집에 와서 자신의 집에 모시고 있는 조상신 단지를 전부 소각하고 멀지 않는 공덕동교회에 출석하게 되었다. 이상하게도 교회를 다니면서 자신의 과거를 낱낱이 하나님께 보고하자 뜻하지 않게 임신을 해서 아이를 낳게 되었다. 그 아이가 장기려의 형인 장기원(연세대학교에 장기원 기념관이 있다)이다.

그 후 8년이 지나 장기려를 낳게 되었다. 이러한 일이 일어나자 장기려의 부모는 좋아서 어찌할 줄을 몰랐다. 이 일이 너무 감사하여 장기려의 아버지는 하나님을 믿는 일을 큰 축복으로 알고 열심히 봉사했다. 그 결과 공덕동교회 장로로 장립을 받기도 하였다.

장기려는 1928년 개성에 있는 미션학교인 송도고등보통학교를 졸업하였다. 그 학교에서 기독교의 진리를 터득하고 일생을 교회와 사회를 위해서 일하겠다는 굳은 의지를 갖고 경성의학전문학교(현 서울 대 의대)를 졸업하였다. 장기려의 실력을 인정했던 그 학교에서 운영 하는 경성의학전문학교 부속병원에서 외과 조수 및 강사로 출강하 라는 소식을 접하고 몇 번이고 하나님께 감사 기도를 드렸다고 한다.

그는 가까운 곳에서 봉사한다는 생각을 갖고 평양에 있는 평양연 합기독병원(기홀병원) 외과 과장으로 일했다. 그곳에서 황해도 소래교 회 출신 김명선 박사를 만나 그의 도움으로 1940년 일본 나고야에 있는 나고야제국대학 의학부에서 연구생활을 하고 의학박사 학위를 받고 귀국하였다. 다시 평양에 복귀한 그에게는 월급을 받으면 그 즉시 가난한 이웃을 찾아 나서서 얼마의 돈을 기부했다. 집에는 겨 우 식량을 사먹을 정도의 액수만 가지고 왔다고 한다. 이러한 가운 데 아들 셋, 딸 셋을 낳았는데 한 번도 부부 싸움이 없었다고 한다. 그가 즐겨 암송하는 성경 구절은 "항상 기뻐하라, 쉬지 말고 기도하 라, 범사에 감사하라"였다. 이 성경 구절이 그의 가정의 가훈(家訓)이 되었다고 한다.

해방이 되자 그냥 북한에 남아서 그해 11월에는 평양도립병원 원 장으로 취임하였으며, 이때 평양의과대학 외과 교수로 근무하였다. 이때 북한은 소련군이 점령하고 있을 때였다. 그는 환자를 진료하거 나 수술하기 전에 항상 기도하는 습관이 있었다. 어느 날 소련군 장 교가 수술을 받으러 왔기에 그에게도 기도를 하자고 제의했다. 그러 자 그도 머리를 숙이고 기도를 했다는 일화가 있다.

장기려 박사는 그 좋은 자리를 뒤로하고 1·4 후퇴 시 단신으로 월남하고 말았다. 곧 통일이 올 줄 알았지만 끝내 분단은 고착되고 말았다. 그래서 보고 싶은 부인을 북에 놔두고 왔던 장기려는 그 일이 평생 한이 되기도 하였다.

월남한 그는 제3육군병원 외과에 근무하였으며, 1951년에는 밀려드는 피난민을 진료하기 위해서 부산 영도에 천막을 치고 천막병원을 운영하였다. 바로 이 병원이 고신대학교 부속병원이 되었다. 부산 영도는 피난민 등 외지에서 온 사람들이 많았다. 따라서 원장이 월급을 받고 살 수 있는 처지가 되지 못했다. 가난한 환자가 입원비가 없어서 퇴원을 못하면 장기려는 자신이 가불했던 월급으로 환자의 입원비를 내주는 일이 한두 번이 아니었다. 또 어떤 환자가 입원비를 내지 못해 퇴원을 못하는 경우가 있으면, 직원들의 눈을 피해 밤에 뒤쪽 철조망을 뚫고 도망가라고 할 정도로 환자를 사랑하였다.

장기려 박사는 근본주의 신앙 노선을 따랐던 열렬한 신자였고 찬송 부르기를 좋아했다. 이러한 신앙적 배경으로 고신파에 속한 부산 산정현교회에서 장로로 장립을 받았다. 그러나 고신파의 특별한 신앙관 문제로 가끔 고신파의 노선에 따르지 못했고, 자신이 섬겨 왔던 부산 산정현교회를 포기하고 뜻을 같이하는 신자들을 가정에 모아 가정 교회를 만들고 가정에서 예배를 드리기도 하였다.

그는 간암으로 인하여 많은 환자들이 생명을 잃어가고 있자 뜻있는 동지들을 규합하여 1974년에 한국 '간 연구회'를 조직하고 초대 회장으로 취임하였다. 그는 글로 남기기를 좋아하여 간이 아픈 환자를 만나게 되면 진행 과정을 잘 살피고 자세히 기록해 두었다. 그리하여 1982년에는 《간장 및 담 관계 질환》이란 책을 출간하기도 하였다. 그는 부산에서 남이 할 수 없는 많은 업적을 남겼다. 1968년에는 부산복음간호전문대학을 설립하여 학장으로 재임하기도 하였으며, 또 같은 해에는 청십자 의료보험조합을 설립하여 대표이사를 맡아 수고하였다. 또한 청십자병원(가난한 사람을 치료하는 병원)을 설립하고 초대 원장이 되기도 하였다.

그는 1979년 인제대학교 의과대학 부속병원 명예원장으로 취임하는 등 많은 업적을 남겼다. 특별히 1979년에는 사회봉사상으로 막사이사이상을 받기도 하였으며, 1996년에는 대한민국 국민훈장 무궁화장을 수상하기도 하였다. 그는 부인을 북에 두고 월남했기에 주위에서 많은 중매가 있었다. 그러나 북한에 두고 온 부인이 너무 그리워서 모든 것을 물리치고 마지막까지 혼자 살았다. 그가 별세하기 전까지 그의 침대 머리맡에는 두 장의 사진이 놓여 있었다고 한다. 한 장은 젊었을 때의 부인 사진이고 다른 하나는 80세가 된 부인 사진이다.

장기려 박사는 그만한 지위에 있으면 호화스러운 아파트나 전원주택을 마련하고 살 수 있었지만 북한에 두고 온 부인과 가족들, 그리고 북한에 굶주리고 있는 동족을 생각해서 일생을 검소하게 살았다. 그렇게 기다리고 기다리던 통일은 끝내 보지 못하고 부산 남단에서 삶을 마감하였다.

62 미국에서 민주화 운동을 이끌었던 한승인 장로

한승인(韓昇寅, 1903-1990) 장로는 평안남도 강서에서 한명식과 장씨 사이에서 가난한 가정에서 출생하였다. 그의 부모는 7남매를 낳았지만 6남매는 낳자마자 죽거나 어린 나이로 모두 사망하였고 한승인만 유일하게 살아남았다. 그 후 장티푸스로 인하여 할아버지와 아버지마저 모두 돌아가시고 어머니와 한승인 모자만 남겨졌다. 10세 되던 해에 집안에 우환이 몰려오자 하나님을 믿으면 그러한 우환이 물러간다는 말을 듣고 마을에서 가까운 안식일교회에 첫 출석을 하면서 예수를 구주로 영접하게 되었다.

다행히 진명소학교에 입학하여 학교를 다니는데, 수업료 10전을 내지 못해서 학교를 그만둘 형편이 되었다. 이때 그의 어머니는 눈물을 흘리면서 교장 선생님을 만나 가정 형편 이야기를 했다. 그러자 교장 선생이 그의 사정을 알고 4년간 장학생으로 학교에 다닐 수 있게 해주었다. 그 후 중학교에 진학할 형편이 되지 못했지만 안식일교회에서 추천해서 의명중학교에 입학하였으며, 학교가 끝나면 교장인 하워드 리 선교사의 집에서 가사를 돌보고 아이들과 함께 한국어로 이야기하는 좋은 글동무가 되었다.

이처럼 선교사의 뒷바라지로 열심히 공부했던 한승인의 실력을 인정한 리 선교사는 그를 일본에 있는 메이지학원대학에 입학하도록 도와 유학길에 오르게 되었다. 그런데 뜻하지 않게 1923년 9월 1일 주일 아침 예배가 끝날 무렵인 오전 11시 58분에 관동 대지진이 일어나자 대혼잡이 일어났으며, 시가지는 온통 불바다가 되는 대참변을 만나고 말았다. 이때 일본인들은 조선인 노동자들이 곳곳에서 사람을 죽이고 물건을 약탈한다는 소문을 퍼뜨려 일본 경찰과 소방관들은 닥치는 대로 조선 사람을 학살하고 다녔다. 동경을 비롯해서 요코하마까지 조선 사람들 1만여 명을 학살하고 그 시신을 아라카와 강물에 던져버리는 비극이 일어났다.

관동 대지진에서 기적적으로 살아난 한승인은 이러한 사실을 조국에 알리기 위해서 서울에서 발간하는 〈동아일보〉에 기고했다. 그러자 〈동아일보〉에서는 1923년 9월 7일자에 그 내용을 보도하였다. 〈동아일보〉에 난 기사를 읽은 인촌 김성수(고려대 설립자)는 한승인에게 장학금을 지불하기로 하고 그에게 미국으로 유학갈 수 있는 길을 열어 주었다.

미국에 도착한 한승인은 미국인 가정에서 머슴으로 생활하게 되었으며, 1928년 미주리대학교에 학사편입을 하고 1년 만에 모든 과정을 마쳤다. 다시 뉴욕으로 자리를 옮기고 컬럼비아대학교에서 마케팅을 전공하여 석사 학위를 받았다. 한승인은 어렵게 공부했던 그 학문으로 고국에서 봉사하겠다는 뜻을 갖고 귀국하였다. 그런데 뜻하지 않게 1937년 6월 수양동지회 사건이 발생하였다. 이 사건으로 수양동지회 회원들이 체포를 당하고 안창호 등 150여 명이 종로 경찰서에 구속되었다. 일제가 이들을 체포하여 구속시킨 이유 중 하나가 1937년 7월 7일 중일전쟁을 일으키기 위해서였다.

한승인은 안창호 등과 함께 3개월간 옥고를 치른 후 4년 반 동안 재판이 진행되면서 재산을 탕진했다. 그래서 가족의 생계에 큰 위협을 받게 되었다. 그는 미국에서 마케팅을 전공했기에 그 실력으로 서울 종각 건너편에 있는 화신 백화점에 취직해 겨우 생활을 유지해 갈 수 있었다. 그 후 해방이 되어 미 군정청 상공부 상영국장으로 근무하였지만, 뇌물을 받았다는 오해를 받고 직장에서 더이상 일하지 못하였다. 그러나 뜻하지 않게 서울대에 초빙되어 상과대학에서 교수로 후학 양성에 힘을 쏟을 수 있었다. 1948년 8월 15일 정부가 수립되자 경제협력기구 고문으로 잠시 재직하다가 한국무역사절단의 부의장 자격으로 호주를 비롯하여 동남아 여러 지역을 순회하면서 무역의 중요성을 알리기도 하였다.

다시 미국으로 사업장을 옮긴 후 가발사업을 시작하면서 사업이 왕성하게 진행되었으며, 한국에서 수입해 온 가발은 대단한 인기를 끌었다. 그는 뉴욕에 자리를 잡고 뉴욕 한인교회에 출석하면서 인정을 받자, 자연히 장로를 선출할 때 많은 지지를 얻어 1971년 12월 26일 장로로 장립을 받았다. 1972년에 박정희 대통령이 유신헌법을 만들고 종신제 대통령을 선포하자 미국에서 민주화 운동이 일어났고 한승인은 거기에 참여하였다. 한국기독교교회협의회(KNCC)에서 민주화를 위한 목요기도회가 실시되자, 한승인 장로는 미국 뉴욕에서 목요기도회를 조직하고 초대 회장으로 선임되어 민주화 운동에 크게 기여하였다.

이러한 시기에 김대중 전 대통령 후보가 미국을 방문하여 미국에서 민주화를 위해 활동할 때 같이 가발사업을 했던 박지원(현 민주당 원내 대표)과 함께 김대중 전 대통령 후보를 적극 지원하였다. 때로는 조국의 민주화를 위해서 삭발도 하고 적극적으로 앞장서서 활동하였다. 그렇게 뉴욕 한인교회에서 봉사하던 한승인 장로는 1977년 뉴욕 한인교회에서 장로직을 은퇴하고 1979년에는 《도산 안창호》라는 책을 저술해 출간하고 출판기념예배를 드렸다. 이때 김대중을 비롯해서 민주화 운동에 참여했던 200여 명이 모인 가운데 출판기념회도 갖고 그의 80회 생일을 축하하는 행사도 성대하게 거행하였다.

한편 한승인 장로는 팔순에 접어들자 "하나님, 조국 통일이 하루속히 이루어져 고향 땅 북한을 방문할 수 있는 기회를 주세요"라고 간절히 호소했지만 끝내 고향 땅에 가 보지 못하고 삶을 마감하였다.

63 애국지사 박연세 목사 딸과 결혼한
김오봉 장로

　김오봉(金五奉, 1922-2002) 장로는 전남 신안군 암태에서 김재현과 천시월 사이에서 7남매 중 5남 막내로 출생하였다. 일본을 알아야 한다는 부모의 권유로 일본 교토[京都]에 있는 명문 히가시야마[東山] 중학교에 진학하였다. 김오봉은 일본인들이 다닌 학교였지만 조금도 굴하지 않고 당당하게 학교 수업에 열중하였다. 김오봉은 일본인 친구와 함께 교토의 번화가에서 일본의 유명한 가가와[賀川豊彦] 목사의 노방전도를 받고 기독교를 접하게 되었다.

　이때 일본인과 함께 일본 교회에 등록하고 신앙생활을 하다가 봄, 가을에 개최되는 재경조선인유학생회(在京朝鮮人留學生會) 야유회에서 뜻하지 않게 도시샤[同志社]대학에 유학 온 같은 고향 선배인 서남동(徐南東) 선배를 만나게 되었다. 그때부터 교토 한인교회에서 출석하게 되었다. 서남동은 도시샤대학 신학부를 졸업하고 대구 동문교회에 청빙을 받고 목사로서 사역하고 있었다.

　김오봉은 중학교를 졸업하고 다시 일본전문학교를 졸업한 후 귀국하였다. 잠시 목포에 머물고 있는 동안 1944년부터 목포 양동교회에 출석하였다. 그 교회는 1926년에 박연세(朴淵世) 목사가 부임하였다. 1942년 7월 7일 일제는 중일전쟁 5주년을 맞이해서 중국에서 천황군의 승리를 바라는 설교를 하도록 일본 기독교 조선교단에서 각 지교회에 공문을 발송하였다.

그러나 목포 양동교회에서 사역하고 있던 박연세 목사는 '약육강식'(弱肉强食)이란 제목으로 설교하였다. 이 설교가 문제가 되었다. 일본 경찰은 확실한 물증을 잡기 위해서 교회 사찰 집사 아들 김○○군(영흥학교 재학생)을 시켜 박연세 목사의 설교 노트를 훔쳐 오도록 하였다. 이때 김○○ 군은 박연세 목사의 책상을 뒤져 설교 노트를 갖다 줌으로 그 가정은 일제 강점기 때에 경찰로부터 각종 혜택을 받았다. 이러한 물증으로 박연세 목사는 목포 경찰서에 조사를 받고 목포지방검찰지청에서 구속영장이 발부되어 목포 형무소에 구속되고 말았다. 일제의 재판장 앞에 선 박연세 목사는 조금도 두려워하지 않고 판사의 질문에 똑바로 대답하였다. "당신이 믿는 예수가 재림하게 되면 천황폐하가 심판을 받습니까?"라는 질의에 확실하게 "심판을 받습니다"라고 대답을 하였다. "다시 예수가 높으냐? 천황이 높으냐?"라는 심문에서도 확실하게 예수님이 더 높다고 대답하였다.

이 일로 박연세 목사는 형이 확정되어 대구 형무소에 이감되고 말았다. 그 후 1944년 2월 15일 그 혹독한 추위 속에서 옥사하는 비극을 만나게 되었다.

당시 대구 동문교회에서 목회하고 있던 서남동 목사가 시신을 인수하기 위해서 감방에 들어갔는데, 무릎을 꿇고 기도하는 자세로 있는 그 모습을 관에 담을 수가 없었다고 한다. 그래서 더운물로 시신을 다 녹인 후에 관에 입관하고 시신을 기차에 싣고 목포에 도착하였지만 아무도 나오지 않았다. 이때 이러한 소식을 들었던 김오봉 청년과 박연세 목사의 부인 김신애 여사와 외동딸인 박지영 양, 이남규 목사 등 몇몇 사람들이 모여 이남규 목사의 집례로 장례식을 거행하였다.

이미 일본에서 유학했던 김오봉은 늘 조선이 독립해야 한다는 굳은 의지를 갖고 있었기에 박연세 목사의 후손을 이어갈 수 있는 남자가 필요하다는 생각을 하게 되었다. 그래서 함께 목포 양동교회를 섬기고 있는 박연세 목사의 딸인 무남독녀 박지영 양과 결혼하게 되었다. 이때 많은 사람들이 일본 유학까지 하고 온 엘리트 청년이 대구 형무소에서 옥사한 목사의 딸과 결혼한다고 비웃기도 하였다. 그러나 그는 조금의 동요도 없이 결혼 예식을 올리고 목포에서 살게 되었다.

설교 노트를 훔쳤던 사찰 집사의 아들 김ㅇㅇ 군 덕분에 그 가정은 일본 경찰들이 쌀과 고무신을 배급하던 그 시절에 쌀과 고무신을 많이 배급해 주어 그것으로 장사를 하였고, 아주 잘사는 집이 되었다. 해방을 맞이하자 목포에서 친일파 목사로서 앞장섰던 조승제 목사는 곧 교회에서 쫓겨나고 이남규 목사가 부임하였다. 당시 목포는 이남규 목사를 중심으로 애국청년단을 조직해 치안을 지키고 있었다.

이때 김오봉 청년도 치안 책임자의 일원이 되어 미군정의 협력을 얻어 권총을 차고 다녔다. 그는 자신의 장인 박연세 목사를 옥사하게 하는 일에 협력했던 김○○ 군을 죽이기 위해서 상경하였다. 그는 김○○ 군을 서울역에서 만나 권총으로 쏘아 사살하려고 하였다. 그때 장인 박연세 목사가 나타나서 "원수를 사랑하라"고 하는 음성을 들었다고 한다. 그래서 김오봉은 뽑았던 권총을 접어두고 목포로 내려오게 되었다.

때마침 암태 출신들이 중심이 되어 목포 서부쪽에 동광중학교를 설립했다. 김오봉은 그 일에 한몫을 담당하고 그 학교 교감으로 재직하였다. 그 후 김오봉은 목포 정명여학교 교감으로 재직하면서 목포 양동교회에서 열심히 봉사하였다. 미션학교의 순환 근무제로 인해 1958년에는 광주 수피아여자중학교 교감으로, 1968년에는 순천 매산고등학교 교장, 1975년에는 광주 수피아여자고등학교 교장으로 재직하면서 오늘의 수피아를 만드는 데 큰 공을 세웠다.

교사직을 성실하게 수행하기 위해서 자격의 요건이 필요하자 서울대 사범대 중등교원양성 과정을 수료하고, 조선대 정치외교학과를 졸업했다. 그 후 틈틈이 시간을 할애하여 전남대 행정대학원을 수료하고, 미국 퀸즈대학교 명예문학박사를 취득하였다. 교계활동도 학교 일 못지않게 열심히 봉사하였다. 그는 전국 남선교회 수석부회장, 전국 장로회연합회 회장, 전남노회장, 한남대 이사장, 유네스코 광주전남협회 회장으로 활동하였다. 이상의 활동으로 국민훈장 동백장을 받기도 하였다.

김오봉은 광주로 이거하면서 광주 양림교회 장로로 장립을 받았으며, 부인 박지영 여사는 권사로 임직을 받았다. 김오봉 장로는 2002년에 삶을 마감하였으며, 그의 5남 2녀는 모두 아버지와 어머니의 신앙을 따라 성장했다. 장남 김종식은 미국 LA 충현교회에서 장로 피택을 받았지만 장립을 사양하였다. 차남 김종성은 양림교회 장로, 3남 김종호는 분당 한신교회 성가대 지휘자로, 4남 김종하는 미국 LA 주찬양교회, 김종양, 장녀 김은혜, 차녀 김은선은 모두 집사로 봉사하고 있다.

64 여성 독립운동가 손메례 장로

손메례(또는 李貞圭, 1885-1963) 장로는 서울 계동 양반집 가문에서 외동딸로 출생하였다. 아버지는 일찍이 사망하였으며, 외동딸로 자라면서 어머니의 무릎 위에서 《열녀전》,《행실록》,《제사법》등 조선 여인이 알아야 할 것을 배웠다. 외동딸로 자랐던 이정규는 17세가 되어 손봉순과 결혼을 하면서 삶의 변화를 가져왔다.

손봉순은 남대문 근방에 있는 상동교회에 출석한 독실한 교인이었다. 이정규는 남편의 종교를 택하면서 상동교회를 열심히 다녔다. 결혼한 지 3년이 지난 1906년 이 교회의 설립자인 스크랜턴(W. B. Scranton) 선교사에게 세례를 받았다. 세례를 받으면서 그의 이름을 메리(Mary)라 부르면서 현대 여성답게 서양식으로 남편의 성을 따라 손메례라고 부르게 되었다.

그는 상동교회 교인 여메례가 설립한 진명여학교에 진학하였다. 학생들 가운데는 이미 결혼한 가정주부들이 대다수였다. 이 학교의 보통과를 졸업한 이정규는 아예 이름을 손메례라 개명하고 다시 상동교회가 설립한 감리교성경학원에 진학하였다. 3년 과정을 이수했던 손메례는 상동교회의 파송을 받고 서울 근교에 있는 마을을 찾아다니면서 전도부인으로 노방전도에 열중하였다.

손메례는 전도를 하다가 어려운 사람을 만나면 자신이 귀하게 여겼던 혼숫감을 팔아서 도와주기도 하였다. 여기에 상동교회로부터 전도사의 생활비를 받으면서 그것도 어려운 사람들에게 주었다. 이러한 소식을 접했던 스크랜턴 선교사는 전도사의 일을 접게 하고 스크랜턴 선교사의 어머니가 설립했던 이화학당에서 성경과 가사를 가르치는 시간 강사가 되도록 했다.

때마침 조선에도 기독교여자절제회 운동이 서서히 대두되자, 이 운동을 조선에도 조직해야 한다는 이야기를 만나는 사람마다 전하게 되었다. 그러자 1923년 9월 18일에 준비위원회를 조직하게 되었다. 이 절제회는 1874년 이미 미국에서 여성들이 중심이 되어 조직된 단체였다. 이때 조선에서 절제회를 창립한다는 소식을 접하고 세계기독교 여자절제회에서 틴링(C. I. Tinling)을 파송했다. 손메례는 그녀와 함께 지방을 순례하면서 절제운동의 필요성을 역설하면서 회원을 모집하기 시작하였다.

드디어 1924년 8월 28일 이화학당에서 조선기독교 여자절제회를 조직하였다. 이때 초대 총무로 손메례 전도사를 선임하였다. 총무로 선임되었던 손메례는 전국을 누비면서 계몽 강연을 실시하였다. 그가 지방 여신도들을 모아 놓고 강연을 하게 되면 많은 여성들이 모여들었다. 그럴 때마다 그의 힘찬 강연은 힘을 얻었다.

"여러분, 금주 금연운동에 적극적으로 참여하여 우리의 건강을 지킵시다."

이러한 강연을 들었던 여성들은 즉시 행동으로 옮겼다. 여기에 공창 폐지와 함께 축첩 반대 운동까지 포함시켰다. 당시 한국 사회의 양반이라는 사람들은 으레 축첩을 해야만 남자 구실을 할 수 있다는 이상한 분위기가 조성되어 있었다. 이 강연회에 참석했던 남성들이 축첩을 반대하는 운동을 전개하면서 이 운동이 자리를 잡게 되었다. 심지어 어떤 술장사는 자신이 이 운동에 역행한다면서 술장사를 그만두는 일도 생겨났다. 여기에 담배를 그렇게 좋아하는 남자들도 아예 주머니에서 담배를 꺼내 놓고는 길바닥에 던져놓고 발바닥으로 부벼대기도 했다.

이 운동은 가는 곳마다 성과가 좋았다. 한번은 전주에서 금주 금연운동을 하고 있는데, 어느 중년 신사가 손을 번쩍 들고 회중을 향해 일장 연설을 실시하였다.

"여러분, 저는 금주 금연운동에 적극적으로 찬성합니다. 그런데 저는 집에서 어린아이의 잠을 재우기 위해서 아편 주사를 조금씩 놓아 준 일이 있습니다. 오늘 저는 이 강연에서 너무나 많은 것을 깨달았습니다. 이제 이후로는 술, 담배, 아편까지 철저히 끊고 제 자신부터 이 운동을 실천하여 우리 동네에서 금주 금연운동 강연을 하겠습니다."

그의 말이 끝나자 여기저기서 박수 갈채가 쏟아져 나오기 시작하였다. 손메례의 활동은 강연으로만 끝내지 않고 당시 〈기독신보〉에 글을 써서 호응을 받은 일이 한두 번이 아니었다. 이 운동에 적극적으로 참여하는 인원이 증가하자 뜻있는 지도자들이 모여 1927년 2월에는 민족의 자주독립을 이념으로 하는 신간회가 조직되었다. 손메례 총무는 이 일에 적극적으로 참여하여 함께 일하였다. 그러나 여성들로 따로 구성하는 조직체가 하나 있었으면 좋겠다는 의견을 받아들여 근우회(勤友會)를 조직하였다. 그런데 이 조직은 일제 형사들의 농간에 빠져 그만 해체되고 말았다.

그러나 손메례 총무는 조금도 낙심하지 않고 교육을 통해서 의식화를 개발해야 한다면서 여성을 중심으로 대성학원, 흥아 가정여학원을 만들어 원장으로 활동하였다. 해방을 맞이해서는 궁정동에 정명학원을 설립하여 중학교에 진학하지 못한 여성들에게 교육의 기회를 만들어 주기도 하였다. 1952년에는 서울 시내 궁정동에 있는 130평의 건물과 541평의 토지를 기부받아 예술교육 전문학교인 서울예술고등학교를 설립하였다. 이 일로 그는 한국 예술에 크게 공헌하였고, 자신이 출석하던 상동교회 장로로 취임하기도 하였다.

65 평생을 북한에 남겨둔 가족을 그리워했던
화백 김학수 장로

　김학수(金學洙, 1912-2010) 장로는 모태신앙으로 평양 남산현교회에서 유아세례를 받았다. 그의 학력은 신흥학교 4년 졸업이 전부다. 청소년기에는 평양 경창문밖교회와 장대현교회를 다녔으며, 장성한 후는 서평양교회(당시 박대선 목사 시무)를 다녔다. 원래 미술에 천재적인 재능이 있어서 1937년 묵난 작품으로 일본 동경 남화회전에 당선되면서 그의 명성이 서서히 국내에 알려지게 되었다. 1939년에는 이정란 규수를 만나 신혼생활을 하게 되었다.

　1942년 이당 김은호(金殷鎬) 화백의 문하생이 되면서 본격적으로 작품 활동을 하게 되었다. 여기에 선전(鮮展)을 비롯해서 여러 번 입선한 바 있다. 그러나 불행하게도 6·25 한국전쟁을 만나게 되었다. 그는 잠시 철수했다가 수복한다는 말만 믿고 가족을 남겨두고 단신으로 월남하여 피난지 부산에 정착하였다. 이때 부산에서 피난민들이 중심이 되어 부산 시온교회를 창립하였다. 다시 서울이 수복되자 동대문에 서울 시온교회를 창립하는 데 참여하였으며, 이러한 공로로 1967년 서울 시온교회 장로로 장립을 받았다.

서울에 머물면서 두고 온 가족이 생각날 때마다 그 정력을 쏟아 그가 전공하는 한국역사풍속도를 그려나갔다. 그는 우리나라의 아름다운 풍물과 조상들의 생활 풍속을 담은 예술성이 짙은 그림을 발표함으로 자리를 잡아 가고 있었으며, 자신에게 이러한 재질을 주신 하나님의 은혜에 너무 감사하여 기독교 미술인으로서 성화 풍속도에 정력을 쏟기 시작하였다. 미술계에서는 그의 이러한 실력을 인정했다. 그는 1966년 한국기독교미술인협회를 창립하는 데 참여하였으며, 이때 신세계화랑에서 한국풍속화 전시회를 가졌다.

혜촌(惠村) 화백의 독특한 성화는 한국적인 성화로서 예수 주변의 인물과 배경은 모두 우리 한국인의 인물과 풍경인데, 오직 예수만은 유대인의 옷을 입은 모습으로 그리고 있다. 그리고 거기에 모여든 청중들은 모두 한복을 입은 모습이었다. 그는 토착화된 성화를 그리는 데 있어서 선구자적인 역할을 하였다. 이러한 일로 인하여 그의 성화는 교계 신문의 성탄절과 부활절 특집호, 교계 잡지 표지화로 많이 등장하면서 더욱 알려지기 시작하였다.

혜촌의 주요 작품들을 보면 풍속화로는 '시장도'(市場圖), '능행노'(陵幸圖)가 있고, 역사화로 '한양도'(漢陽圖)와 '경복궁도'(景福宮圖)가 있다. 역시 그가 장로로 활동하고 있기에 한국적인 성화는 독특한 면이 있다. 여기에 예수의 일대기 연작 30점이 있으며, 한국기독교 선교역사화 37점을 완성하기도 하였다. 남대문에 입성하시는 예수님, 문 두드리시는 예수님 등이 있다. 1984년에는 한국기독교 선교100주년을 맞이해 100점을 완성하여 발표하기도 했다.

이렇게 왕성하게 작품 활동을 하면서도 북에 두고 온 부인과 2남 2녀를 늘 생각하고 기도할 때마다 북쪽 하늘을 쳐다보고 몇 번이고 부인과 자녀들의 이름을 불렀다고 한다. 이렇게 부르고 나면 생각할 수 없을 정도로 영감이 떠올라 붓이 가는 대로 성화(聖畵)를 잘 그렸다고 한다.

여기에 또한 빼놓을 수 없는 이야기가 있다. 1972년 남북적십자 회담이 한창 거론될 때 1972년 6월 24일자 〈東亞日報〉에 이북에 있는 가족에게 지상 안부를 띄우는 편지를 소개하였다. 이때 그 편지를 읽었던 많은 독자들로부터 격려가 쇄도하였다. 한국 교회와 한국 기독교미술인협회의 격려로 그의 활동 무대는 점점 확대되어 갔다. 1972년에는 미국 켄터키 루이빌대학과 디트로이트 웨인대학의 초청으로 미국 5개 도시에서 순회 전람회를 하였다. 이때 미국에 있는 교회뿐만 아니라 한국 교회에서도 대대적인 환영을 받았다. 이러한 결과로 1979년 뉴욕에 있는 한인들을 중심으로 뉴욕 한국화랑에서 초대전을 갖기도 하였다.

그는 화폭에 그린 성화를 몇몇 개인들에게만 보여줄 수 없다고 생각했다. 그래서 당시 박대선 연세대 총장의 부탁으로 예수의 생애라는 주제로 40점을 비롯해서 선교라는 주제로 23점, 의료와 교육이라는 주제로 23점, 순교와 박해라는 주제로 8점을 그려 완성하였다. 이상의 모든 그림을 더 많은 사람들에게 보일 수 있도록 하기 위해서 그 모든 성화 저작권 및 출판권을 진흥문화사 회장인 박경진 장로에게 위임하였다. 이 뜻깊은 일을 맡은 박경진 장로는 자신이 사장으로 있는 진흥문화사에서 이 모든 성화를 엮어 한 권의 성화집으로 발간하였다.

혜촌 김학수 성화집은 모두 4부로 분류되어 있다. 여기에 다 소개할 수는 없지만 한국기독교 역사와 직접 관계있는 부분을 소개하면 선교라는 제목으로 한국에 오신 예수님, 예수께로 가면 기쁘리로다, 하멜의 제주도 도착, 최초의 소래교회, 귀츨라프 선교사의 상륙지인 고대도, 아펜젤러와 언더우드 선교사의 제물포항 상륙, 대동강변 노방전도, 평양 장대현교회, 평양 남산현교회, 정동교회, 새문안교회, 상동교회, 강화읍 성공회, 서상륜과 이수정, 김창식·길선주·최봉석 목사, 조만식 장로가 있다. 교육 의료 부분에서는 평양 숭실학교, 예수학당, 배재학당, 이화학당, 보구여관(이대부속병원), 광혜원, YMCA 회관, 평양장로회신학교, 감리교협성신학교, 연희전문학교가 있다. 끝으로 순교와 박해의 장면은 천주교 새남터, 토마스 선교사의 순교 장면, 3·1 운동의 현장이었던 제암교회, 주기철 목사의 순교 장면을 모두 편집하여 책으로 출간하였다.

이 엄청난 작품을 남긴 김학수 장로는 그렇게 기도하고 만나 보기를 원했던 가족을 만나지는 못하였다. 다행히 미국에서 수시로 북한을 왕래했던 이승만 목사를 통하여 가족의 소식을 접하고 이승만 목사가 북한을 방문할 때마다 속내의와 재정적으로 얼마의 달러를 보내기도 하였다. 다행히 김학수 장로의 성화를 북한 가족에게 보내기도 하고 자녀 중에 한 명이 북한에서 화가로 아버지의 대를 잇고 있다는 소식을 듣기도 하였다.

혜촌 김학수 장로는 북에 있는 가족을 그렇게 그리워하였지만 이 땅에서는 만나지 못하고 먼 훗날 하늘나라에서 만날 것을 주님께 부탁하고 서울에서 삶을 마감하였다. 그는 비록 가족은 북한에 있지만 장학회를 조직하여 많은 지도자를 양성하기도 하였다. 그의 작품 중 초대형 성화는 경기도 용인시 추계리에 있는 한국기독교순교자기념관 입구에 자리를 잡고 있다. 그 성화는 1866년 9월 4일 병인박해 시 토마스 선교사가 평양 대동강에서 복음을 전하려고 하였지만 관헌에게 체포되어 처형당하는 장면을 화폭에 담은 것으로, 그곳을 찾는 모든 순례자에게 새로운 은혜의 시간을 전하고 있다. 이 성화는 서울 상동교회에서 기증하였다.

66 일본군 막사를 뜯어다가 교회를 건축한 김덕남 장로

김덕남(金德男, 1910-1950) 장로는 경기도 광주군 대왕면에서 김종순과 박 씨 사이에서 5남매 중 장남으로 출생하였다. 결혼 후 상경하여 회사에 취직하면서 하숙집에서 가까운 서울 연동교회에 출석하였다. 서울 연동교회에서 함태영 목사에게 세례를 받고 매 주일 함태영 목사의 설교가 너무나 은혜가 되어 주일에 회사 출근하는 것도 제쳐 놓고 신앙을 지켰다.

그런데 어느 날 회사에서 신사(神祀)를 차려놓고 전 사원들에게 참배를 강요하자, 그렇게 좋은 직장을 10년간 다녔지만 사표를 내고 낙향하였다. 그는 서울 연동교회로부터 고향에 있는 둔전교회로 이명 접수를 한 후 둔전교회를 열심히 섬겼다.

그런데 하루는 고향 친구들이 환영회를 한다면서 어느 주막집에서 모임을 갖게 되었다. 고향 친구들은 원래 매일같이 술을 낙으로 살아왔던 이들이었고, 서울에서 온 김덕남을 환영하는 자리였다. 어느 친구가 술을 권하자 그 술잔을 받아들고 큰 목소리로 기도하였다.

"하나님, 저를 일본 신사에도 참배하지 않게 했던 그 성령님을 이 시간 보내 주셔서 믿지 않는 친구들에게 전도할 수 있는 좋은 기회를 허락하여 주시옵소서. 아멘."

이렇게 기도하자 친구들은 그 술잔을 다 거두고 서로 오랜만에 만난 정다운 이야기로 회식을 마치게 되었다. 친구들은 그 좋은 직장을 버리고 서울에서 고향에 온 친구를 보고는 한결같이 칭찬하면서 몇 시간을 보내게 되었다.

그는 주일마다 새벽기도회가 끝나면 빗자루를 들고 온 동네 골목을 청소했다. 그리하여 둔전리 마을은 깨끗한 동네로 변하게 되었다. 둔전리교회는 자연히 부흥이 되면서 계속 성장해 갔다. 그 후 둔전리교회의 장로를 선출할 때 전 교인이 힘을 모아 김덕남을 장로로 선출했다.

장로로 장립을 받은 지 몇 해 안 되어 8·15 해방을 맞이하게 되었다. 그는 청년들을 모아 놓고 애국가를 가르치는 등 바쁜 나날을 보내게 되었다. 이제 둔전리교회는 새로운 시대를 만나게 되었다. 그런데 이곳 시골에도 좌우익으로 나누어져 서로 갈등이 야기되었다. 이때 김덕남 장로는 혼란한 사회를 바로잡아 가야 한다면서 둔전리교회 교인들을 중심으로 대왕면 독립애국청년단을 조직하였다. 김덕남 장로을 단장으로 하고, 동생 김영수 집사는 기획부장으로 선임받았다.

김덕남 장로는 위원장으로서 대왕면 주민들에게 모범을 보여주어야 한다면서 새벽기도회가 끝나면 둔전리 마을 길거리 청소를 했다. 그러자 둔전리교회 교인들도 너 나 할 것 없이 앞다투어 마을 길거리를 깨끗하게 청소하였다. 이 일로 좌익에 속했던 친구들이 하나둘 교회로 모여들어 교회는 갑자기 비좁아 앉아서 예배를 드릴 수 없을 정도가 되었다.

이때 서울 연동교회에서 함태영 목사에게 세례를 받았던 인연으로, 둔전리교회 집사 몇 명을 데리고 서울 연동교회 원로목사인 함태영 목사를 만나 교회 사정을 이야기했다. 그리고 일본군이 사용했던 막사를 사용할 수 있도록 도와달라고 했다. 그러자 그 길로 협력해 주겠다는 약속을 받고 돌아왔다. 몇 날이 안 되어 광주군 군청에서 군수가 만나자는 연락을 해와서 즉시 군수를 만났더니 "서울에 있는 함태영 목사께서 연락이 왔습니다. 일본군 막사를 전부 해체해서 교회 신축하는 데 사용하세요"라고 하는 것이었다.

그래서 곧 교회 청년들과 둔전리에 사는 청년들, 여전도회 회원들, 심지어 주일학교 유년부까지 동원해서 모든 자재를 옮겨 놓았다. 그 후 교회당을 신축하려면 땅도 고르고 해야 하는데 일손이 모자라 믿지 않는 독립애국청년단 단원까지 동원하였다. 마치 개미떼들이 먹을 것을 운반하는 것처럼 많은 사람들이 열심히 우마차를 동원해 둔전리 마을까지 운반하였다.

둔전리교회는 1904년에 설립된 교회로서, 8칸의 예배당에서 42년간 예배를 드렸다면 교회 건축을 위해 얼마나 애를 썼겠는가 하는 생각이 든다. 건축이 완성되자 1946년 12월 15일 교회 창립 40주년을 맞아 헌당식을 거행하게 되었다. 이날 행사는 둔전리교회의 행사가 아니라 광주군 대왕면 행사가 되었다. 이날 헌당식은 바로 함태영 원로목사가 인도하게 되었다. 한때 김덕남 장로가 함태영 목사가 시무한 연동교회에 출석한 일도 있었고, 교회당을 신축하는 데 필요한 목재를 일본군 막사를 뜯어 사용할 수 있도록 도왔던 분이 온다고 해서 모든 면민이 좋아했으며, 광주군 군수도 대환영을 하였다.

함태영 목사가 온다는 소식을 들었던 둔전리교회에서는 주일학교 어린아이들이 손에 태극기과 십자가기를 들고 나가 환영하였다. 드디어 시간이 되자 함태영 목사는 둔전리교회 창립 40주년을 맞아 새 예배당 헌당식을 거행한다고 선포했고, 모든 교인들이 감격스러운 마음으로 예배를 드렸다.

이렇게 헌당식이 끝나자 그다음 주일부터 새로운 교인들이 더 많이 모여들면서 둔전리교회는 계속 부흥 성장하였다. 그런데 1950년 6월 25일 뜻하지 않게 6·25 한국전쟁이 일어났다. 이때 교인들은 현석진 목사와 김덕남 장로에게 피신 할 것을 강요하였지만 "우리가 어떻게 양을 버리고 떠납니까? 우리는 목에 칼이 들어와도 못 떠납니다"라고 사양했다. 결국 김덕남 장로는 7월 14일 새벽 3시에 공산당에 체포되었으며, 일주일 후 서울 서대문 형무소로 이감되어 그곳에서 현석진 목사와 함께 순교하였다.

67 '가고파'를 작사한 이은상의 아버지
이승규 장로

　이승규(李承奎, 1860-1922) 장로는 서울 태생으로 독립운동가이며 육영사업가이기도 하다. 1866년 병인년을 맞이해 조선에서는 대원군의 폭정으로 천주교에 대한 박해가 심했다. 천주교를 믿었던 그의 가문은 생명이 위험해지자 가족을 이끌고 경남 동래까지 피난을 하였다. 1875년 이승규는 아버지가 사망하자 큰 뜻을 품고 상경하였다. 대원군의 극심한 탄압 속에서 다시는 정치를 하지 않겠다는 뜻을 품고 정치에 휘말리지 않고 한의사가 되겠다는 굳은 의지를 다졌다. 그는 이름난 한의사를 만나 그 한의사 한약방에서 7년간 잔심부름을 하면서 열심히 한의사 시험을 준비하였다.

　다행히 한의사 시험에 합격하고 면허를 얻은 후 제2의 고향인 경남 동래에 내려가 그곳에서 20년간 한의원을 운영하였다. 동래 지방에서는 꽤 소문난 한의원으로 소문이 나서 성업을 이루게 되었다. 44세가 되던 해에 스스로 마음속으로 다짐하기를, 이제부터는 남을 위해서 살겠다는 굳은 의지를 갖고 찾아간 곳이 경남 마산이었다.

마산으로 이주한 이승규는 1904년 호주 장로교 선교사인 아담슨(Rev. Adamson, 손안로)의 전도를 받고 기독교를 접하게 되었다. 이때 아담슨 선교사는 마산에 문창교회를 설립하였다. 이승규는 자연히 아담슨 선교사를 따라다니면서 전도에 힘을 쏟기도 하였다.

그로 인해 마산 문창교회는 계속 교인들이 모여들기 시작하였다. 이때 이승규는 자신이 전도했던 아이들을 가르쳐야겠다는 교육의 필요성을 느꼈다. 그래서 1906년 마산사숙(馬山私塾)을 설립해 운영하였다. 학생들이 모여들자 1908년에는 이 마산사숙을 마산시 성남동으로 이전해 운영하였다. 때마침 마산 문창교회를 설립했던 호주 장로교 선교부의 지원을 받아 마산 창신학교를 설립하여 경남 일대에서는 유명한 명문으로 출발하기에 이르렀다. 창신학교는 설립에 힘썼던 아담슨 선교사가 초대 교장이 되었으며, 성경 과목과 매일 아침마다 경건회 시간을 갖고 미션학교다운 학교로 발전해 갔다. 2대 교장으로는 라이올(D. M. Ryall, 나대벽) 선교사가 부임하였다.

일제가 한국을 점령하자 마산 창신학교는 민족의식과 함께 예수의 정신을 심는 학교로 계속 성장해 갔다. 1919년 마산에서도 3·1 독립운동이 일제의 눈을 피해 가면서 준비되고 있었다. 바로 이 학교를 설립하는 데 공이 큰 이승규를 비롯해서 이 학교의 교사인 이상소, 임학천과 마산 문창교회 교인 김용환 등이 협력하여 마산과 경남 일대에서 시위할 계획을 세우고 3·1 운동을 주도했다.

마산 창신학교 하면 이은상을 빼놓을 수가 없다. 이은상은 마산 창신학교 설립에 공이 큰 이승규 장로의 둘째 아들로 1903년에 마산에서 출생하였다. 부친이 설립했던 창신학교라 애착을 갖고 초등과, 고등과를 졸업하였다. 1923년 서울에 있는 연희전문학교 3년을 수료하고 큰 뜻을 품고 일본 도쿄[東京]로 유학을 떠났다. 도쿄에 있는 동양문과대학교에 진학하여 국문학을 연구하였다. 귀국해서는 1928년부터 1929년까지 1년간 《조선어사전》 편집위원으로 활동하였으며, 이 기간 동안 정영택, 임영빈, 방인근, 최상현 등 기독교 문인들과 함께 기독교 문학을 발전시키는 데 큰 공을 세우기도 하였다.

그러나 이은상의 부친 이승규 장로는 아들이 훌륭하게 성장해서 민족과 국가를 위해서 일해 달라는 유언을 남기고 1922년에 3월 29일 삶을 마감하였다. 이때 그의 죽음을 안타깝게 여겼던 마산 시민들은 마산 사회장으로 장례를 치렀다.

1978년 5월 17일 마산 창신학교 창립 70주년을 맞이해서 이승규 장로 기념 동상을 세우기도 하였다.

이승규 장로는 마산 문창교회의 장로로서 교계와 교육에 지대한 공헌을 하였으며, 그의 아들 이은상(李殷相, 1903-1982)은 기독교 문학에 크게 공헌하였다. 1922년 20세의 젊은 나이에 '아버님을 여의고'란 시조를 써서 발표하였다. 1931년에는 '성불사'란 가곡의 가사를 작사하였다. 1932년에는 '가고파'를 작사하여 많은 사람들에게 고향에 대한 그리움을 갖게 하였다. 여기 '가고파'의 가사 전편을 소개하면 다음과 같다.

♪ 내 고향 남쪽바다 그 파란 물 눈에 보이네
　 꿈엔들 잊으리요 그 잔잔한 고향 바다
　 지금도 그 물새들 날으리 가고파라 가고파

어릴 제 같이 놀던 그 동무들 그리워라
어디 간들 잊으리요 그 뛰놀던 고향 동무
오늘은 다 무얼 하는고 보고파라 보고파

그 물새 그 동무들 고향에 다 있는데
나는 왜 어이타가 떠나 살게 되었는고
온갖 것 다 뿌리치고 돌아갈까 돌아가
가서 한데 어울려 옛날같이 살고 지고
내 마음 색동옷 입혀 웃고 웃고 지내고저
그날 그 눈물 없던 때를 찾아가자 찾아가

이 '가고파'는 지금도 많은 사람들이 애창하고 있다. 이은상은 작사가로만 유명한 것이 아니고 이화여자전문학교 문과 교수로도 활동하였다. 1935년에는 조선일보사 편집국에서 일하였다. 그러나 일제의 탄압으로 신문사에서 나와 1942년 전남 승주군 백운사에 은거하였다. 1942년에는 조선어 사건으로 체포되어 함흥 형무소에서 수감되었고, 일본 경찰서를 안방처럼 드나드는 것이 그의 일과였다. 해방 후에는 광주에서 발행하는 〈호남신문〉을 창간하고 사장으로 재직하였다. 〈호남신문〉은 6·25 한국전쟁으로 폐간되었다가 수복 후에 복간되었다. 말년에는 충무공 기념사업회 회장, 한국작가협회장 등 많은 일을 하였다. 1982년 서울에서 별세하였으며, 충현교회 김창인 목사의 집례로 장례식을 거행하고 국립묘지에 안장되었다.

68 함흥 구국투쟁위원으로 활동했던
이순기 장로

　이순기(李舜基, 1890-1948) 장로는 함경남도 함주에서 이권신의 둘째 아들로 출생하였다. 어려서부터 한학에 심취되어 열심히 공부했던 그는, 캐나다 장로교 선교부에서 설립한 함흥 영생학교에 입학하면서 기독교 문화를 접할 수 있었다. 매켄지(W. J. McKenzie) 선교사가 황해도 장연군 대구면 송천리 소래교회에서 선교활동을 하다가 1895년 열병으로 사망했다. 그의 죽음을 헛되지 않게 하기 위해서 캐나다 장로교 선교부가 1899년 내한하여 함경도는 물론 만주 길림성에 있는 북간도 지방까지 선교 구역을 정해 놓고 선교활동을 하게 되었다.

　때마침 조선에 선교사로 지원한 그리슨(R. G. Grierson, 구례선)은 목사이면서 의사였다. 여기에 맥레(D. M. MacRae, 구마례), 푸트(W. R. Foot, 부두일) 선교사가 합세하여 3인의 선교사가 내한하고, 캐나다와 기후가 거의 비슷한 함경도와 북간도 지방을 맡아 사역하게 되었다. 선교사들은 어느 한 지역에 정착하게 되면 언제나 병원과 학교를 세웠다. 이렇게 해서 함경도 선교부는 원산에 본부를 설치하고 원산에서 가까운 함흥에 영생학교를 설립하였다.

이순기의 부모는 새로운 세상이 온다는 말을 듣고 이 학교에 아들을 입학시켰다. 당시 이순기의 부모는 서양 선교사들이 사는 모습을 보고 놀랐고, 몇 번이고 참으로 잘했다면서 스스로 자부심과 긍지를 가졌다. 함흥 읍내에 함흥교회가 설립되자 어린 이순기도 그 교회에 함께 다니면서 성경을 배우기 시작하였다. 함흥 영생학교를 졸업한 이순기는 하루속히 서양문화와 기독교 정신을 조선의 소년들에게 가르쳐야 한다는 소명감을 갖고 잠시 함흥 영생학교 교사로 재직했다. 그때 뜻하지 않는 한일병탄 소식을 접하고 몇 날을 함흥 읍교회에 가서 기도를 하던 중 하나님의 음성을 듣고 벌떡 일어나 '두 주먹을 불끈 쥐고 나라를 찾아야지'라고 결심했다. 그리고 얼마 있지 않아 함흥 영생여학교에서 여성교육에 힘을 쏟았다.

때마침 서울 YMCA로부터 전갈을 받고 함흥에도 YMCA 운동을 위해서 조직을 해야 한다는 굳은 의지를 갖고 1918년에 김창제, 현원국 등과 함께 기도하면서 함흥 YMCA를 조직하였다. 이 함흥 YMCA 조직은 지방으로서는 처음 있는 일이었다. 그런데 서울에서 기독교인들과 천도교인들이 힘을 모아 독립운동을 준비한다는 소식을 접하고 함흥 YMCA에서도 이 운동에 적극 참여하기로 하였다. 여기에 평소에 뜻을 같이하는 회원들을 모아 놓고 서울에서 전해온 소식을 접하면서 태극기를 만드는 데 힘을 쏟았다. 혹시라도 비밀이 새어나갈까 해서 철저히 보안 조치를 취하는 등 세심하게 준비했다. 여기에 함흥읍교회 교인들은 물론이고 함흥 영생학교와 영생여학교 학생을 동원하기 위해서 비밀리에 조직을 완성하였다.

특별히 이 일을 위해서 YMCA에서도 한영호(韓泳鎬), 이근재(李根載), 이영화(李榮華)가 함께 모여서 비밀리에 3월 3일 함흥 장날을 기해 독립 만세를 부르기고 약속했다. 인원 동원에는 각 종교별로 천도교는 천도교 책임자에게, 기독교는 기독교인에게 별도로 책임을 맡겼다. 이때 이순기는 영생학교 남학생들, 영생여학교 학생들까지 조직을 완료하고 드디어 3월 3일이 왔다. 때마침 장날이라 많은 사람들이 모여들자 영생학교 학생이 임시로 만든 단상에 올라가 큰소리로 "대한 독립 만세"를 불렀다. 그러자 일제히 그 함성에 만세를 불렀다.

이 만세 소리에 놀란 일본 경찰과 헌병대들은 손에 태극기를 들고 다니는 사람들은 모두 체포하였다. 이순기는 주모자로 낙인이 찍혀 3월 5일에 체포되어 1년 6개월형을 받고 함흥 형무소와 서대문 형무소에서 수형생활을 하게 되었다. 석방 후에도 독립을 해야 한다는 굳은 의지를 갖고 있던 중, 1923년 양력 설인 1월 1일 물산장려운동의 일환으로 기독교 신자 및 YMCA 회원 1천여 명이 무명 두루마기를 입고 일화배척(日貨排斥)과 국산 애용 시위를 하다가 또 체포되어 얼마간 옥살이를 했다.

그가 이러한 운동을 할 수 있었던 것은 함흥 중앙교회 교인들의 뜨거운 기도에 힘입었다면서 교회 출석을 소홀히 하지 않았다. 결국 이 교회의 장로로 장립을 받았다. 함흥 읍내에서 그의 활동은 숨을 제대로 쉴 수 없을 만큼 바쁘게 지냈다. 불우청소년을 위한 학술강습소 개설, 동아일보 함흥지국장, 함흥 체육회 평의원, 함흥중앙유치원 원장을 맡아서 일했다. 여기에 1941년 일제가 태평양 전쟁을 일으키자 반일운동을 계속하면서 1942년 9월에는 소위 '함흥구국투쟁위원회 사건'에 관련되어, 30여 명이 함흥 헌병대에 연행되어 갖은 고문을 당하고 결국 1년 3개월 만에 병보석으로 석방되었다.

해방 후에도 그의 애국심은 철저하였다. 민주정권을 수립하기 위해 공산당과 대항해 투쟁하다가 체포되어 갖은 고문을 받기도 하였다. 출옥 후 많은 사람들에게 남한으로 탈출하라는 권유도 여러 차례 받았지만 이를 거절하고 계속 북한에 남아 조만식 장로가 이끄는 조선민주당 함경남도 부위원장, 함흥시 위원장직을 맡아 활동하였다. 그는 1948년 4월 18일 함흥극장에서 공산당이 개최한 궐기대회에 강제로 참석했다가 남한에 대해 욕설하는 소리에 그만 졸도를 하고 말았다. 이 일이 있은 지 3일 만에 삶을 마감하였다.

69 시인으로 우리에게 많은 시를 선물한 박목월 장로

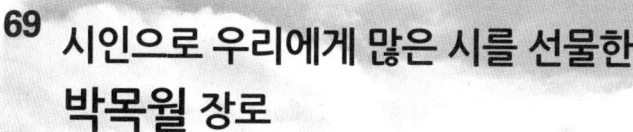

박목월(朴木月, 1916-1978) 장로는 경상북도 경주에서 출생하였다. 그의 시는 수없이 많이 발표되었다. 일제 말엽에 그가 써놓은 시가 해방과 함께 《청록집》에 수록되었다. 일제 말엽의 절망적인 상황과 해방에 대한 비원으로 점철된 시, '임'을 소개하면 이렇다.

　　내사 애달픈 꿈꾸는 사람
　　내사 어리석은 꿈꾸는 사람

　　밤마다 홀로
　　눈물로 가는 바위가 있기로

　　기인 한밤을
　　눈물로 가는 바위가 있기로

어느날에사
어둡고 아득한 바위에
절로 임과 하늘이 비치리오

　박목월 시인의 시 '임'은 암담한 현실 속에서 밤마다 홀로 서 있는 그에게도 조국이 있음을 하나님은 알고 계시고, 언젠가는 자유와 독립이 올 것을 기도하면서 지은 시이다. 그래서 하나님의 축복이 있을 것을 예견하고 지은 시임에 틀림이 없다.
　박목월은 경주에서 초등학교를 졸업하고 미국 북장로교 선교부에서 설립한 대구 계성중학교에 진학하였다. 이미 부모들은 기독교만이 참된 인물을 키울 수 있다는 확신을 가졌고, 박목월에게도 신앙이 있어야 일제의 탄압 속에서 일어설 수 있다고 강조했다. 그는 아버지의 손에 이끌리어 미국 북장로교 선교부에서 설립한 계성고등보통학교에 진학했다. 미션학교이기에 매 주일 모이는 채플에 빼놓지 않고 출석하였다. 그리고 대구에서는 동문교회에 출석하였다.
　그는 계성고등보통학교 재학 시절인 1933년에 아동문학가가 편집하는 〈어린이〉라는 잡지에 '통딱딱'이란 동시를 응모하여 특선으로 입선하였다. 이 일로 인하여 계성고등보통학교에서 아동문학가가 태어났다고 하면서 전교생이 모인 아침 조회 시간에 교장 선생님이 직접 입선 소식을 전했고, 모든 학생들이 그렇게 좋아할 수 없었다고 한다. 역시 같은 해 6월에는 〈신가정〉(新家庭) 6월호에 '제비 맞이'라는 동시로 당선되는 등 '동요의 천재'라는 말까지 나왔다.
　1935년에 계성고등보통학교를 졸업하자 박목월은 경주 금융조합에 특채가 되었다. 낮에는 금융 업무를 열심히 하고, 밤에는 문학 작품에 심혈을 기울이면서 작품을 쓰기 시작하였다. 이를 알고 〈문장〉(文章)이란 잡지사에서 원고 청탁이 와서 1939년에 '길처럼', '그것은 연륜이다', '산 그늘' 등을 3회에 걸쳐서 발표하였다.

이후 일본 명문 교토에 있는 도시샤(同志社)대학 문학부 재학 시절에 일본 문단에 데뷔한 정지용(鄭芝鎔) 작가의 추천으로 박목월은 〈조선문단〉(朝鮮文壇)으로 등단하였다. 이때 정지용은 "북에는 소월(素月)이 있고 남에는 목월(木月)이 있다"라고 언론에 글을 싣기도 하였다. 그가 문단에 등단하면서 그의 이름이 조그마한 도시인 경주에 알려지면서 그가 근무하고 있는 경주 금융조합은 고객이 많이 생겨나기도 하였다.

1945년 8월 15일 해방을 맞이하면서 그의 문학 활동은 활기를 띠기 시작하였다. 1953년에는 한국가곡집에 '그리움'이라는 제목으로 박목월의 시가 수록되었으며, 여기에 이수인 작곡가가 곡을 써서 그의 시를 음악으로 들을 수 있게 되었다. '그리움'이라는 가곡의 가사를 소개하면 다음과 같다.

♪ 구름 가네 구름 가네 강을 건너 구름 가네
   그리움에 날개 펴고 산 넘어로 구름 가네
   구름이야 날개 펴고 산 넘어로 가련마는
   그리움에 목이 메어 나만 홀로 돌이 되네

   구름 가네 구름 가네 그리움에 날개 펴고

훨훨 날아 구름 가네 구름이야 가련마는
그리움에 눈이 멀어 나만 홀로 돌이 되네
산 위에서 돌이 되네

그는 6·25 한국전쟁 후에는 더욱 활기차게 활동하였다. 왜냐하면 전쟁으로 폐허가 되어 버린 이 아름다운 금수강산을 회복하기 위해 국민의 심성을 시로 이끌어 주는 일이 자신의 사명이라고 강조하였다.

특별히 그에게 자랑스러운 일은 자기 고향의 언어, 특별히 경상도 사투리의 특성을 살려서 낸 시집이 있다는 것이었다. 바로 그 시집이 1968년에 발간한 《경상도(慶尙道)의 가랑잎》이다. 《경상도(慶尙道)의 가랑잎》에 나타난 경상도 사투리는 "피안(彼岸)에서 비쳐오는 불빛—본향적(本鄕的)", 더 쉽게 표현하면 요컨대 인생에 있어서 자신이 출생했던 고향을 잊지 말라고 하는 말과도 같다.

박목월의 문학세계를 알려면 《구름의 서정, 1956》, 《여인의 書, 1958》, 《토요일의 밤 하늘, 1959》 《행복의 얼굴, 1964》, 《밤에 쓴 人生論, 1968》, 《구름에 달 가듯이, 1968》, 《불이 꺼진 창가에도, 1969》, 《사랑의 發見, 1970》, 《뜨거운 點 하나, 1970》 등 여러 권의 수필집을 보면 알 수 있다. 또한 1973년에 발간한 《박목월 시선집》을 보면 그의 시 세계를 이해할 수 있다. 그는 한국문필가협회 상임위원을 비롯해서 사무국장, 한국시인협회 간사, 한양대 문리대학장 등을 역임하였다. 예술원 회원, 크리스천문학가협회 회장 등도 역임하였다.

그는 자신이 문학가가 될 수 있도록 재능을 주신 하나님을 한 번도 잊은 적 없이 교회봉사도 문학을 한 것처럼 성실히 감당했다. 그는 서울 용산 원효로에 있는 효동교회에서 장로로 장립을 받고 부인 유익순 장로와 함께 봉사했다. 그의 자녀 중 문학평론가인 박동규 교수는 서울대 교수로 아버지의 문학 세계를 이어가고 있다. 이처럼 신앙의 세계를 함께 공유한다고 하는 것이 얼마나 자랑스러운 일인지 모르겠다.

70 대전 형무소에서 순교한 이병휘 장로

이병휘(1904-1950) 장로는 충남 논산에서 출생하였으며, 감리교회의 전도사로 사역하던 아버지 밑에서 자랐기 때문에 이사를 자주 다녔다. 감리교의 교역자들은 감독제이기에 감독의 명령에 따라 1년에 한 번씩 이동해야 하는 전통이 있다. 이병휘도 아버지의 이동에 따라 자연히 초등학교를 여러 곳에 다녔다. 초등학교를 졸업한 후에는 미국 감리교 선교부에서 설립한 공주 영명학교를 다니게 되었으며, 이때는 학교 기숙사에 있어서 이사를 다니지 않고 졸업할 때까지 평안하게 공부할 수 있었다.

중학교 과정을 이수했던 이병휘는 학교의 추천을 받아 논산에서 동아일보 지국장으로 책임을 맡아, 논산 지역에 다니면서 구독자를 모집하는 등 바쁜 나날을 보내게 되었다. 당시 〈동아일보〉(東亞日報)는 민족주의 신문으로 독자가 많았으나, 역사의식을 갖고 지국장으로서 구독만 장려한 것이 아니라 젊은 청년들을 모아 놓고 민족의식을 불어넣었다.

이 일로 강경 경찰서 논산지서의 순경에게 발각되어 강경 경찰서에 수감을 당하고 말았다. 그 후 출감하였지만 치안유지법을 위반했다는 꼬리표는 항상 따라다녔다. 논산에서 무슨 사고가 났다 하면 이병휘 지국장에게 의심의 눈초리가 모아졌다.

논산에서 그리 멀지 않는 충남 금강 해안에 자리를 잡고 있는 장항을 군사 기지화한다는 목적으로 개발한다는 얘기에 많은 조선 청년들이 장항으로 몰려들기 시작하였다. 그러자 이들에게 민족의식을 심어 주어야 한다면서 논산 동아일보 지국을 다른 사람에게 인계하고 장항으로 달려가 그곳에 집을 마련하고 생활의 터전을 마련하였다. 그는 농부로서 자신의 밭에 채소 농사를 지었고, 논을 마련해 쌀농사를 짓는 등 완전히 농민으로 변장하였다.

이미 장항은 군산에 주재하고 있는 미국 남장로교 선교부가 자리를 잡고 있었기에 자연히 장항장로교회가 설립되었다. 비록 아버지를 따라 감리교를 다녔지만, 장항에서는 장로교회 교인이 되었다. 그의 신앙은 누구도 따라갈 수 없을 정도로 철저하였다.

그는 장항 건설에 참여한 조선인 청년을 장항교회로 전도하였다. 이 일로 장항교회는 젊은 청년들이 모이는 교회가 되었다. 이병휘는 이곳에서 야학당을 개설하고 민족교육을 실시하였다. 한글을 모르는 문맹인들을 모아 한글을 가르치고, 한글반을 수료하게 되면 별도로 청년반을 운영하면서 일본의 침략상을 소상하게 가르쳤다. 또한 여기에 이스라엘 백성들의 출애굽 사상을 가르쳤다. 강경 경찰서 고등계 형사들은 이병휘가 장항으로 이사 갔다는 말을 들었다. 이들은 이병휘를 장항지서에서 관리하도록 하였다.

결국 장항교회에서 운영하는 야학이 민족학교 교육장으로 운영되고 있음을 파악한 일제는 이병휘를 그냥 놔둘 리 없었다. 그 후 장항교회에서는 그의 인격을 알고 장로를 선출할 때 제일 많은 표를 받고 장로로 피택하였다. 당시 이 교회 당회장이었던 미국 남장로교 선교사 부위렴 목사의 집례로 이병휘는 장항교회 장로가 되었다. 이병휘 장로는 민족운동 지도자보다 한 단계 높은 천국 백성이란 큰 직함을 받게 되었다.

장항에도 1945년 8월 15일 해방의 함성은 천지를 진동하는 듯 들려오고 있었다. 이때 장항교회는 매 주일 새로운 신자가 등록하게 되었으며, 과거 일제 경찰의 끄나풀로 생활했던 이들의 죄를 용서해 주고 민족이 하나가 되어야 한다면서 새로운 시대를 만나게 되었다.

1948년 5월 10일 제헌국회의원을 선출한다는 미 군정청의 발표가 있자, 이병휘는 장항교회 교인들의 추천을 받아 제헌국회의원 후보로 등록하였다. 장항에 있는 젊은 청년들이 거리를 누비면서 "이병휘 장로를 국회로 보냅시다"라고 열심히 선거 운동을 하였지만 결국 낙선하고 말았다.

그런데 1950년 6·25 한국전쟁이 일어나고 말았다. 이때 과거 좌익 운동을 했던 청년들이 이병휘 장로를 찾아나섰다. 이러한 소문을 들었던 장항 청년들이 그를 보호해 주었다. 이병휘는 자신의 집에서 매일 주님의 말씀을 묵상하고 기도생활을 하면서 하루하루를 보내고 있었다.

이병휘 장로가 집에 있다는 소식을 들은 장항 인민위원회에서는 그의 집을 급습하였다. 그는 자신을 체포하기 위해서 인민위원회에서 오고 있다는 소식을 들었지만 비겁하게 살지 않겠다는 굳은 신앙을 갖고 당당하게 그들 앞에 나타났다.

"친구들, 얼마나 수고가 많소? 같은 동족끼리 총을 겨누면서 사는 우리가 얼마나 부끄러운지 모르겠소!"

이 말이 떨어지기가 무섭게 한 위원이 나타나 그를 향해서 큰소리로 외치고 있었다.

"이병휘는 교회의 장로로서 지난 5·10 선거에 제헌 국회의원으로 출마한 전력이 있소."

이 말이 떨어지기가 무섭게 그를 체포하여 대전 형무소로 끌고 가서 그곳에 수감시켰다. 그 후 인민군들이 후퇴하면서 대전 형무소에 구속된 우익인사들을 한곳에 모아 놓고 석유를 뿌려 불을 지르고 말았다.

결국 이병휘 장로의 시신을 찾지 못한 유족들과 장항교회 교인들은 시신 없이 고별식을 거행하였다. 이때 집례를 맡았던 목사도 울고 유족들은 더없는 슬픔에 잠기고 말았다. 이병휘 장로의 부인은 장항여자중학교 교사였으며, 장항교회 성가대 지휘자로 오랫동안 봉사하고 여전도회 회장으로도 봉사했다. 그녀는 남편이 남기고 간 재산으로 보육원을 설립해 운영하였다.

71 24명과 함께 순교한 영암읍교회 김동흠 장로

김동흠(金東欽, 1918-1950) 장로는 전남 해남군 북평 신월에서 김주철 장로의 5남매 중 둘째로 출생하였다. 김주철 장로가 영암으로 이사 온 것은 당시 신월교회 전도사인 지한흥 전도사가 영암읍교회 전도사로 부임하면서 끈질기게 권유했기 때문이다. 그의 권유로 영암읍으로 이사해서 영암읍교회에 출석하게 되었다. 영암읍교회는 1917년 당시 목포 선교부에서 사역을 하던 맹현리 선교사가 설립하였다. 영암에서는 모교회가 되었다.

그리하여 맹현리 선교사가 당회장으로 재직하였으며, 그 후 조하파 선교사, 유서백 선교사가 차례로 당회장을 역임하였다. 한국인 목사로는 김세열 목사, 윤남하 목사, 박병근 전도사, 지한흥 목사, 계화삼 목사가 차례로 시무하였다. 1950년 6·25 한국전쟁 때는 김운섭 목사가 목회하였다.

1939년 9월 대한예수교장로회 총회가 신사참배를 결의하자 여기에 동의할 수 없다는 박병근 전도사는 이를 거절했다. 이때 영암 경찰서에서 13개월 구속되었다가 광주 형무소로 이송되어 3년간 옥살이를 하였다. 이때 영암 지방에서 전도사로 사역하던 나옥매 여전도사가 옥살이를 하였다.

김동흠은 어느 날 신덕철 전도사가 시무하던 상월교회에서 은혜를 받고 자신의 삶을 주님을 위해 살겠다는 굳은 의지를 갖고 전주성경학교에서 4개월간 속성 과정을 이수했다. 그 후 영암 지방으로 내려와서 교역자가 없는 교회를 순회하면서 사역하였다. 그런데 일본 고등계 형사는 김동흠 전도사가 순회하는 교회마다 방문하여 예배를 인도하면 늘 감시를 했다. 이 일도 한두 번이 아니고 계속 미행을 하자 기도만이라도 자유롭게 할 수 있는 길을 찾던 중, 아버지가 운영하는 구둣방에 취직하였다. 그는 아버지를 도우면서 겨우 신앙을 지켜나갔다.

그 후 8·15 광복을 맞이하자 해방의 기쁨 속에서 다시 교역자의 길로 나섰다. 집에서 가까운 영암 구림교회, 영본교회를 왕래하면서 해방의 기쁨과 함께 하나님께 감사의 기도를 하면서 교회 재건에 앞장서게 되었다.

어느 날 영앙읍교회에서 이성봉 목사(목포 북교동교회)를 모시고 부흥사경회를 열었다. 이때 이성봉 목사의 연변에 놀란 김동흠 전도사는 새벽 집회부터 밤 집회까지 하루도 빼놓지 않고 출석하여 은혜를 받고 그 자리에서 목사가 될 것을 결심하였다. 이 무렵 서울 용산구 동자동에 있는 조선신학교에 지원하기로 결심하고 상경하였다. 김동흠 장로는 막상 조선신학교에 합격하였지만 생활이 막막하였다. 그는 다행히 기숙사에 머물면서 장로라는 직분 때문에 기숙사 회계의 일을 보게 되었다.

그런데 뜻하지 않는 6·25 한국전쟁을 만나자 할 수 없이 피난길에 오르게 되었다. 몇 날을 걸어서 피난길에 오른 김동흠 장로는 빨리 고향에 가야 한다는 생각을 갖고 있었다. 영암읍교회에 인민군이 진입한다는 소식을 들었던 김운섭 목사는 교인들의 성화에 못 이겨 피난길에 나섰고 교회의 강단은 비어 있었다. 그런데 난데없이 김동흠 장로가 영암읍에 나타나게 되었다. 당시 모든 교인들은 김동흠 장로가 인민군에 의해 체포되어 포로가 된 줄 알았는데 그가 나타나자 한결같이 하나님의 은혜로 알았다.

그날부터 영암읍교회는 공산 치하였지만 새벽마다 김동흠 장로를 비롯해서 4-5명이 모여 기도를 열심히 하고 있었다. 마지막 그의 설교는 '우리의 남은 삶을 주님을 위해 삽시다'였다. 이때 큰소리로 아멘으로 화답했던 예배 참석자들은 김동신을 비롯해서 김윤자, 김원배, 채수원, 박인원, 노용식, 방인태, 조종환, 김석영, 박영훈, 박주상, 김옥준, 박태준, 이문찬, 김인례, 조부복, 장성심, 조소례, 김복순, 윤상님 등이었다.

어느새 영암군도 인민군이 점령하여 인공(人共)시대를 만나게 되었다. 이때 영암읍교회를 영암읍 인민위원회 사무실로 사용하면서 교인들을 색출하고 나섰다. 이들은 기독교 교인들을 색출하여 인민재판을 열고 그 자리에서 여론몰이로 한 사람씩 끌고 나가 월출산 입구에 있는 남풍리 저수지로 끌고 갔다. 이렇게 해서 영암읍교회 교인들은 김동흠 장로를 비롯해서 김인본 전도사, 박인재, 김원배, 김윤자, 김동신, 노용식, 방인태, 채수원, 조종환, 김석영, 박영운, 박주상, 김옥준, 박태준, 윤상립, 이문찬, 김인례, 조부복, 장성심, 조소례, 김복순, 김종연, 김천수 등 24명이 순교하였다.

　이웃에 조금 떨어져 있는 군서면 동구림리에 있는 구림교회에서도 김정님 집사를 비롯해서 노형식, 장성례, 노병현, 최경애, 최기우, 이이순, 김덕경, 김창은, 김흥호, 김치빈, 김상락, 김봉규, 천양님, 성명 미상 4명 등이 순교했다. 그리고 학산면 상월리에 있는 상월교회에서도 이 교회에 시무한 신덕철 전도사를 비롯해서 서석근, 김춘동, 윤성진, 임유상, 조인심, 이복만, 임항우, 이 일, 조재윤, 신장모, 이재조, 이춘만, 송복윤, 임화상, 진사울, 조정덕, 김길상, 임여상, 요셉, 전야곱, 조윤기, 마리아, 진대식, 임태광 등이 순교했다. 또한 광주 양림교회 박석현 목사와 그의 부인 김귀남 여사, 외동아들 박원택, 박석현 목사의 장모인 나옥매 전도사도 이곳에 순교하였다.

　1953년 12월, 부통령인 함태영 목사가 이곳을 방문하여 애도를 표하고 '殉敎碑'(순교비)라고 친필로 글을 써서 24명의 순교묘 앞에 세웠다. 한편 구림교회에서 순교를 당했던 교인들을 기념하기 위해 다른 일반인들과 함께 처형을 당했던 그 자리에 구림교회 순절비와 순교비를 세웠다. 상월교회당 옆에도 상월순교비를 설립하였다. 한편 박석현 목사의 순교기념비는 그가 시무했던 광주 양림교회에 세워져 있고, 그의 모교회인 진도읍교회에도 박석현 목사의 순교기념비가 세워져 있다.

72 'Boys, Be Ambitious'를 가훈으로 삼았던 고종성 장로

고종성(高鍾聲, 1911-1970) 장로는 평안남도 안석에서 출생하였다. 일찍이 부모의 신앙에 따라 교회에 출석하였다. 그러던 어느 날 주일예배 시간에 그의 삶에 도전이 되는 말씀을 듣게 되었다. 일본 홋카이도 삿포로 농학교에서 농업과 축산업을 가르치면서 매일 아침마다 영어성경을 가르쳤던 클라크(Dr. W. Clark) 박사가, 일본을 떠나면서 일본 청소년들에게 'Boys, Be Ambitious'라는 말을 남겼다는 것이다. 그 말에 감동을 받은 고성종은 그 말을 잊지 않고 마음속 깊이 간직했다.

그는 지방에서 중학교를 졸업하고 그 말을 실천하기 위해서 서울에 있는 세브란스 의학전문학교(현 연세대 의과대학)에 진학하였다. 세브란스 의학전문학교에서도 어느 교수가 채플 시간에 "Boys, Be Ambitious"라고 말했다. 그러자 그 말을 다시 명심하고 열심히 공부를 했다. 세브란스 의학전문학교를 졸업한 고종성은 1936년 함경남도 함흥에서 고종성의원을 개업하였다.

고종성 의사는 토요일이면 병원 문을 닫고 함흥교회 청년들과 함께 무료진료를 하는 등 그리스도의 삶을 실천하면서 신앙생활을 하였다. 그러나 자신의 의술이 늘 부족하다고 느꼈던 고종성은 일본 유학을 떠나게 되었다. 당시 일본의 명문인 규슈제국대학 의학부에서 위생학을 4년간 연구하고 귀국하였다. 여전히 함흥에서 진료를 하던 중 뜻하지 않게 8·15 해방을 만나게 되었다.

마음속으로 기다리고 기도하던 그 일이 현실로 나타나면서 그는 정말 민족을 위해서 일할 수 있는 기회가 왔다고 생각하고 있었다. 그런데 뜻하지 않게 미소에 의해서 38선이 생겨나고, 1945년 12월 27일에 소련 모스크바에서 미국, 소련, 영국 외상들이 모였다. 여기서 결정된 내용은 "조선에 미, 소, 영, 중 4개국 신탁통치위원회가 설치되며, 동 위원회는 5년 후에는 조선이 독립할 수 있다는 관측하에 5년이라는 연한을 부(附)한다"라는 것이었다. 다시 "미, 소 양국은 남북조선행정의 통일을 위해 양군(兩軍) 당국 간에 회의를 개최한다"고 보도했다.

이러한 사실을 국민들은 모르고 있었지만 당시 언론에서는 이 사실을 상세하게 보도하였다. 강대국에 의해 5년간 신탁 통치를 한다는 소식을 접한 국민들 사이에서 반탁운동과 함께 찬탁운동(贊託運動)이 일어났다. 고종성은 병원 문을 일시 닫고 반탁운동(反託運動)에 뛰어들었다. 결국 체포되어 함흥 형무소에서 얼마 동안 옥살이를 하다가 소련군들에 의해 석방되었다.

이때 고종성은 더 이상 북한에 머물 수 없다는 생각을 갖고 1946년 남한으로 탈출하여 서울을 거쳐 수원까지 가게 되었다. 다행히 수원

보건소에서 얼마 동안 근무하다가 뜻하지 않게 1950년 6·25 한국전쟁을 만나자 곧바로 군의관으로 입대하였다. 1956년 군의관으로 제대한 고종성 의사는 부산에서 고소아과의원(高小兒科醫院)을 개업하고 진료를 하면서, 주일이면 부인(김성자)과 자녀들과 함께 부산 초량교회에 출석하였다.

고종성 원장은 초량교회에 출석하면서 의술을 계속 익혀 꾸준히 연구를 해왔다. 그 결과 자신의 모교인 규슈대학 의학부 대학원에서 1955년 의학박사 학위를 받기도 하였다. 그가 의학박사 학위를 받자 부산 언론기관에서는 그 사실을 크게 보도하면서 그의 명성은 부산 전 지역으로 알려지게 되었다.

특별히 그는 부산에 안착하면서 집 근처 교회에 출석하게 되었는데 우연히도 부산에서 두 번째로 오랜 역사가 있는 초량교회에 출석하게 되었다. 부산에서 첫 번째로 설립된 교회는 부산진교회다. 1891년 미국 북장로교 선교사인 베어드(W. M. Baird, 배위량)가 부산에 정착하면서 대지를 구입하고 그곳에서 예배를 드린 것이 부산진교회의 시작이 되었다. 다시 베어드 선교사는 1년이 지난 1892년 시내 영주동에 대지를 구입하고 선교사 주택을 건립하면서 부산 초량교회를 설립하게 되었다. 그래서 초량교회는 부산에서 두 번째로 깊은 역사가 있는 교회였다.

고종성은 이 교회에 등록하고 신앙생활을 이어갔다. 여전히 토요일이 되면 직접 의료 기구를 챙기고 피난민들이 모여 사는 지역을 찾아다니면서 의술로 봉사하였다. 이러한 광경을 지켜본 초량교회 교인들은 그를 장차 초량교회의 훌륭한 장로로 봉사할 좋은 일꾼으로 생각하였다. 그러나 자녀들의 교육과 부인의 질병으로 인해 더는 부산에 머물지 못하고 서울에서 가까운 수원으로 이사를 하게 되었다.

이때 초량교회 수많은 교인들은 고종성 원장이 떠난다는 말에 헤어지기 섭섭해서 부산진역 앞에 나와서 그를 환송하였다. 고종성은 장인 되는 김용준 장로가 개척한 수원 서둔교회에 출석하면서 여전히 수원 시내에 고소아과의원을 개원하였다. 그런데 수원에서 사랑하는 부인 김성자 여사와 사별하게 되는 비극을 만나게 되었다.

사실 고종성 박사가 의학 박사가 되기까지는 김성자 여사의 내조가 컸다. 고종성 박사가 세브란스 의학전문학교를 졸업하자, 교회 목사님의 중매로 함흥사범학교를 졸업하고 함흥초등학교 교사로 재직하고 있던 김성자 여사와 예식을 올리고 신혼생활을 하였다. 그가 규슈대학 의학부에서 4년간 공부할 수 있도록 뒷바라지를 했던 사람이 바로 김성자 여사였다. 그런데 불행하게도 수원에서 사별해야 하는 아픔도 있었지만, 먼 훗날 하늘나라에서 만날 것을 굳게 약속하며 신앙생활에 매진하였다.

고종성 박사가 그의 자녀들에게 'Boys, Be Ambitious'라는 큰 뜻을 갖고 자라도록 가르친 결과, 장남 학균, 차남 학봉, 삼남 학진, 상녀 학신, 차녀 학희, 삼녀 학영 등이 각계각층에서 아버지의 신앙을 전수받고 열심히 살아가고 있다.

73 한국 기독교 평신도 대부인 정연택 장로

    정연택(鄭年澤, 1933-2010)은 전남 장성 출신으로 초등학교를 졸업한 후 광주에 있는 6년제 광주농업중학교에 진학하였다. 그런데 중학교 5학년 때 뜻하지 않는 6·25 한국전쟁을 만나고 말았다. 북한 인민군은 곧바로 38선을 넘어 서울을 함락시키고 다시 한강을 넘어 수원, 대전을 차례로 점령하였다. 이때 대전 이남에 있는 중등학교 4-6학년 재학생들이 나라를 지켜야 한다면서 학도병으로 지원하는 운동이 전개되었다. 이때 정연택도 다른 학우들과 함께 나라를 지켜야 한다면서 학도병으로 지원하였다.

    북한 인민군이 물밀듯이 남하하는 바람에 정연택과 여러 학도병들은 광주를 빠져나가 목포 및 순천으로 후퇴하였다. 그리고 순천을 지나 진주를 거쳐 부산까지 밀려나고 말았다. 각 지방에서 모여든 학도지원병들이 부산에서 간단한 집총 훈련을 받고 낙동강 전선에 배치되었다. 이때 남침해 오는 인민군과 방어하는 국군과 학도의병들이 전선을 지킬 무렵, 일본에 주재하고 있던 미 극동사령부에 속한 미군이 부산에 상륙하면서 낙동강 전선을 승리로 이끌게 되었다.

극동사령부 사령관이었던 맥아더 사령관은 미 해병대와 함께 한미작전을 계획하고, 1950년 9월 14일 함포사격을 가하면서 인천을 상륙하였다. 그 여세를 몰아 한강 도하작전에 성공하자 곧바로 국군과 미군은 북한 인민군이 점령하고 있는 중앙청을 탈환하고 계속 북진을 단행하였다. 드디어 10월 1일, 북위 38선을 넘어 이북을 향해 돌진하던 국군과 유엔군은 계속 진격을 가하면서 평양을 탈환하였다.

이때 학도병으로 참여한 정연택은 다른 전우들과 함께 북진을 단행하였다. 그러나 중공군의 참전으로 힘에 밀린 유엔과 국군은 1951년 1월 4일을 기해 후퇴하게 되었다. 이때 정연택 학도병들과 수많은 이북 동포들이 후퇴하였다. 평안도, 황해도 출신들은 인천 앞바다를 지나 군산이나 목포쪽으로 피신하였다. 또 함경도 출신들은 부산과 제주도로 피신하였다. 이때 나이 든 노인들과 어린아이들만 그대로 북한에 남게 되었다. 이러한 과정에서 많은 학도병 전우들이 희생을 당하는 비극을 겪기도 하였다.

3년간의 전쟁이 끝나고 1953년 7월 27일 유엔과 중공군 간에 휴전 협정이 이루어지면서 정연택 학도병도 제대하고 다시 광주농업중학교에 돌아오게 되었다. 당시 학제 개편으로 광주농업중학교는 중학교와 고등학교로 분립되었다. 정연택은 자연히 광주농업고등학교 2학년에 복학하여 고등학교를 졸업하였다. 그 후 전남대학교 농과대학 임학과에 진학하였으며, 4년간의 교육을 받고 졸업한 후 광주농업고등학교에서 임학과 농업개론을 가르치면서 후배 양성에 힘을 기울이기도 하였다.

한편 교사로 재직 중 광주 중앙교회에 출석하면서 집사의 직분을 맡아 봉사하였다. 특별히 광주 중앙교회는 당시 광주에서 제일 큰 교회였으며, 이 교회의 초대 목사는 최흥종 목사로 일생을 한센병 환자를 위해서 사역하였다. 이 교회에 다니면서 그가 책임을 맡고 있는 광주 YMCA운동에도 참여하여 기독교계에서 연합사업을 하는 의식을 배웠다.

광주에서 신앙훈련을 받았던 정연택은 큰 뜻을 품고 상경하여 집 가까운 서울 성동구에 자리를 잡고 자영업을 하면서 서울 자양교회에 출석하였다. 그는 평신도운동에 참여하면서 한국 평신도운동의 대부로 부각되기 시작하였다. 이미 서울노회 평신도연합회에 참여하면서 회장을 역임하였고, 다시 전국연합회로 진출하여 1987년 남선교회 전국연합회 회장을 역임하면서 그의 지도력을 인정받게 되었다. 그는 흩어져 있는 평신도단체를 하나로 묶는 일을 하였다. 바로 이 운동이 한국교회 평신도단체협의회였다. 이를 바탕으로 코리아 기독교평신도세계협의회를 조직하고 대표회장직을 맡았다.

이 코리아 기독교평신도세계협의회는 매년 세계에 흩어져 있는 한국인 평신도들을 규합하여 코리아 대회를 개최하였는데, 이를 계기로 민간 외교에도 큰 공헌을 하였다. 이 협의회를 조직하고 그다음 해에 미국의 수도 워싱턴에서 세계에 흩어져 있는 평신들이 미국 워싱턴에 모여 코리아 기독교평신도세계협의회를 개최하였다. 이때부터 정연택 장로는 세계적인 평신도 지도자로 부각되었다. 이를 바탕으로 1991년 한국기독교총연합회가 발족할 무렵 통합 측 대표로 참가하여 부회장직을 맡았다. 그가 한국기독교총연합회 사무총장으로 영입되면서 한국기독교총연합회는 큰 힘을 얻게 되었다. 그는 한국기독교총연합회 살림을 맡아 수고하였다. 그가 한국기독교총연합회 재정 살림을 도맡아 한 것이다.

그러면서 자신이 섬기는 자양교회에서도 열심히 봉사하면서 장로로서 많은 업적을 남겼다. 그가 《자양교회 70년사》 발간위원장을 맡으면서 필자가 《자양교회 70년사》를 집필, 발간하면서 더욱 가깝게 지냈다. 이것이 인연이 되어 《한국기독교총연합회 10년사》를 집필, 발간하게 되었다. 그 후 2010년에 《한국교회 평신도단체협의회 30년사》도 필자가 맡아 집필을 완료하였다. 그러나 30년사 발간위원장이었던 정연택 장로는 끝내 《한국교회 평신도단체협의회 30년사》를 발간하지 못했다. 자신의 건강은 생각하지 않고 너무나 많은 일을 하면서 한국기독교총연합회의 업무에 신경을 쓰다가 병이 재발되어, 2010년 12월에 삼성의료원에서 삶을 마감하였다.

74 서울 상신교회의 개척에 협력했던
차철환 장로

　차철환(1931-1985) 장로는 함경북도 단천에서 출생하였다. 그가 태어날 무렵 일제는 만주 사변을 일으키고 중국으로부터 요령 성, 흑룡강 성, 길림 성 등 3성을 하나로 묶어 만주국을 창설하였다. 당시 국제연합기구가 있었지만 만주국은 국제연합기구로부터 국가 인정을 받지 못했다. 일제는 길림 성에 있는 장춘(長春)에 수도로 정하고 만주국이 출범하게 되었다.

　이러한 시대에 출생했던 차철환은 초등학교에 다니면서 한글 공부는 하나도 못하였고 일제의 철저한 식민지 교육을 받았으며, 철저한 천황제(天皇制) 중심의 교육을 받고 자랐다. 매일 조회 시간만 되면서 교장의 훈시를 시작하여, 일본 천황이 살고 있는 일본 도쿄[東京]를 향하여 참배를 하고, 이어서 교육칙어(敎育勅語)를 낭독하는 등 철저한 식민지 교육을 받고 성장하였다.

　차철환에게는 해방의 기쁨도 잠시뿐이었다. 일본에 패전하기 전 소련군이 진주하여 얄타회담에 의해 북위 38도를 경계선으로 하여

38도 이북은 소련군이 진주하였으며, 이남은 미군이 점령하면서 각기 군정을 실시하였다. 곧바로 소련 군정이 실시되면서 북한은 온통 공산주의 세상이 되고 말았다. 여기에 북한 인민정부를 수립한다면서 1946년 11월 3일 주일에 총선거를 실시하면서 기독교를 탄압하기 시작하였다. 선거가 끝나자 김일성 정부는 그해 11월 28일 조선기독교도연맹을 조직하고 위원장에 박상순 목사를 앞세워 조선기독교도연맹을 하나의 어용 단체로 만들고 말았다.

비록 나이는 어렸지만 북한 공산당의 정책에 놀란 차철환은 1947년 어머니 맹성녀와 누이동생과 함께 야밤을 이용하여 위험을 무릅쓰고 38선을 넘게 되었다. 어머니의 보따리 장사로 하루하루 생활하던 차철환은 어머니의 장사에 많은 도움을 주었다. 그런데 북한의 전쟁 준비를 직접 보았던 차철환은 남한의 자유스러운 모습을 보고 놀랄 때가 한두 번이 아니었다.

결국 1950년 6월 25일 새벽 미명에 북한의 남침 소식을 듣고 차철환은 생명의 위협을 느끼게 되었다. 그리하여 어머니와 여동생을 서울에 두고 피난길에 나서게 되었다. 다행히 부산에 피난민 수용소가 있어서 그곳에 머물면서 낮에는 길거리에서 장사를 하기 시작했다. 어느 정도 장사가 되어 밥은 해결할 수 있었다. 다행히 휴전 협정이 이루어지자 차철환은 곧바로 상경하여 어머니의 행방을 찾기 시작했다. 서울 중구에 자리를 잡고 있는 영락교회에 가면 어머니와 여동생을 만날 수 있다는 생각을 갖고 영락교회에 출석하면서, 매주 예배가 끝나기가 무섭게 영락교회 정문에서 어머니와 여동생을 찾는 것이 하나의 일과가 되었다. 그러던 어느 날 어머니와 여동생이 나란히 손목을 잡고 나오는 모습을 보고 3년 만에 만나게 되었다.

서울에서 어느 정도 생활이 안정되자 경기도 부천에 생활 근거지를 마련하여 세 식구가 열심히 생활하게 되었다. 부천에서 여동생도 출가시키고 차철환 자신도 결혼을 하면서 생활 터전을 부천에 잡고 매 주일이면 서울 영락교회에 출석하였다.

어느 정도 생활이 안정되자 차철환은 서울 상계동에 각 지역의 이주민들이 모인다는 소식을 접하고 가족과 함께 상계동 판자촌 자리에 문방구점을 운영하였다. 그곳에 자리를 잡자 하대위 장로가 개척한 상계교회에 출석하였다. 이때 서울 영락교회에서 수재민이 모인 상계동에 교회를 개척한다는 소식을 접하게 되었다.

1970년 2월 18일 상계동 새마을 다리 옆 공터를 임대하여 천막을 치고 교회를 시작하게 되었다. 이때 차철환도 1970년 2월 22일 최병두 목사를 모시고 상신교회를 개척하는 데 한몫을 담당하게 되었다. 그가 상신교회를 개척할 당시 장한나 전도사의 권유가 상신교회에 자리를 잡는 데 큰 영향을 주었다.

비록 천막 교회로 출발하였지만 여기에 김천덕 장로가 한몫을 하였으며, 흑벽돌로 임시 교회당을 신축하고 1973년 11월 25일 박희택 장로 장립, 주경석 장로 취임 때 차철환, 주영록 집사가 안수집사로 피택되었으며, 이혜순, 노경희 집사는 권사로 취임했다. 1975년 5월 25일 상신교회 창립 5주년을 기념하면서 김천덕 장로 은퇴식과 차철환 안수집사 장로 장립식을 거행하였다. 이때 황강창, 박상길, 최양환 집사는 안수집사로, 윤정숙, 항무호, 유영숙 집사는 권사로 취임하는 예식을 갖게 되었다.

차철환 장로가 장립을 받자 상신교회는 매주 더 많은 사람들이 모여들었으며, 그의 사업도 계속 번창해 갔다. 차철환 장로는 사업 관계로 다시 1980년 봄에 경기도 부천으로 이사를 갔다. 그러나 그는 그 먼 곳에서 한 번도 빠지지 않고 오직 상신교회만 섬기고 있었다. 1976년 2월 15일, 상신교회 당회에서는 교회 창립 10주년 기념사업을 준비하기 위해 추진위원회를 발족하였다. 이때 위원장에 차철환 장로가 피선되었으며, 은혜 가운데 잘 진행하였다. 1980년부터 상신교회는 후배들에게 맡기고 집 근처에 있는 부천 산성교회에 출석하게 되었다.

역시 부천 산성교회에서도 봉사하고 있었으나 최병두 목사의 간곡한 부탁으로 다시 서울 상신교회에 출석하기로 하고 1985년 9월 12일 주일 낮부터 출석하였다. 이때 상신교회 모든 교우들에게 크게 환영을 받았다.

그는 주일 밤에 상신교회에서 예배를 마치고 집에서 TV를 보고 있을 때, 남북 이산가족 상봉하는 장면을 보다가 그만 쇼크를 받고, 끝내 고향에 가 보지 못하고 삶을 마감하였다. 그의 장례식 예배는 최병두 목사의 집례로 진행되었다. 집례자가 끝내 눈물을 참지 못하고 울음을 터뜨리자 모든 회중들도 울음을 터뜨리면서 장례식장이 온통 눈물바다가 되고 말았다.

75 남선교회 전국연합회에 공이 큰 노정현 박사

　노정현(盧貞鉉, 1929-2010) 장로는 전라남도 고흥에서 출생하였다. 고향에서 초등학교를 졸업하고 순천으로 유학하여 순천농업중학교 6년제에 입학하여 전 과정을 마친 후 자신이 그렇게 원하던 고려대학교 법학과에 진학하여 1955년에 졸업하였다.
　그는 순천 중앙교회에 출석하면서 기독학생운동을 통하여 신앙이 성장하였다. 그전에 부산 피난 시절 고향 선배인 황성수를 만나 기독학생동지회를 창설할 때 함께 참여하여 신앙의 지도를 받다가 상경하였다. 때마침 미국 뉴욕대학 대학원 석사 과정을 유학하여 석사 학위를 받고, 다시 박사 과정에 진학하여 행정학 박사 과정을 이수하고 한국 최초로 행정학 박사를 받는 명예도 차지하게 되었다. 한편 미국 유학 시절 미국 뉴욕 라피엘교회에 출석하면서 1959년 장로로 장립을 받는 등 당시 유학생 가운데 그를 따라갈 만한 인재가 없었다. 그는 귀국할 때까지 장로로 시무하였다.
　행정학 박사 학위를 받은 노정현 박사는 1963년에 귀국한 후 성균관대학교 행정학과 교수로 활동하면서 다른 대학에도 출강했다.

그의 실력은 점차 다른 대학까지 알려졌다. 그러나 성균관대학은 유교 계통 학교였기 때문에 그의 소망은 미션 계통 학교에서 교수가 되는 것이었다. 그렇게 기도한 결과 연세대학교 행정대학 행정학 교수로 초빙을 받게 되었다. 그는 행정학과 교수로 재직하면서 연세대학교 교학처장과 행정대학 학장까지 차례로 역임하였다.

그가 서울에 자리를 잡으면서 1966년 새문안교회에 등록하고 얼마 동안 협동장로로 봉사를 하다가, 1967년 공동의회에서 선임을 받고 새문안교회 시무장로가 되었다. 시무장로로 취임하면서 청년부 1부 부장으로 봉사하였으며, 1989년에는 제직회 부회장직도 잘 감당하였다.

새문안교회에서 활동하는 동안 1981년 《새문안교회 100년사》 편찬위원회가 발족하면서, 1988년부터 1992년까지 《새문안교회 100년사》 자문위원으로 협력하다가 1993년에서 1995년까지 편찬위원회 위원장직을 맡아 수고하였다. 그리고 1995년 9월 27일 역사적인 《새문안교회 100년사》를 출간하는 일에 큰 공을 세우기도 하였다. 《새문안교회 100년사》는 큰 의미가 있는 역사책이었다.

새문안교회는 1887년 9월 언더우드 선교사 사랑채에서 14명이 모여 첫 예배를 드리면서 출발하였다. 그해 10월에는 아펜젤러 선교사가 정동에서 정동감리교회를 설립하였다. 그러나 같은 정동 마을에 교회가 둘이 있음을 안 좋게 여겼던 언더우드 선교사는 신문로로 옮기고 새문안교회라 이름을 붙이게 되었다. 그동안 새문안교회는 몇 차례 교회당을 신축하면서 옛 건물을 보존하지 못하고 헐어버리고 신축하였다. 그러한 면에서 못내 아쉬움이 있다.

노정현 박사는 연세대학교 재직 시 예장 통합 측 남선교회 전국연합회 협동총무로 재직했다. 윤영철 장로가 전국연합회 회장으로 취임할 때 CE(면려회) 출신인 한완석 목사가 총회 총무로 잠시 재직했다. 이 무렵 총회 사무실 내에 실무를 담당할 수 있는 공간이 확보되자 전국연합회 실행위원회를 개회하고 그 실무자로 전국연합회 서기이면서 전국연합회 전도부장인 김수진 목사를 초빙하였다.

다음해인 1968년 9월 조세환 장로가 회장으로 취임하면서 노정현 박사가 총무로 취임하게 되었다. 노정현 박사는 총무로서 미국 장로회 평신도 전국연합회의 총무인 히치칵(J. Heechikak) 장로를 초청하여 서울과 지방을 순회하면서 평신도운동의 필요성을 알렸다. 그리고 자립 기금으로 미국 교회에서 2천 불을 지원받고 남선교회 전국연합회가 활성화되었다. 이러한 일은 당시 연세대 교수로 재직하고 있던 원일한 장로의 협조가 컸다. 이때 노정현 박사의 수고로 〈평신도회보〉가 타블로이드판 4면으로 발행되었으며, 전주기전학교 교장 조세환 회장과 고려해상보험 상무인 강영만 재정부장의 도움으로 매월 발간하였다.

그 후 노정현 박사는 1968년 미국 장로교회 선교부 지원으로 연세대학교 내에 도시문제연구소를 설립하고 도시목회 파트에 빈민선교부를 두고 미국인 화이트(G. White) 목사를 상임 총무로 두었다. 이를 계기로 연희동에 사는 지역주민 의식화 교육을 실시하였으며, 당시 한국인으로는 신상길 목사가 책임자로 활동하였다.

한편 서울 동대문구 창신동 꼭대기 시민 아파트쪽에 커뮤니티 시민센터를 운영하면서, 그 지역 주민들을 모아 놓고 의식화 및 시민운동에 힘을 쏟을 수 있도록 김수진 목사를 책임자로 발령하였다. 이와 함께 도시목회, 빈민가 목회 활동을 위해서 훈련을 실시할 때 청계천 뚝방에서 빈민 선교를 하던 김진홍 목사(현 구리 두레교회 담임), 영등포 도림 지역에서 선교를 담당했던 문세광 전도사(현 감리교 신학교 교수), 박창빈 목사(한국선명회 부총재) 등이 훈련을 받고 1기생으로 수료하였다. 여기에 일본에 있는 재일 대한기독교 총회를 초청 하여 배기환 목사(오사카 북부교회), 최경식 목사(재일 대한기독교총회 총무), 이청일 목사(일본 오사카 한국기독교연합센터 간사) 등도 이 훈련을 받았다. 그의 왕성한 활동은 이것으로 끝나지 않고 정부 도시개발 자문위원회, 한국행정학회 회장, 도시계획발전위원회 위원 등 다양한 활동을 하였다.

그는 기독학생동지회를 중심으로 해서 한국기독교실업인회(CBMC)를 조직하는 일에도 큰 몫을 담당하였다. 국제적인 활동도 다양했는데 대표적인 활동으로는 세계장로교회연맹(WARC) 한국 지역 대표로 활동하면서 부회장으로 활동하기도 했다. 1987년도에는 서울노회에서 노회장으로 추대를 받고 1년간 깨끗한 선거 풍토를 만들기도 하였다. 1994년 연세대학교 명예교수, 1999년도에는 새문안교회 원로장로로 추대를 받았다. 교수직을 그만두던 해인 1994년에는 정부로부터 국민훈장인 모란장(대통령)을 받기도 하였다.

76 전남 해남 마산 국민위원장을 역임한
신복균 장로

신복균(申福均, 1894-1950) 장로는 전남 함평에서 출생하였다. 그는 마을 군산리 서당에서 한문을 배웠으며, 1916년 이웃에 있는 나부용을 만나 결혼하였다. 1925년 목포에서 선교사로 활동하던 김아열 (B. A. Comming, 김아각 선교사 동생) 선교사에게 전도를 받고 그의 조사가 되었다. 김아열 선교사의 선교 구역인 전북 고창 지방 무장면 무장교회에서 첫 전도사로 시무하였다. 다시 전남 광산군으로 옮겨 송정교회, 나주 지방 평동교회, 나주 삼도리교회, 다시 전남 해남으로 이동하여 고당교회에서 사역을 하다가, 1941년 해남군 마산면 신기리에 신기교회를 개척하고 그 교회에서 장로로 장립을 받았다. 1945년 8월 15일 해방이 되자 해남군 국민회 부위원장직과 마산면 국민회 위원장직을 맡았다.

신복균은 원래 믿지 않는 가정에서 출생하였기 때문에 자연히 술을 낙으로 삼았던 술주정뱅이었다. 그런 그에게 김아열 선교사는 복음을 전했다. 그러면 신복균은 술에 취해 "코쟁이 형님, 뭐? 하나님을 믿어? 차라리 내 주먹을 믿어!"라고 말한 적이 한두 번이 아니었다고 한다. 그런데도 김아열 선교사는 전혀 화를 내지 않고 "형님 말씀이 맞습니다. 나는 형님의 주먹을 믿을 테니 형님은 내가 전한 예수를 믿으십시오. 형님이 예수를 믿으면 아주 유명한 위인이 될 것입니다"라고 했다. 이 말에 감동이 되어 신복균은 그 자리에서 무릎을 꿇고 "코쟁이 형님, 제가 졌습니다. 이제부터 코쟁이 형님의 말씀대로 예수 형님을 믿겠습니다"라고 고백했다.

 이렇게 해서 신복균이 예수를 믿게 되자 그 동리 사람들이 모두 놀랐다고 한다. 이때 김아열 선교사는 신복균이 훌륭한 전도자가 될 것을 믿었다. 광주에서 겨울철마다 열린 달(月)성경학교에 같이 가서 교육을 시키면 신복균은 열심히 노트 정리를 했다. 그것을 보고 김아열 선교사는 또 한 번 놀라고 말았다. 이렇게 신복균이 3년간 달성경학교 과정을 다 이수하자 김아열 선교사는 자신의 선교 구역의 전도사로 임명을 하게 되었다. 신복균 전도사는 김아열 선교사의 지도를 받으면서 그가 맡은 교회들을 성장시켰다.

 교회가 성장해 가는 모습을 지켜본 김아열 선교사는 이제 어느 교회를 가도 마음껏 교회를 성장시킬 수 있는 인물로 인정하여 신복균이 스스로 목회의 길을 나서도록 하였다. 그때 1937년 해남 고당교회로부터 청빙이 왔다. 신복균 전도사는 그 청빙서류를 들고 김아열 선교사를 방문하였다. 그러자 김아열 선교사는 "전도사님, 이제 전도사님은 어느 교회를 가든지 자신 있게 목회를 할 수 있습니다"라고 격려해 주었다.

 사실 해남 고당교회는 1906년에 우수영교회를 다니던 교인들이 중심이 되어 설립했던 교회다. 이 교회는 이미 많은 일꾼들이 사역했던 교회였다. 호남 지방에서 이름 있는 유명한 전도사, 장로들이 사역했던 교회였다. 그들의 이름은 임성옥 조사를 비롯해서 김영진, 마서규, 김달성, 최병호, 박종인, 이태봉, 박봉빈, 정관빈, 이은영, 최상열, 박상진, 송암석 전도사였다. 이처럼 쟁쟁한 교역자들이 경유했던 교회였으며, 이러한 연유로 교회가 크게 성장하였다. 1934년에는 김세열 목사를 초빙하였으며, 다시 1935년에는 이순영 목사를 초빙하였다. 김세열 목사나 이순영 목사는 신학교육을 제대로 받은 사역자들이었다. 더욱이 이순영 목사는 목포상업중학교를 졸업하고 평양장로회신학교를 졸업한 후 목사 안수를 받았기에 신복균 전도사와는 학력이나 경험으로 비교가 되지 않았다.

이러한 사실을 알았던 신복균 전도사는 자신의 실력을 잘 알았기에 몇 번이고 청빙을 거절하였지만 고당교회 당회에서는 그를 청빙하기로 결정했다. 1937년 그는 교회에 부임하자마자 그 어느 때보다 더 많은 기도와 성경을 읽는 데 온갖 힘을 쏟았다. 그렇게 열심히 기도하고 강단에 올라서기만 하면 성령의 역사가 일어나 교인들은 그가 전하는 메시지에 큰 감동을 받고 전도하는 일에 열심을 내었다.

그런데 그의 사례비는 고작 16원밖에 되지 않았다. 비록 작은 액수였지만 받은 그날로 가난한 교인들과 믿지 않는 이웃들에게 나누어 주었다. 그리하여 자신의 생활비는 항상 부족하였다. 더군다나 중일전쟁을 일으킨 일본이 자기 병사들에게 양식을 주어야 한다면서, 추수기만 되면 1년 내내 땀 흘려 지어 놓은 양식을 공출이라는 이름으로 빼앗아 가는 일이 한두 번이 아니었다. 이럴 때마다 공출에 빼앗기지 않으려고 산으로 들로 또는 방구들을 파고 그 속에 식량을 묻어 놓고 겨우 생활하곤 했다.

그러한 상황 속에서도 교인들은 배워야 산다는 신념을 갖고 힘을 모아 영명학교를 계속 운영해 나갔다. 그리하여 고당교회 청소년들은 신복균 전도사의 뜻에 따라 열심히 공부했다. 훗날 이 교회에서 의사만 40여 명이 배출되었다면 신복균 전도사의 교육이념이 얼마나 훌륭했는가를 보여주는 한 단면이다.

그렇게 신사참배를 강요받았던 신복균 전도사는 더는 고당교회에서 시무할 수 없어서 스스로 사임서를 제출하고 마산면 신기리 신기교회를 개척하고 그곳으로 이사하였다. 그의 기도제목은 오직 일본이 망하게 해달라는 것뿐이었다. 일제는 1942년에 한 면에 교회 하나만 남기고 모두 폐쇄 명령을 내렸다. 다른 교회들은 할 수 없이 문을 닫았지만 신복균 전도사가 섬기는 교회만은 그대로 계속 유지하였다.

8·15 해방을 만나자 신복균 전도사는 일본인들에게 보복하는 일을 막아야 한다면서 마산면 치안을 담당하였다. 이 일로 마산면 국민위원장 일을 맡아 매일같이 바쁜 나날을 보내게 되었다. 그러던 중 6·25 한국전쟁이 일어났다. 그러나 신복균 전도사는 더 열심히 기도하였다. 그러다가 결국 인민군에게 체포되어 그해 7월에 인민군이 쏜 총에 맞아 순교하였다.

77 시골 오지에서 의사로 국민의 건강을 지키다 순교한 임인재 장로

임인재(任仁宰, 1900-1959) 장로는 황해도 황주군 삼전에서 출생하였다. 일찍이 기독교를 받아들였던 그의 부친은 자신의 사랑방에서 철도리교회를 설립할 정도로 신앙에 열심이 있었다. 때마침 어느 선교사가 마당에서 놀고 있는 임인재를 보고는 그의 부친에게 부탁하였다. "저 애는 여기에서 초등학교를 졸업하면 목포에 선교사가 설립한 목포 영흥학교에 유학을 보내십시오."

그 말을 듣고 그의 부친은 초등학교를 졸업한 임인재를 데리고 그 멀고 먼 목포까지 가서 목포 영흥학교에 입학시켰다. 이 학교 제1회 졸업생인 문용기는 군산 영명학교 수학 교사로 재직하면서 익산 남전교회 집사로 봉사하였다. 그러다가 전북 익산 3·1운동 때 주동적인 역할을 하다가 일본 관헌에 체포되어 처형을 당하기도 하였다.

임인재는 이러한 역사와 전통이 있는 목포 영흥학교를 졸업하고 의사가 되겠다는 굳은 의지를 갖고, 당시 이 학교의 교장이었던 김 아각(D. J. Comming) 선교사의 추천을 받아 졸업 후 1927년에 서울에 있는 세브란스 의학전문학교에 진학하였다. 모든 과정을 이수하고 조선 총독부에서 실시한 의사시험에 합격하였다. 자신이 의사가 되면 예수님처럼 가난하고 헐벗은 불행한 사람들을 의술로 고쳐 주겠다는 굳은 의지를 갖고 서울이나 도시에서 의사로서 많은 돈을 벌 수 있는 길을 택하지 않고, 예수님처럼 가난한 이웃에게 희망을 주어야 한다면서 오지인 전남 무안군 해제면 신정리로 들어가 그곳에서 해동의원(海東醫院)이란 간판을 내걸고 진료에 힘을 쏟았다.

한편 임인재 의사는 1932년에 설립된 양매교회에 출석하였다. 양매교회의 출발은 양매리에 사는 배윤화의 가정에서 기도처로 시작했다가 정나열 전도사가 부임하면서 교인들이 하나둘 모여들면서 출발하게 되었다. 1934년에는 50평의 대지 위에 18평의 교회를 신축하고 이기섭 전도사를 초빙하였다. 1937년에는 3대째 나길환 전도사(나덕환 목사 동생)가 취임하였다. 이처럼 보잘것없는 양매교회에 뜻하지 않는 임인재 의사가 출석하자 교회는 활기를 띠기 시작하였다.

임인재 의사는 토요일이면 병원 문을 닫고 해제면을 순회하면서 무료진료를 실시하였다. 평일에 진료를 받으러 온 환자들에게 진료비가 없다고 값을 내려 달라고 히면 값을 내려 주었다. 그 대신 양매교회에 출석을 하겠다는 약속을 한 환자에게는 아예 진료비를 받지 않았다고 한다. 그리하여 양매교회는 매년 교인이 증가하게 되었다. 양매교회는 교인의 증가로 전남노회에 헌의하여 장로 1인 가택청원을 하였다. 1942년 봄노회에 허락을 받고 공동의회에서 장로 선출 투표를 할 때 어느 교인이 손을 번쩍 들고 "투표를 하지 말고 만장일치로 임인재 집사를 장로로 선출합시다"라고 했다. 그렇게 해서 만장일치로 결의하고, 그 해 가을노회에서 장로고시 시취를 한 후 1942년 10월 양매교회에서 장로로 장립을 받았다. 1943년 5월에는 천기조(천방욱 목사 부친) 전도사가 이 교회의 청원으로 제2대 장로로 피택을 받고 장로로 장립을 받았다.

그런데 양매교회에 서서히 수난이 몰려오고 있었다. 일제 말엽에 일제는 군수물자가 요청되자 오지 해제에 있는 양매리까지 손을 뻗치기 시작하였다. 양매교회에 출석하는 교인들의 가정에 쇠붙이가 될 만한 밥그릇, 수저, 심지어는 요강까지 몰수해 갔다. 마지막으로 양매교회에 달려 있는 종각의 종까지 공출 대상이 되었다. 어느 날 해제지서 지서장을 비롯해서 몇몇 순사들이 긴 칼을 옆구리에 차고 양매교회로 달려들었다. 이때 이 소식을 들었던 임인재 장로는 소리를 지르기 시작하였다.

"여보세요, 교회 종은 하나님의 소식을 전하는 성종(聖鐘)입니다. 만일 그 종을 떼어 가면 일본은 곧 망하고 맙니다."

이 말에 놀란 일본 순사들은 임인재 장로의 입을 틀어막고 어디론가 끌고 갔다고 한다. 이 일로 양매교회는 감시의 대상이 되었으며, 주일이면 순사들이 교회당을 드나들면서 감시하였다. 당시 천기조 장로는 전도사의 자격으로 장로가 되었다. 그가 설교를 하려고 하면 사전에 해제지서에 가서 검열을 받고 설교를 할 정도였다고 하니, 이는 일제의 탄압이 얼마나 심했는가를 잘 입증해 주는 장면이다.

이러한 감시와 탄압 속에서 8·15 해방을 맞이하자 양매교회에서 임인재 장로의 활동 범위가 넓어지기 시작하였다. 그는 해제면 대한독립촉성회를 조직하고 위원장이 되었다. 그의 활동으로 양매교회가 계속 부흥 성장하자, 1947년 1월 임인재 장로가 살고 있는 신정리로 이전을 하고 신정교회로 명칭을 변경하였다. 바로 그 해에 제5대 김인봉 전도사가 교역자로 부임하였다. 1950년 7월 강판용 전도사가 부임하면서 주귀수 장로가 장립을 받았다.

그런데 뜻하지 않은 6·25 한국전쟁으로 어느새 인민군은 전남 무안 오지인 해제까지 진입하였다. 과거 좌익 운동을 했던 이들은 곧 인민위원회를 조직하고 과거 우익진영에서 활동했던 인사들을 보복하고 나섰다. 이 일로 임인재 장로는 좌익도 아니고 우익도 아니고 오직 하나님만 전했으나 뜻하지 않는 일이 일어났다. 바로 신정교회 김대엽 전도사가 예수를 믿는다는 이유로 7월 23일 인민군에 의해 처형을 당하였다. 이러한 소식을 들었던 신정교회 교인들은 임인재 장로에게 피난을 가도록 권고하였지만, 자신은 신정교회를 지켜야 한다면서 8월 8일 같은 교회 교인인 황인경, 김판업, 홍순용 집사와 함께 인민군에게 체포되었다.

그들을 창매 해변가에 끌고가 처형을 시키자 갑자기 하늘이 어두워지면서 소낙비가 쏟아지다가 멈춘 후 찬란한 무지개가 떠올랐다고 한다. 모든 주민들이 그 광경을 지켜보면서 하나님이 그의 영혼을 불러 올라갔다고 말하였다. 그의 아들 임성순(任性淳)도 심한 고문을 받고 6개월 후에 삶을 마감하였다. 그 후 신정교회는 해제중앙교회로 명칭을 변경하고 해제중앙교회 정원 안에 순교자 기념비를 세워 놓았다. 그들은 선배들의 신앙을 함께 지키면서 무안 해제면 복음화를 위해 매진하고 있다.

78 서울특별시장을 역임했던 덕수교회
윤치영 장로

　윤치영(尹致暎, 1898-1996) 장로는 서울 태생으로 일찍이 큰 뜻을 품고 일본 동경에 있는 명문인 와세다(早稻田)대학에서 국제법 및 외교학을 전공하였다. 이 무렵 귀국하여 이상재, 이승만, 윤치호 등이 이끌고 있는 YMCA에서 청년운동을 하다가 이승만 박사의 권유로 다시 유학의 길을 떠나게 되었다. 이미 외교학을 전공하였기에 1929년 미국 하와이대학에서 얼마 동안 연구를 하다가 본토로 진입하여, 이승만 박사의 소개로 그의 모교인 프린스턴대학에 진학하였다. 다시 컬럼비아대학, 조지워싱턴대학에서 각각 수학하였으며, 아메리칸대학 대학원에서 석사 과정을 이수하였다.

　일시 귀국은 하였지만 미국 유학파라는 이유 하나로 일제의 심한 감시를 받았다. 그때 미국에서 활동하고 있는 이승만 박사의 강력한 요구로 도미하게 되었다. 미국에는 많은 교민들이 모여들자 민단을 조직할 필요성이 생겼다. 그는 이승만 박사와 함께 재미 민단을 조직하였으며, 여기서 총무 및 재무위원으로 활동하였다. 이어서 한인

기독교 단체를 조직하여 민단의 힘을 키우고 조국의 소식을 알리기 위해 문서 활동지인 〈태평양〉지를 만든 주필로서 조국 광복운동에 힘을 쏟았다.

　태평양회의 시는 구미위원으로 활동하였으며, 상해임시정부와도 긴밀한 연락을 하던 중 상해임시정부 대의원이 되기도 하였다. 1929년에는 제2차 태평양회의 시 16개 대표가 한자리에 모였다. 그때 구미위원회 대표위원에는 이승만 박사, 부위원장에는 서재필 박사, 위원으로는 김영기, 양유찬, 신흥우, 송진우, 백관수, 유익겸, 김양수 등이 참가하였으며, 이 회의에서 일본의 야만성을 폭로하는 등 강력한 대일정책에 힘을 쏟기도 하였다. 여기에 YMCA 부총무로 임명을 받았던 윤치영의 활동은 점점 범위가 넓혀져 가고 있었다.

　그런데 일제가 이렇게 활동하고 있는 그를 그냥 둘 리가 없었다. 결국 그는 일본 경찰의 감시 대상이 되었으며, 치안유지문란이라는 죄명으로 종로 경찰서에 구속을 시키고 말았다. 그러나 뜻하지 않는 하나님의 은혜로 해방을 맞이하자 곧 자유의 몸이 되었다. 때마침 미군이 상륙하고 얼마 후 이승만 박사가 귀국하자 그를 돕는 비서실장을 맡아 힘을 쏟았다.

　1948년 5월 10일, 소위 5·10 총선에서 윤치영은 한민당 공천을 받고 서울 중구에 출마하여 제헌국회의원으로 당선되었다. 국회에서 이승만 박사를 대통령으로 선출하고, 1948년 8월 15일 대한민국이 출범할 때 초대 대통령으로 취임했던 이승만 박사는 윤치영을 초대 내무부 장관에 임명하였다. 이후 국회 부의장도 역임하게 되었다. 1963년에서 1966년까지는 서울특별시 시장으로 재직하게 되었으며,

시장을 사임하고 계속해서 국회의원으로 활동하였다.

이렇게 화려한 정치활동을 할 수 있었던 것은 그의 신앙의 힘이 컸다. 원래 안동교회에 출석하면서 최거덕 목사의 신앙의 지도에 힘을 얻었다.

중구 정동에 일본기독교단 소속 경성교회(京城敎會)가 있었다. 경성교회는 1907년 이시하라[石原] 목사가 일본 기독교회의 후원으로 서울 정동에 설립하였다. 그 후 많은 교역자가 지나갔으나 일제의 패망으로 경성교회는 건물을 그대로 놔두고 철수하였다. 당시 미군이 진주하면서 일제에 소속된 모든 재산은 적산가옥이라 하여 관리할 때였다. 남궁혁 목사가 관제국장으로 재임할 당시 김종대 목사가 이 정동교회를 인수하여 광화문교회라는 간판을 내걸고 예배를 드렸다.

그러다가 1946년 안동교회에 시무하고 있던 최거덕 목사와 의논하여 광화문교회에 부임했던 최거덕 목사는 덕수교회로 간판을 내걸고 새롭게 교회가 출발하게 되었다. 안동교회에는 김종대 목사가 부임하였다. 최거덕 목사는 1946년 3월 덕수교회라는 간판을 내걸고 창립예배를 드렸으며, 이때 윤치영은 최거덕 목사가 목회하는 덕수교회로 따라 나오게 되었다. 그리고 봉헌예배 시 1천 원의 헌금을 할 정도로 믿음이 좋은 평신도였다.

이렇게 출발하게 된 덕수교회는 윤치영을 비롯해서 일부 안동교회 교인들과 일본이나 서구에서 공부하고 온 유학파들이 몰려오면서 급성장하였다. 1년이 지난 1947년 2월에는 전택일, 이효열, 김두식 장로를 취임하면서 당회가 조직되었다. 또 같은 해 10월에는 현감 장로가 취임을 하였으며, 1948년 9월에 공동의회에서 선출된 서정한 집사가 장로로 피택되었다. 1965년에는 이춘근 장로가 장립을 받았으며 윤치영 집사도 1968년 6월에 장로로 장립을 받았다.

이처럼 덕수교회가 당시 서울 시내에서는 엘리트들이 모이는 교회로 소문나면서 많은 교인들이 모여들었다. 여기에 윤치영 장로의 위치는 대단하였다. 이미 앞에서도 언급하였지만 서울 시장을 사임한 후에는 국회의원으로 활동하였으며, 1968년에는 집권당인 공화당 의장 서리로, 1970년에는 공화당 상임고문, 1972년에는 통일원 고문, 1978년에는 유신학술원 회장 및 경희대학교 이사 등을 역임하였다.

한편 그의 학력이나 사회적 활동으로 인해 1965년에는 중앙대학교에서 법학박사, 1968년에는 건국대학교에서 법학박사, 1971년에는 미국 고든대학교에서 문학박사 학위를 받는 등 그의 명성은 한국과 미국에 널리 알려졌다. 그로 인해 정부로부터 국민훈장 무궁화장, 아르헨티나 문화훈장을 받았으며, 그의 저서로는 《민족의 갈 길》이 있다.

그 후 덕수교회는 교인의 증가로 성북구 성북동 243번지로 이전 신축하면서 지방 문화재인 이종상 별장을 매입하여 영성수련장으로 사용하고 있다. 초대 목사인 최거덕 목사 후임으로 1977년도 부임한 손인웅 목사가 2대 목사로 현재 시무하고 있다.

79 손양원 목사 부친 손종일 장로

손종일(孫宗日, 1871-1945) 장로는 경남 함안군 칠원에서 출생하였으며, 칠원에 기독교가 전래된 것은 1897년으로 거슬러 올라간다. 당시 칠원군의 행정구역은 칠원군 북면이라 불렸다. 바로 그 북면이 현재 칠북면이 되었으며, 이 칠북면에 기독교가 들어온 것은 북면 이령리에 사는 김세민이라는 사람이 예수를 믿고 이령교회를 설립하면서부터였다. 김세민은 이령교회 초대 장로가 되었다. 선교사 노세영과 의사 선교사 어을빈이 함안군 이령리 마을에 이령교회를 설립함으로 기독교를 접하게 되었다.

이령교회가 성장하자 이 교회에서는 창녕에 오호리교회를, 창원에 본포교회를 차례로 설립하였다. 1905년에는 칠원면 지역인 구성리교회가 설립되었다. 이 지역에 사는 남경오, 김연이 씨가 먼저 믿고 남경오 씨 집에서 예배를 드린 것이 칠원교회의 뿌리가 된다.

1909년 칠원 남구리에서 살고 있던 38세의 손종일이라는 사람이 예수를 영접하고 서양문화를 접하게 되었다. 그는 그길로 상투를 자르고 1910년 1월에 학습을 받았다. 당시 상투를 자르는 일은 보통 결심이 아니고는 할 수 없는 일이었다. 이러한 그의 결단에 주위 사람들이 모두 놀랐다고 한다. 손종일은 8개월 후인 1910년 1월에 학습을 받았으며, 다시 그 해 12월에는 세례를 받자 그 길로 서리집사로 임명을 받았다.

서리집사로 임명을 받은 손종일 집사는 칠원교회 회계집사로 임명을 받고 17년간 교회 재정을 도맡아 살림을 꾸려갔다. 그의 열심은 회계로만 끝난 것이 아니라 교역자가 비어 있을 때는 설교를 할 수 있는 영수의 직분도 맡아 수고하였다. 손종일 영수는 주일이면 예배가 끝나기가 무섭게 만나는 사람들에게 복음을 전하는 일에 열심을 쏟았다. 교회가 부흥하자 칠원교회에서는 경상노회에 헌의를 하여 장로 1인을 피택할 수 있는 허락을 받았다. 1919년 1월 5일 만장일치로 손종일 집사가 장로 장립을 받았다. 이 날은 경상노회의 큰 잔칫날이었고, 이 일로 인하여 칠원교회는 조직 교회로서 한 등급 올라가게 되었다.

손종일 장로는 일제의 혹독한 무단정치에 놀라 새벽만 되면 일찍이 일어나 교회당에서 포악한 일본을 물리쳐 달라고 기도하였다. 그러던 중 서울에서 3·1 독립운동을 했다는 소식이 대구와 부산을 거쳐 칠원까지 들려왔다. 이때 손종일 장로는 대구와 부산에서 일어났던 만세운동에 관심을 갖고 자신의 고장인 칠원에서도 만세운동을 일으켜야 한다면서 만세운동을 준비하고 있었다. 《칠원교회 100년사》를 살펴보면 다음과 같은 내용이 담겨져 있다.

"제1차 만세시위는 3월 23일 칠원 장터에서 시작되었다. 거사일을 3월 23일로 정한 철원 지역 애국지사들은 칠원면 용산리 깊은 산속에 있는 가장정(佳臧亭)에서 독립선언문과 태극기를 제작하였다. 태극기로 쓸 종이는 한의원을 경영하는 엄주신 영수가 의령 신반에 약봉지를 만든다는 구실로 대량 구입해 공급하였고, 식사는 윤형규, 김상률, 신경영 등의 집에서 나누어 밥을 지어 나무꾼을 가장하여 날라다 먹었다. 거사일인 3월 23일 군중이 가장 많이 모이는 오후 4시가 되자 박순익, 엄주신 등이 작은 태극기를 사람들에게 나누어 주었다. 손종일 장로가 사람들 앞에 서서 독립선언문을 낭독하고 "한일합병은 한민족의 본의가 아닌 일본의 강탈이며, 세계의 전 약소국은 차제에 총궐기하여 자주독립을 쟁취해야 한다"라고 하면서 "대한 독립 만세!"를 외쳤다. 그러자 1천여 군중이 손에 태극기를 흔들며 "대한 독립 만세"를 소리 높여 외쳤다. 당황한 경찰이 함안읍 시위와 군북 시위 등을 떠올리며, 총을 마구 휘두르면서 시위를 제지하였다."

칠원 3·1 운동 시위는 이것으로 끝나지 않고 다시 4월 3일 칠원 장날을 기하여 오후 3시에 장터에 모인 사람들 앞에 나타나 구속한 애국 지사를 즉각 석방하라는 구호를 외치면서 만세 시위를 하였다. 이처럼 제2차 시위에 주동했던 손종일, 엄주신, 박경천, 윤형규, 김상율 등 칠원교회 교인들이 대거 체포되었으며, 이들은 1919년 5월 20일 부산지방법원 마산지청에서 재판을 받고 징역 8개월에서 1년형을 받았다. 이 일로 손종일 장로도 억울하게 1년간 마산 형무소에서 옥살이를 하고 석방되었다.

손종일 장로는 1년간 마산 형무소에 수감되었지만 그는 하루도 빼놓지 않고 오직 민족의 해방을 위해 기도하면서 성경책을 읽고 찬송가를 불렀다. 열심히 수형 생활을 하고 석방이 되어 다시 칠원교회 장로로 시무하였다. 그러나 신사참배 문제가 대두되자 그의 장남인 손양원 전도사가 여수 애양원교회에서 시무하다가 일경에 체포되어 형을 받고 청주 형무소에 수감되었다.

 둘째 아들인 손의준도 일제의 징집 문제로 만주로 이주하게 되었으며, 이 일로 손종일 장로는 둘째 아들이 살고 있는 만주로 이거해 버렸다. 그는 일제의 패망을 바라는 기도를 하였지만 해방을 만나지 못하고 1945년 4월 13일 기도하는 자세로 삶을 마감하였다. 손종일 장로의 막내 아들인 손문준도 목사 안수를 받고 사역을 했다.

 이처럼 손종일 장로의 귀한 뜻을 헛되지 않게 하기 위해 손종일 장로의 생가를 복원하여 한국 기독교 선교역사 문화체험관광지로 개발하려고 준비하고 있다. 만일 이 일이 실현되면 자연히 손양원 목사의 순교 체험도 함께 할 수 있는 좋은 성지가 되리라고 생각된다.

80 평양 장대현교회 설립에 공이 큰 최치량 장로

최치량(崔致良, 1854-1930) 장로는 평안남도 평양에서 출생하였다. 최치량은 일찍 부모를 여의고 생활이 힘들자 어느 상점 점원으로 살면서 인생 공부를 하게 되었다. 그의 친절에 그 상점은 좋은 가게라고 소문이 나기 시작했다. 그는 매월 월급을 받으면 주인에게 맡기고 살았다. 그의 근면함에 감동을 받은 주인은 앞으로 사업을 하게 되면 도와주겠다는 마음을 갖고 있었다. 이때 술을 파는 가게가 나자 그 가게를 세를 내서 장사를 하였다. 술장사로 돈이 모아지자 좀더 발전할 수 있는 업종을 찾던 중 여관업을 하게 되었다.

그런데 최치량은 여관방에 있는 벽지가 한결같이 한자로 잘 정리된 글인 것을 발견했다. 여관업을 했던 박영식이란 사람은 평양 관리로 있으면서 토마스 선교사가 뿌린 성경책으로 벽을 도배한 것이다. 토마스 선교사가 탄 제너널 셔먼호가 중국 연태를 출발하여 1866년 9월 4일 대동강에 진입하자 평양 성을 지키고 있던 병사들이 그 배를 공격했다. 그 배가 화염에 휩싸이자 승선하고 있던 토마스 선교사가 가지고 있던 성경책을 한아름 안고 하선하여 성경을 뿌리면서 야소(耶蘇)를 믿으라고 외쳤다. 이때 뿌렸던 성경책을 모아다가 벽에 도배를 했던 것이다.

비록 남의 여관집 종업원으로 있었지만 최치량은 혼자서 천자문을 습득하여 도배된 한자를 읽을 수 있었다.

당시 이 여관은 투숙하는 투숙객들 사이에서 깨끗하고 좋은 글씨가 벽에 붙어 있는 여관으로 소문이 나 있었다. 이 소문을 듣고 마펫 선교사는 조사 한석진의 안내를 받으면서 이 여관에 투숙하게 되었다.

여관방에 들어간 한석진 조사는 그만 놀라고 말았다. "선교사님, 이 벽지는 한문 성경책으로 되어 있습니다." 이 말을 들은 마펫 선교사는 꿈인가, 생시인가 하면서 깜짝 놀랐다고 한다. 이때 여관 주인은 성경이 들어오게 된 배경을 설명했고, 마펫 선교사는 몇 번이고 고개를 끄덕이면서 하나님의 섭리에 놀랐다고 한다.

그런데 평양 감사로 임명을 받았던 민병석이라는 사람이 예수를 믿는다는 이유로 마펫 선교사의 조사인 한석진과 홀 선교사의 조사인 김창식을 구속하고 말았다. 이들의 죄목은 예수를 믿는다는 단 한 가지였다. 이들을 관가로 데려가 사형을 시킨다는 말을 들은 마펫은 곧 서울에 있는 언더우드 선교사에게 연락하여 석방할 수 있도록 조치를 취하였다. 언더우드 선교사는 고종의 석방서를 평양에 있는 마펫 선교사에게 전해 주었다. 그러자 마펫 선교사는 평양 감사에게 나가서 "여기 왕이 왔소!" 하며 몇 차례 소리를 질렀다. 평양 감사는 왕이 보이지 않자 다시 사형을 집행하려고 했다. 그때 고종의 석방서를 제출해 다행히 석방이 되었다.

그 사건을 계기로 더욱 힘을 얻은 한석진 조사는 최치량을 만나 기독교에 대해 자세히 설명하게 되었고 최치량은 그 자리에서 예수를 믿기로 작정하였다. 이렇게 해서 최치량이 신앙을 고백하자 전재숙, 문흘준, 이동승, 조상정, 한태교, 박정국 등이 예수를 영접하고 평양 선교는 힘을 얻게 되었다. 이때 최치량과 한석진은 여관집에서 그리 멀지 않은 홍종대의 소유지인 초가집을 매입하여 예배를 드렸다. 이것이 널다리교회가 되었으며, 한때 판동교회(板洞敎會)라고 부르다가 후에 장대현으로 이사를 하면서 평양 장대현교회라 부르게 되었다.

평양 장대현교회가 계속 부흥하자 평남대리회의 청원 허락으로 장로를 선출하게 되었다. 그때 최치량은 장대현교회의 초대 장로가 되었다. 1903년 7월, 원산에서 중국 주재 미국 감리교 선교사인 화이트 여선교사를 초청하여 성경공부를 실시하였다. 이때 강원도 철원에서 목회하던 하디 선교사가 이곳에서 은혜를 받고 회개를 하자 모든 선교사들이 회개운동을 전개하였다. 하디 선교사는 철저하게 자신의 교만 때문에 교인이 증가하지 않는다고 회개하였다. 그러자 참여하였던 선교사들이 회개운동을 일으키게 되었다. 이 성령운동이 일어나자 곧 평양에 주재하고 있는 미국 장로교, 감리교 선교사들을 통해 이 운동이 평양으로 전개하게 되었다.

이 성령운동은 선교사들의 모임으로 끝나지 않았다. 평양 장대현교회에서 목회하고 있던 길선주 장로가 1907년 정초를 맞이하여 사경회를 개최하였다. 이때 길선주 장로는 사경회를 성공적으로 이끌기 위해서 기도회가 필요하다면서 매일 새벽기도회를 시작하게 되었는데, 이때 최치량이 동의하자 장대현교회에서 처음으로 새벽기도회가 시작되었다. 이렇게 해서 출발한 새벽기도회는 지금까지 계속되고 있다. 평양 장대현교회에서 실시했던 새벽기도회를 통해서 놀라운 변화가 일어나고 있었다.

어느 날 형사 한 사람이 장대현교회에 가면 범인을 잡을 수 있다는 소식을 듣고 부흥회에 참석하였다. 이때 길선주 장로는 회중을 향하여 강하게 말씀을 전했고, 범인을 잡으러 왔던 그 형사가 회개하는 기적의 역사가 일어났다. 이때 길선주 장로도 은혜를 받아 길선주 장로 자신이 회개하는 기적이 일어났다. 이렇게 성령의 역사가 일어나자 원래 토요일에 끝나야 할 부흥사경회가 월요일까지 계속 진행되었다.

마지막 끝나는 날에 길선주 장로는 회중 앞에 자신의 체면을 뒤로하고 그가 잘못했던 죄과를 서슴없이 고백하였다.

"성도 여러분, 저는 친구가 세상을 떠나면서 저에게 100불을 주면서 자신의 부인이 어려울 때 도와주라고 했습니다. 그런데 그 돈을 그만 제가 착복하고 말았습니다."

길선주 장로가 회개를 하자 전교인들이 소리를 지르며 "아이고, 어떻게 하면 좋습니까?" 하면서 회개하기 시작했고, 이 회개의 물결이 평양뿐만 아니라 전국을 뒤덮게 되었다.

이렇듯 길선주 장로와 최치량 장로는 좋은 협력자가 되어 장대현교회 성장에 큰 기여를 하였다.

81 대구 제일교회 최초의 신자였던
서자명 장로

　서자명(徐子明, 1860-1936) 장로는 대구에서 서유봉과 윤금이의 둘째로 출생하였다. 그의 본명은 성욱이라 불렀다. 1893년 4월 22일 미국 북장로교 선교사인 베어드(W. Baird, 배위량)가 부산에 도착하여 부산에서 서경조 조사와 함께 대구 및 안동을 포함하여 순회 전도를 하던 중 경상북도 내륙 지방인 대구 선교부를 설치하였으나 곧 서울 선교부로 이동하자 그 후임으로 애덤스(J. E. Adams, 안의화) 선교사가 맡아 사역을 하게 되었다.

　그의 헌신적인 활동으로 대구에 교회를 설립하였는데 그 교회가 바로 오늘의 대구 제일교회다. 그가 예수를 믿게 된 동기는 이러했다. 대구 제일교회 앞 남성로 남쪽 약 10m 거리에 남성로와 병행하는 긴 골목이 옛날부터 '뽕나무 골목'으로 불리었다. 그 길이 바로 서울과 부산을 통하는 관통 도로였다. 그 골목에서 애덤스 선교사가 전도 강연을 하였는데, 이때 서자명은 서툰 조선말로 전도하는 그의 말에 감동이 되었다. 그때 한 농부가 산에서 나무를 해오다가 애덤스 선교사의 얼굴을 스치고 지나가고 말았다. 이때 선교사는 그 농부에게 다가가서 "형제님, 제가 길을 막고 전도를 하다가 그렇게 되었습니다. 용서를 빕니다"라고 얘기했다.

이러한 광경을 지켜보고 있던 서자명은 그 자리에서 예수를 믿겠다고 결심하고, 애덤스 선교사가 설립한 대구 제일교회에 출석하게 되었다. 이렇게 해서 서자명은 1898년 12월에 대구 제일교회의 첫 신자가 되었다. 서자명은 자신이 기독교인이 된 일에 너무 감사하여 다른 사람을 만나면 애덤스 선교사의 아름다운 모습을 얘기해 주었다. 그 얘기를 듣고 그 자리에서 예수를 믿겠다고 나선 사람이 바로 정완식이었다. 이렇게 해서 훈련을 잘 받았던 서자명과 정완식은 첫 신자가 되었으며, 1898년 12월에 최초로 학습을 받았다.

이때 의료 선교사로 존슨(W. O. Johnson, 장인차)이 대구 선교부에 부임하면서 대구 제중원이 개원하게 되었다. 환자들이 모여들자 1903년 현재의 동산동으로 이전하면서 자리를 잡고 1905년에는 종합병원으로 발전하였다. 여기에 한센병 환자들이 모여들자 1913년 애락원을 설립하기도 하였다. 서자명은 대구 제중원에 조수 겸 전도인으로 취직을 하게 되면서 매주 토요일이면 무의촌 진료에 참여했다. 그에게도 전도할 수 있는 좋은 기회가 되었다.

당시 대구 제중원이 서양의술로 환자들에게 기쁜 소식을 전해 주자 병원은 매일같이 진료를 받기 위한 사람들로 북적였다. 서자명은 그곳에서 사람들의 줄을 세우는 일을 하면서 예수의 귀한 복음을 전했다. 예수를 믿겠다는 이들에게는 대구 제일교회에 출석하도록 권면하였다. 대구 제일교회에서는 그의 열심을 보고 1899년 6월에 세례를 주었고 1900년 1월에는 집사로 임명하였다. 서자명은 대구 제중원이 종합병원으로 발전해 갈 때마다 몰려오는 환자를 돌보는 일을 자신의 일로 여겼으며, 그에 따라 전도의 길도 점차 확대되었다. 그는 전도할 때 대구 시내에 사는 사람들에게는 대구 제일교회로 출석하도록 간절히 부탁하였다.

만일 선교사가 멀리 출타하여 돌아오지 못하게 되면 그는 비록 성경 지식은 짧았지만 기도를 하면서 설교를 준비했다. 그리고 항상 자신의 주위에서 일어난 이야기를 해주었다. 대구 제일교회가 계속해서 교인들이 증가하자, 장로를 선출하기 위해서 경상대리회의 허락을 받고 1907년 1월에 장로 투표를 하게 되었다. 이때 교인들 사이에 서자명 집사가 장로가 되어야 한다는 여론이 일자, 자신은 아직 장로가 될 만한 인물이 되지 못한다면서 오히려 자신보다 늦게 신앙생활을 했던 김성호 집사와 박덕일 집사를 투표해 달라는 운동을 하기까지 했다.

이미 대구 제일교회에서는 후학들을 양성해야 한다면서 1900년에 희도학교를 설립하였다. 그 후 대구 선교부에서는 몰려오는 청소년들을 교육해야 할 필요성을 느껴, 1906년 10월에는 교회 구내에 계성학교(현 계성중고등학교)를 설립 운영하였고, 1907년에는 여성들에게도 교육의 기회를 주어야 한다면서 신명여학교(현 신명여자중고등학교)를 설립 운영하기도 하였다.

대구 선교부에서 설립한 교육기관과 의료기관이 활발하게 운영되자 자연히 제일교회는 해마다 교인이 증가하였다. 다시 1909년 7월에는 김덕경 집사, 안만집 집사가 장로로 피택되어 장립을 받았다.

또 1913년 1월에는 백신철 집사, 박순조 집사가 장로로 장립을 받았다. 1916년 4월에는 장처중 집사가, 1920년 2월에는 최종철, 장한진, 이종진 집사가 장로로 장립을 받았다.

그러나 서자명 집사는 여러 해가 지났지만 한 번도 불평을 하지 않고, 또 다른 교회로 이명도 하지 않고 오직 주님만 바라보면서 신앙을 지켰다. 그리하여 1922년 8월 18일 장로 장립을 받게 되었다. 끝까지 자신이 은혜를 받고 학습, 세례를 받았던 교회를 떠날 수 없다고 말만 한 것이 아니라 자진해서 "제가 아직 장로가 될 만한 인물이 못됩니다"라고 말하면서 주님만 바라보다가 결국 장로가 되었다.

그의 자녀 중 장남인 성균(聖均)은 국가 행정사무관으로 재직하였으며, 둘째 봉균(奉均)은 재무장관을 역임하였다. 셋째 영균(榮均)은 국영기업체 부장으로, 넷째인 경균(慶均)은 공인회계사로, 장녀인 서서(徐西)의 남편인 이명석(李命錫)은 원로목사이며, 차녀인 서태시(徐台施)는 중앙대학교 교수로 봉직하다가 삶을 마감하였다.

서자명 장로는 1936년 77세로 생을 마감하였지만 모든 자녀가 신앙 안에서 잘 성장했기에 그의 가문은 신앙 안에서 더없는 기쁨을 나눌 수 있는 훌륭한 가문으로 남게 되었다.

82 국내 최초로 직장예배를 실시했던
실업가 김인득 장로

김인득(金仁得, 1915-1993) 장로는 경상남도 함안군 칠서면 무릉리에서 김상수의 장남으로 출생하였다. 1929년 칠원보통학교를 졸업하고 당시 경상남도에서 몇째 안가는 마산상업중학교에 진학하여 함안군에서 촉망받는 기대주였다. 그러한 큰 기대 속에 열심히 공부했던 김인득은 졸업과 동시에 마산금융조합에 입사하여 성실하게 일했다. 그는 금융 각 계통에서 스카우트 제의를 받을 정도로 성실하게 근무하였다. 1943년에는 진주상공회의소 업무과장으로 영전하였다.

해방을 맞이하자 김인득은 새로운 일자리를 찾아 나섰다. 그는 건축에 필요한 자재인 철공업을 시작하면서 자신의 큰 꿈을 설계해 나갔다. 1946년에는 뜻하지 않게 부산 동아극장의 지배인으로 스카우트되어 흥행업에도 손을 대게 되었다. 이 일로 영화를 수입해야 하기 때문에 1950년 동양물산을 설립하고 대대적으로 이 사업을 확장해 갔다.

그의 꿈은 부산으로 끝나지 않고 1952년 서울 종로 3가에 있는 흥행업의 1번지인 단성사를 인수하면서 서울에 본거지를 두고 활동하였다. 이미 부산 중앙교회에 출석하면서 기독교를 접하였지만, 서울로 상경하면서 종로 3가에서 가까운 인사동에 있는 승동교회를 출석하게 되었다. 이때 이대영 담임목사의 설교에 은혜를 받고 그 바쁜 단성사는 지배인들에게 맡기고 주일 낮 예배, 밤 예배에 출석하였으며, 수요일 밤 예배도 출석하였다.

그동안 세례를 받을 수 있는 기회는 많이 있었지만 사업에 몰두하느라 미뤄오다가 이대영 목사에게 붙잡혀 1954년 12월에 세례를 받고 신앙에 정진하게 되었다. 그의 신앙이 성장하면서 더불어 사업체도 성장해 갔다. 1956년에는 을지로와 명동 입구에 있는 중앙극장을 인수하면서 종로통과 을지로통은 온전히 영화관으로 크게 성장하게 되었다. 여기에 1957년에는 부산 대영극장을 인수하였고, 1958년에는 광주 동방극장, 대구 만경관, 진주 시공관, 인천 동방극장, 대구 제일극장을 차례로 인수하면서 그의 사업은 계속 발전하게 되었다.

여기에 뜻하지 않게 몰려드는 관람객을 다른 곳에 보낼 수 없다는 김인득 사장의 지론에 따라 단성사 건너편에 서울 반도극장(현 피카디리극장)을 신축하였다. 이처럼 사업이 번창할 수 있었던 것은 그 뒤에 그의 부인 윤현의 권사의 기도의 힘이 있었기 때문이다. 윤현의 권사는 추우나 더우나 눈이 오나 비가 오나 한 번도 빼놓지 않고 새벽기도회에 출석했다. 여기에 그의 기도의 힘으로 1959년 안수집사로 피택이 되고 1962년에는 장로로 피택을 받았다. 장로로서 대한예수교장로회 총회 분열 시 합동 측의 이대영 목사를 적극 지지하면서 합동 측을 지키는 데도 한몫을 하였다.

그는 1960년 복건기업을 창설하고 새마을운동이 한창 전개될 무렵 한국 슬레이트공업주식회사를 인수했다. 전국적으로 지붕 개량 운동이 전개될 때 모든 지붕을 슬레이트로 대체하는 운동이 일어났다. 이때 전국에 있는 농촌, 어촌, 산간 할 것 없이 모든 지붕이 슬레이트로 교체되면서 일약 대기업으로 성장하였다. 이러한 붐을 타고 성장했던 한국 슬레이트공업주식회사는 벽산건축업으로 전환하면서 벽산그룹이 되었다.

도시로 인구가 모여들어 주택난이 심각할 때 아파트 건설에 손을 대면서 벽산그룹이라는 일약 재벌회사로 성장하였다. 그리하여 1973년에는 한국 건업회 회장으로 취임하였으며, 한국무역협회 부회장과 한국상장회사 부회장으로 선임되었다. 1974년에는 한·사우디아라비아 경제협력위원회 부회장으로 선임되었다. 그로 인해 벽산그룹은 해외 건설회사에서도 이름이 알려지면서 외화벌이에 큰 몫을 담당하였다. 그의 경영실적이 외부로 알려지면서 한국경영자협회 부회장으로도 선임되었다.

그가 승동교회 장로로서 교단뿐만 아니라 초교파적으로 그의 실력이 인정되자 한국기독교실업인회(CBMC) 회장으로 선임되었다. 역시 회장으로 재직하면서 한국기독교실업인회 제2회 전국대회를 개최하였으며, 1975년 1월에는 한국기독교실업인회 대표로 미국대통령 조찬기도회 초청을 받아 워싱턴에 다녀온 일도 있었다. 그리고 한일합동경제간담회에 한국 경제인 대표로 참가하였다. 그의 실력이 세계적으로 알려지자 그의 활동은 세계화되었다.

김인득 장로의 가장 큰 업적은 현재 합동 측 직영신학교인 총신대학교를 설립할 때 자신의 소유였던 경기도 가평광업소 광산권을 총신재단에 수익재산으로 기증함으로 학교법인 허가를 낼 수 있는 기틀을 마련한 것이다. 그리고 벽산장학회를 마련하여 인재를 키우는 일에도 큰 힘을 보탰다.

특별히 그를 내조했던 윤현의(尹賢義) 권사는 승동교회뿐만 아니라 합동 측 여전도회 전국연합회에서 많은 활동을 하였다. 그는 남편의 뒷바라지를 위해 오직 기도로 승부를 걸었고 이에 사업이 날로 번창해 갔다. 부인의 기도의 힘으로 최초로 중앙극장에서 직장예배를 실시하였다. 이것이 근간이 되어 각 직장마다 예배가 실시되었으며, 직장인 예배가 각 직장마다 뿌리를 내리자 직장인 예배 연합회가 조직되면서 직장선교에 큰 힘이 되었다.

윤현의 권사는 YWCA 연합회도 후원하였으며, 극동방송 이사로 활동하면서 방송에도 큰 공을 세웠다. 그리하여 극동방송 내에 윤현의 권사 기념관이 세워질 정도로 지대한 공헌을 하였다. 부부는 승동교회를 떠났지만 그 자리는 장남 김희철 장로, 차남 김희용 장로, 장녀 김숙희 권사 등이 자리를 지키고 있다.

83 침의학자였던 윤화락 장로

윤화락(尹和洛, 1888-1961) 장로는 함경남도 정평군 부내면 풍천리에서 출생하였다. 선교의 불모지였던 정평에 1898년 캐나다 장로교 선교부에서 최초로 그리슨(Dr. R. Grierson, 구례선) 선교사 부부, 맥레(D. M. MaRae, 구마례) 선교사, 푸트(W. R. Foote, 부두일) 선교사를 파송했다. 그러나 이들이 조선 땅 함경도에 오게 된 배경은 황해도 장영군 대구면 송천리 소래교회에서 독신으로 사역을 했던 매켄지(W. J. McKenzie) 선교사의 사망 소식 때문이었다. 매켄지 선교사의 죽음을 헛되지 않게 하기 위해서 선교사를 파송하게 되었다.

매켄지 선교사는 독신으로 캐나다 어느 연합회의 후원으로 조선에 오게 되었으며, 그는 서울에 머물지 않고 오지인 황해도 소래에서 사역을 하였다. 그가 소래에 오기 전에 이미 서상륜, 서경조 형제가 소래교회를 설립하고 그 지역에서 선교활동을 하고 있었다. 매켄지 선교사는 자신이 어학 훈련도 받고 오지에서 선교활동을 하겠다고 자원하여 황해도 소래교회에서 선교활동을 하였다.

그는 소래교회에서 선교활동을 할 때 소래교인들이 입고 다니는 무명옷을 입고 짚신을 신고 다녔으며, 음식도 조선 사람들과 함께 먹으면서 열심히 선교를 하였다. 그런데 1895년 7월 뜻하지 않는 열병에 걸려 사망하게 되었다. 이 소식을 접한 캐나다 장로교 선교부에서는 그의 죽음을 헛되지 않게 하기 위해서 선교사를 조선 땅 오지 함경도에 보내게 되었다. 함경도 함흥에 선교부를 설치하고, 그 지역을 순회하면서 정평읍에 정평교회를 설립하였다.

이 무렵 윤화락과 그의 형인 윤화수는 이 지역에서 운영하는 한문사숙(漢文私塾)에서 한학을 터득하고, 정평읍내에 교회가 설립되자 함께 교회에 등록하고 기독교를 접하게 되었다. 다행히 부모의 덕택으로 상경하여 서울에서 신학문을 접하게 되었으며, 그 무서운 일제의 무단통치에 가슴 한번 펴 보지 못하고 신앙생활에 더욱 열심을 내었다.

그런데 2·8 독립선언이 일본 동경 한복판에서 유학생들에 의해 일어났다는 소식을 접하고, 형인 윤화수와 함께 고향 정평에서 만세운동을 일으키기 위해서 밤마다 정평교회에 나가 기도하면서 3·1운동을 준비하고 있었다. 이때 정평교회 교인 중 원종기, 장예학, 노문표 등이 이 운동에 참여하면서 힘을 얻게 되었다. 이들은 밤마다 모여 태극기를 그리고 독립선언서를 프린트하느라 정신이 없었다. 모든 준비가 완료되어 정평읍내 풍남리에 집결해 300여 명이 손에 태극기를 들고 만세를 부르면서 시가행진을 하였다.

만세 소리에 놀란 일본 경찰과 헌병대들은 총검으로 시위대를 위협하고 체포하여 많은 사람들이 경찰서에 구속되는 일이 일어났다. 이 일로 두 형제는 선동자로 체포되어 다른 시위대원들과 함께 재판을 받고 형량이 확정되었다. 윤화락과 윤화수는 함흥 지방에서 재판을 받고 억울하게 함흥 형무소에서 10개월간 감옥살이를 하게 되었다.

이들 두 형제는 비록 감방은 달랐지만 서로 눈짓으로 기도를 하자고 약속하고 기도하던 중 1920년 형량을 마치고 고향으로 돌아오게 되었다. 이때 정평교회에서는 3·1 운동으로 인하여 함흥 형무소 생활을 하고 있던 애국지사들의 이름을 일일이 부르면서 기도하였다.

1920년 출옥했던 두 형제는 잠시 고향에 들렀다가 만주 간도에 있는 용정으로 이사를 가게 되었다. 두 형제는 안정된 생활로 기반을 잡게 되자 1925년 고향에 두고 온 가족들을 용정으로 데리고 왔다. 이들은 용정에 자리를 잡자 명동교회에 출석하면서 이곳에 있는 영신중학교 학생들을 중심으로 전도에 힘썼다.

형인 윤화수는 이곳에 머물면서 독립운동을 하려면 무기가 필요하다는 것을 알고 무기구입비를 마련하여 소련으로 넘어가 그곳에서 무기를 구입하여 독립운동에 더욱 힘을 쏟았다. 그리고 〈간도신문〉을 발간하고 주필로 활동했다. 신문의 사설은 주필의 몫이었다. 자연히 신문 사설 내용이 조선 독립과 일본 군인들의 폭정에 대한 글을 많이 쓰게 되자, 이 일로 헌병대를 이웃집 드나들 정도로 많은 고생을 하였다.

형 윤화수는 해방이 되자 곧바로 고향에 돌아와 정평읍교회에서 청년들을 모아 놓고 훈련시켰다. 그후 6·25 한국전쟁으로 북한에 유엔군과 국군이 진주하자 정평군 군수로 잠시 봉사하였다. 그러나 1·4 후퇴로 고향을 지킨다면서 끝내 월남하지 못하고 공산군에 체포되어 처형을 당하고 말았다.

  동생 윤화락은 가족을 용정으로 이주시키고 영신중학교 교사로 봉직하면서 한학에 조예가 깊어 스스로 독학을 하면서 한약종에 힘을 쏟았다. 다행히 일제가 간도 지방을 통치하고 있을 때 만주국 한약종상 면허를 받고 이 일에 힘을 쏟았다. 한약을 종사하는 그 일로 끝나지 않고 침술의원에게 개인 지도를 받고 침술을 통하여 많은 사람들에게 전도하였다. 그는 침술을 통해서 전도할 때마다 돈이 없다는 사람들에게는 꼭 교회를 다니겠다는 확약서를 받고 무료로 침술 진료를 하였다.

  1945년 8월 15일 해방을 맞이하자 북한에 머물지 않고 가족을 인솔하여 월남하여 9월 1일에 서울에 자리를 잡았다. 월남했던 그는 집에서 가까운 연동교회에 출석하게 되었으며, 이것이 인연이 되어 한약방 및 침술로 많은 전도에 힘을 쏟았다. 자리를 잡고 열심히 교회에 봉사하던 그는 1954년 8월에 장로로 장립을 받고 서울 연동교회 장로가 되었다. 말년에는 경희대학교의 전신인 동양한의과대학에서 침의학을 맡아 후진을 양성하기도 하였다. 그의 부인 한소아(韓少阿)와의 사이에는 10남매를 두었으며, 그중 장남 명상은 의시가 되기도 하였다.

84 맹인의 아버지 박두성 장로

　박두성(朴斗星) 장로는 1888년 경기도 강화도에서 출생하였다. 그의 본명은 박두현이었으며, 호는 송암(松庵)이다. 그는 일찍이 강화도에서 기독교를 만나면서 강화감리교회에 출석을 하였다. 이곳에서 기독교 신앙을 만나면서 서울 유학길에 나서게 되었다. 구 한말인 1906년에 한성사범학교를 졸업하고 어의동보통학교 교사로 재직했다. 그러던 중 뜻하지 않게 조선 총독부에서 설립한 재생원 맹아부(현 서울 맹아학교 전신) 교사로 발령을 받고 맹인 교육에 평생을 바쳤다. 말을 못하는 이들에게 글을 볼 수 있도록 하겠다는 사명감을 갖고 1920년에 한글 점자 연구에 힘을 쏟았다.

　1926년 그가 그렇게 소원하던 맹인에게도 글을 읽을 수 있는 〈훈맹정음〉을 드디어 완성하고 처음으로 맹인도 한글을 읽을 수 있도록 발표하였다. 그는 이것으로 끝나지 않고 정창규의 집에 '육화사'(六花社)란 간판을 내걸고 점자와 점자통신을 연구하기 시작하였다. 이때 박두성은 예수의 정신을 이어서 눈을 뜨고도 글을 읽을 수 없는 이들에게 손으로 글을 만져서 예수의 정신을 읽을 수 있도록 하겠다는 굳은 의지를 갖고 기도했다. 그러던 중 뜻하지 않게 1931년 9월 점자로 마태복음서를 완간하였다.

마태복음서를 완간하자 국내 신문에서는 맹인에게도 글을 읽을 수 있다는 소식이 전해지면서 박두성의 이름은 더 멀리 알려지기 시작하였다. 이뿐 아니었다. 이들에게도 하나님을 찬양할 수 있는 기회를 주어야 한다면서 점자 찬송가를 출간하였다. 이처럼 엄청난 일을 해냈던 박두성은 이 일을 후학들에게 넘겨주고 인천 영화학교 교장으로 부임하였다. 이 영화학교는 미국 감리교 선교부에서 설립한 학교로서 성경을 가르치는 일과 신앙훈련에 매진하고 있었다. 그러나 후학들에게 물려주었던 점자로 성경을 만드는 일이 부진하자 영화학교 교장직을 사임하고 다시 점자 신약전서에 몰두하여 드디어 신약전서 전권을 점자로 완료하였다.

점자 성경을 만드는 일은 보통 힘든 일이 아니었다. 그러나 손으로 만지면서 주를 찬양하는 맹인들의 얼굴을 보는 순간 박두성은 다시 한 번 감사의 기도를 하면서 계속 이 일을 발전시켜 나갔다. 더욱이 일제는 기독교가 가능한 한 번성하기를 바라는 때가 아니었다. 그러나 박두성은 이 일을 자신의 사명으로 알고 밤에는 주로 아연판과 흰 종이에 점을 찍는 일을 계속했다.

이러한 일을 10여 년 동안 새벽 4시나 5시까지 무리하게 작업하여 결과로 시력이 점점 나빠지기 시작하였다. 그러나 눈을 보게 하신 이도 하나님이시고 함께하시는 이도 하나님이란 사실을 체험하게 되었던 그는 '모든 것이 주님의 은혜'라고 고백하며 일을 계속하였다.

여기에 맹인들에게도 투표할 수 있는 기회가 주어졌다. 바로 1948년 5월 10일이 제헌국회 선거일인데, 맹인들도 투표권을 행사할 수 있도록 점자투표권을 허락받고 이들에게 점자로 투표할 수 있는 기회를 주었다. 투표하러 나선 맹인들에게는 꿈만 같은 일이었다. 물론 눈을 뜨고 다니던 일반 시민들에게도 자신의 손으로 국회의원을 선출한다는 일은 얼마나 기쁜 일이었던가! 이러한 때에 맹인들이 투표할 수 있도록 한 박두성은 하나님이 보낸 사람임에 틀림이 없었다.

박두성은 맹인들도 신약전서를 읽을 수 있도록 1957년 점자 성경전서 제작을 완료해 출간하게 되었다. 이렇게 완역해서 세상에 내놓자 맹인들은 박두성의 힘이 얼마나 큰지 체험하면서 그를 위해서 더 많은 기도를 했다고 한다. 여기에 맹인들도 소설책과 역사책을 읽을 수 있는 길이 열려지기 시작하였다. 바로 점자로 《3·1 독립운동사》를 읽게 되었으며, 《한국사》를 비롯해서 《순애보》, 《사랑》, 《임꺽정》, 《금삼의 피》, 《천기대요》, 《천자문》(千字文), 《명심보감》(明心寶鑑), 《위인전》, 《범일지》, 《이솝우화》, 《속담집》(俗談輯), 《홍경래전》, 《여명》, 《침구요열》 등 2백여 종의 책을 출간하였다.

박두성은 자신이 하나님의 축복으로 이상의 엄청난 일을 해낸 것에 늘 감사하면서 세상을 떠날 때까지 맹인 선교 사업에 매진하였다. 그러나 무리하게 일을 추진하여 말년에 자신도 실명이 되어 맹인으로 삶을 마감하였다.

이상에서 살펴본 대로 그는 맹인들을 위해 엄청난 일을 해냈다. 그래서 일제 강점기 때인 1928년 경성교육협회에서 표창을 받았으며, 1934년에는 일본 맹인교육협회에서 표창을 받았다. 일제 강점기 때에 표창을 받았다는 것은 한마디로 말하면 대단한 인물이었다는 사실을 단적으로 보여준다. 일제 강점기 때는 가능한한 조선사람을 차별했던 시절이었다. 그런데 박두성 장로에게 표창을 했다는 것은, 박두성 장로가 한마디로 어떤 인물인가를 단적으로 보여주는 사건이다.

해방 후에는 1962년 8월 15일 정부로부터 문화표창장을 받았다. 그가 주일이 되면 부인 김경내(金景乃, 1894-1973) 권사와 나란히 손을 꼭 붙잡고 다니는 모습에 정동감리교회 교인들이 부러워했다고 한다. 그의 신앙심에 감복한 정동감리교회에서는 장로로 시무할 수 있는 길도 열어 주었다.

그가 1963년 마지막 삶을 마감하고 주님의 나라로 향해 가던 장례식장에는 수많은 맹인들이 "우리를 놔두고 혼자 가시면 어떻게 해요" 하면서 땅을 치며 울었고, 마지막 하관식을 거행할 때는 옆에 서 있던 나무들이 울음을 터뜨리면서 소리를 냈다고 한다.

85 100여 편의 찬송가와 독창곡을 작곡했던
나운영 장로

나운영(羅運榮, 1922-1993) 장로는 서울에서 나원정(羅元鼎)의 아들로 출생하였다. 그의 부친 나원정은 당시 일본 도쿄에 있는 도쿄제국대학[東京帝國大學] 입시에 당당하게 응하였다. 조선사람으로서 입학시험을 본다는 그 자체부터 쉬운 일이 아니었지만 그는 자신이 믿고 있는 하나님이 지켜 주실 것을 믿었다. 그리하여 천재들만 들어갈 수 있는 도쿄제국대학에 당당히 합격하였다. 그 감격스러운 마음을 갖고 열심히 공부하여 드디어 도쿄제국대학을 졸업했던 나원정은 생물학자이며 교육자로서 교육계에 크게 봉사하였다. 일찍이 기독교에 입문했던 나원정은 서울 새문안교회에 출석하면서 집사로 봉직하였다.

그러한 기독교적인 가정 환경에서 성장했기에 나운영은 자연히 음악에 대해서 관심을 갖고 자라게 되었다. 그는 6세에 아버지를 잃고 홀어머니 밑에서 성장하였다. 음악에 천재적인 재능이 있음을 알고 있던 어머니는 음악 쪽으로 그를 키워가기 시작하였다. 아버지의 사랑을 받고 자라야 할 나운영은 외롭게 자라게 되었다. 그러나 집 가까운 서울 미동초등학교에 입학하여 열심히 공부했을 뿐만 아니라 음악 시간은 아예 나운영의 시간이었다. 당시 그를 가르쳤던 담임 교사는 일본인 여선생이었는데, 그의 재능을 알았기에 특별히 개인지도를 하면서 음악성을 심어 주었다. 6년간의 초등학교 과정을 졸업하고 서울 북촌 마을에 자리 잡고 있는 서울 중앙중학교에 진학하였으며, 그 학교에서 5년간의 교육을 받고 졸업하였다.

역시 서울 중앙중학교에서도 그의 재능을 알았던 교사가 그의 어머니와 의논하여 일본 도쿄에 있는 도쿄제국고등음악학교에 진학하도록 권유하였다. 사실 그의 어머니는 아들 나운영을 도쿄제국고등음악학교에 보낼 수 있는 형편이 안 되었다. 그러나 그의 천재적인 음악성을 알았던 서울 중앙중학교에서는 장학금을 지원하여 일본으로 유학을 보내게 되었다.

이 도쿄제국고등음악학교는 일본의 음악 천재들만 입학할 수 있는 학교였다. 이 학교에 입학원서를 제출해 놓고 매일 가까운 일본인 교회에 가서 하나님께 기도하고 시험 당일 하나님께 모든 것을 맡기고 시험을 보게 되었다. 필기시험이 끝나자 음악 실기시험을 보게 되었다. 드디어 합격 통지서가 한국에 전달되었다. 이렇게 해서 도쿄제국고등음악학교에 모든 수속을 마치고 학교에 다니게 되었다. 특별히 그가 그 학교를 다닐 때 일본의 식민지로 있었던 대만 출신들, 중국 만주에서 온 지원생들이 함께 합격했다. 나운영은 최선을 다해 열심히 공부하였다.

나운영은 피아노를 치는 것은 말할 것도 없었고, 작곡에도 천재라는 말을 들을 정도로 실력이 대단했다고 한다. 이 모든 과정을 이수했던 나운영은 우수한 성적으로 졸업하였다. 다시 학교장의 추천으로 나운영은 도쿄국제고등음악학교 연구과 과정에서 계속 음악을 연구할 수 있는 길을 얻게 되었다. 특별히 그의 작곡 실력을 눈여겨 보았던 일본인 음악가 모로이(諸井三朗) 교수에게서 3년간 작곡을 사사받았다. 귀국 후에는 중앙대학교, 서울대학교, 이화여자대학 강사로 출강하였다. 이 무렵 현대음악협회를 조직하고 회장으로 활동하면서 많은 음악인들과 친교를 가질 수 있는 좋은 기회가 되었다.

1955년에는 연세대학교 음악대학 조교수로 재직하다가 그의 실력을 인정했던 연세대에서 정교수로 발령을 받았다. 1973년도에는 연세대학교 음악대학 학장으로 취임하였다. 그 무렵 제주도 민속음악 박물관을 설립하고 관장으로 취임하였다. 아주작곡가협회(亞洲作曲家協會) 회장으로 피선되기도 했다. 그의 활동을 지켜본 미국 포클랜드대학에서 교환 교수로 그를 초빙하였다. 이때 그 대학에서 실력을 인정받아 명예음악박사 학위를 취득하게 되었다. 미국 음악계에서 그의 실력을 인정하자 자연히 한국에서도 그의 명성이 점점 커지게 되었다. 바로 이 무렵 한국찬송가위원회 음악분과 위원장으로 취임하였으며, 한국통일찬송가 위원회가 발족할 때 위원이 되었다.

한편 그가 성가대 지휘로 활동하며 출석했던 교회가 있었는데 그곳이 서울 용산구 동자동에 있는 서울 성남교회였다. 그가 지휘자로 활동하면서 서울 성남교회 성가대는 더 수준 높은 찬양대가 되었고, 이 일로 그는 30년간 한결같이 성가대 지휘자로 봉사하였다. 이에 2002년 10월 나운영 장로 탄생 80주년을 기념하여 서울 성남교회 교육사회관 입구에 '시편 23편 노래비'를 세웠다.

그가 작곡한 '시편 23편' 성가는 한국 교계에 널리 알려지게 되었다. '시편 23편'은 영감 있는 곡이었기에 그 찬양을 듣는 이들마다 하나님께 영광을 돌리지 않을 수 없을 정도로 너무나 유명한 곡이 되었다. 이외에도 '피난처 있으니', '주기도', '부활절 칸타타', '교향곡 10번-천지창조' 등이 있으며, 국악을 기초로 한 전통음악의 수용으로 '접동새', '산'과 같은 가곡과 '바이올린과 피아노를 위한 산조', '교향곡 9번' 등을 발표하였다. 또 많은 가곡과 동요를 작곡하여 오늘날 한국 음악 발전에 커다란 공헌을 하였다.

그는 성남교회에서 한 주일도 빠지지 않고 직접 지휘봉을 잡고 열심히 지휘하였다. 그 후 장로로 피택을 받고도 계속 찬양대의 지휘봉을 잡고 지휘하였다. 그는 또 후학들을 양성해야 한다면서 미국에서 명예음악박사 학위를 취득하기도 하였다.

86 종교사학자인 김득황 장로

김득황(金得榥, 1915-1999) 장로는 평안북도 의주에서 출생하였다. 의주는 일찍부터 기독교가 들어왔던 지역이었기에 그는 자연스럽게 기독교를 접하게 되었다. 김득황은 일제의 무단 정책으로 인하여 말할 수 없는 차별 속에서 살다가 일본을 알아야 한다는 생각으로 일본 동경으로 유학길에 나섰다. 그는 당당하게 동경대학 법과에 합격하였다. 그는 사법고시에 합격하여 변호사가 되겠다는 의지를 갖고 사법고시를 준비하였다. 4년간의 학부를 마친 김득황은 1942년에 졸업하였다.

이미 그는 사법고시를 준비하던 중 당시 일본의 괴뢰정부였던 만주국에서 실시한 사법고시에 합격하였다. 만주국의 행정수도인 신경(新京, 현재 장춘-長春)에서 공무원 생활을 하다가 일제의 패망으로 잠시 고향 의주에 들렀다. 그러나 곧 공산당 정부가 들어서면서 기독교인에 대한 감시가 심해지자 곧 월남하고 서울에 자리를 잡았다.

이때 서울에 자리를 잡고 집에서 가까운 서울 궁정감리교회에 출석하면서 교회에 봉사하던 중, 1950년 궁정감리교회에서 장로로 장립을 받았다.

지난 2010년 10월 17일 궁정감리교회 창립 100주년 기념식 때 시상식이 거행되었다. 김득황 장로는 비록 고인이 되었지만 교회에 충성스럽게 봉사한 그의 공로를 잊을 수 없어서 이미 고인이 된 김진호 담임목사와 함께 공로상이 수여되었다. 교계 활동으로는 강남에 있는 광림교회 시무 장로로 시무하고 있었다.

그는 1956년 보건사회부 원호국장으로 재직하면서 관직에 발을 들여놓았다. 항상 자기에게 맡겨진 일을 성실하게 감당했기에 보건사회부에서 존경받는 인사가 되었다. 1958년에는 대한주택공사가 처음으로 출범할 때 이사직을 맡아 수고하였다. 1960년 4·19 혁명으로 양원제도가 설치되면서 참의원 법제조사국장으로 발령을 받고 국회에서 활동하였다. 여기서 신임을 받았던 김득황 장로는 1964년 내무부 차관으로 발령받았다.

그는 장로였기에 늘 마음속에 하나님을 섬기면서 직장생활을 할 수 있는 길이 없을까 기도하던 중, 경찰서에도 경목제도(警牧制度)가 있었으면 좋겠다는 생각을 가졌다. 그리고 그 뜻이 이루어져 한국에 최초로 경목제도를 도입해 유치장에 감금되어 있는 수감자들과 경찰관들에게 기독교 신앙을 접목시켜 나갔다.

1970년에는 한국십자군연맹을 조직하고 회장으로 취임하면서 기독교 사회운동을 전개하였다. 여기에 아시아 기독교반공연맹을 조직하고 이사장으로 취임하였다. 이러한 운동을 하려면 교회가 센터의 역할을 해야 한다면서 어려운 교회, 특히 산간벽지 오지에 있는 300여 교회를 지원하기도 하였다.

1960년대는 농촌이 피폐하였기에 농촌 처녀들이 생명을 걸고 도시로 몰려들었다. 막상 갈 만한 곳은 별로 없어서 윤락 여성이 되기도 하였다. 가난하기 때문에 자신들의 의식주를 해결하고 부모님과 동생들에게 경제적 도움을 주기 위해 윤락가로 빠져든 여성들에게 복음을 전하는 운동을 전개하였다.

김득황 장로는 1970년에 미국 풀러신학교 선교대학원에서 석사 과정을 이수하였다. 또 1971년에는 미국 아메리칸 크리스천대학교에서 명예문학박사 학위를 취득하였다. 1973년에는 한국과 인도네시아 협의회 회장으로 취임하였으며, 1974년도에는 한국해외개발공사 사장으로 취임하였다.

김득황 회장은 실무 경험을 토대로 활동하였지만 학문적인 뒷받침이 필요하다면서 스스로 건국대학교 박사 과정에 진학하여 학점을 이수한 후 '한국 고대 윤리 사상의 연구'라는 제목으로 1975년 문학박사 학위를 받았다.

1979년 5월에는 사회봉사에 기여한 공로로 국민훈장 동백장을 수상했다. 그는 학문적인 소양이 있었기에 종교와 사상적인 면에서 여러 책을 저술했다. 그중 1958년에 저술했던 《韓國史 思想史》, 1963년에 저술한 《韓國宗敎史》 등은 후학들이 학문을 연구하는 데 좋은 자료가 되기도 하였다. 이러한 사상사를 연구한 결과, 동방사상연구원을 설립하고 원장으로도 활동하였다.

《韓國宗敎史》의 내용을 살펴보면 개관으로 서론을 시작하였다. 이어서 상고시대부터 고려시대, 조선시대의 종교 역사를 다룬 후 최근 신교(神敎)를 비롯하여 불교와 기독교를 1, 2부로 나눠서 광범위하게 취급하였다. 이어서 기타 종교를 다루었으며, 천도교, 일본 신도, 유사 종교, 한국 종교사 연표 등을 내용으로 하는 책이었다. 이 책 한 권을 갖고 있으면 한국의 종교는 저절로 정리할 수 있는 좋은 자료가 된다.

이 밖에도《한국 고대 도덕의 연구》,《만주 사화》,《백두산과 북방 관계》,《만주족의 언어》등 10여 권의 저서가 있다. 또《우리 민족 우리 역사》는 김득황 장로의 빼놓을 수 없는 대작이기도 하다.

여기에 목차를 소개하면 다음과 같다.

제1부 고대 한국인의 사상

제2부 동이족은 동아시아 문화의 창시자

제3부 빛나는 한민족

제4부 한국인의 종교

제5부 유교의 재평가

제6부 겨레의 한과 북방 민족의 흥망

제7부 살아남은 한민족 등으로 구성되었다.

87 구한말 내무차관을 역임한 박승봉 장로

　박승봉(朴勝鳳, 1871-1933) 장로는 서울에서 척리대가(戚里大家)의 집안에서 출생하였다. 특히 그는 새로운 학문이 조선 땅에 유입될 때 일찍이 미국의 문화를 접할 수 있는 좋은 기회를 얻게 되었다. 그는 1883년 민영익, 홍영길 등으로 구성된 견미사절단(遣美使節團)의 일행으로 인천 제물포에서 미국 상선을 타고 일본 요코하마를 거쳐서 멀고 먼 미국 땅 샌프란시스코 항에 도착하였다. 다시 기차에 승선하여 미국의 수도인 워싱턴에 도착하여 미국 관리들의 환영을 받으면서 대통령 관저를 비롯해서 미국 행정에 대한 모든 것들을 살피게 되었다. 약 1개월간 미국 여러 도시를 방문하면서 미국의 발전에 놀라고 말았다. 다른 일행들은 모든 일정을 마치고 귀국하였지만, 조선 정부의 특별한 배려로 그는 워싱턴에 머물면서 조선 정부를 대표하여 외교관으로서 활동하게 되었다.

　미국 워싱턴에서 4년간의 외교관 생활을 마치고 1887년 귀국하게 되었다. 조선 정부를 세계에 널리 알릴 필요성을 느낀 조정에서는 선진화된 미국생활을 마친 그를 궁내부 협판(오늘의 내무부 차관)으로 임명하였다. 이로 인하여 그는 서울에서도 언더우드 선교사가 세워 외국인들을 접하기 쉬운 새문안교회에 출석하게 되었으며, 미국 북감리교회 파송을 받은 선교사가 세운 정동감리교회에도 출석하였다. 미국에서 파견 나왔던 외교관들은 거의 크리스천이었기에 이들을 만나 국제 정세에 관한 소식을 접하게 되었다.

그런데 점점 일본인들이 조선반도에 대거 진출하고 있었다. 결국 일제는 조선을 자기 영토화하기 위해서 1894년 청일전쟁을 일으켰다. 불행하게도 청일전쟁은 일본의 승리로 끝나 청나라 군인들은 조선반도에서 물러갔고, 이 일로 조선에서 일본의 위상은 더 높아가고 있었다. 여기에 러시아는 남하정책을 쓰면서 조선을 자신들의 발판으로 삼으려고 하였다. 그리하여 1905년 러일전쟁이 한반도에서 일어나고 말았다. 러일전쟁이 일본의 승리로 끝나자 러시아의 남하 정책은 수포로 돌아가고 그 대신 일본의 세력이 한반도에 진을 치고 있었다.

나라가 점점 일본 쪽으로 기울어 가고 있을 무렵 1907년 헤이그에서 만국평화회의가 개최된다는 소식을 접했던 박승봉은 이준을 극비로 헤이그로 보냈다. 그에게 고종 황제의 어인이 찍힌 밀서를 갖고 가도록 하였다. 이 일이 발각되자 일제는 고종 황제에게 압력을 가하여 박승봉 궁내부 협판을 좌천시켜 평북 관찰사로 발령을 내렸다. 그래서 그는 서울을 떠나 평안도에 가서 살게 되었다.

평북 관찰사로 좌천되었지만 그곳에서 뜻하지 않게 미국 감리교에서 파송되었던 모리스 선교사를 만났고, 그의 소개로 남강 이승훈을 만나게 되었다. 때마침 그가 계획한 오산학당을 설립하는 데 좋은 동지가 되기도 하였다. 이 일로 이승훈과 절친한 사이가 되었으며, 월남 이상재를 만나면서 장차 조국의 장래를 의논하고 함께 기도하는 동지가 되었다. 또한 뜻하지 않게 평생을 잊을 수 없는 윤치호, 이승만, 이원긍, 유성준, 홍재기, 김정식, 이승인, 안국선 등을 만나게 되었고 그들을 교회로 인도하면서 애국 운동에 힘을 쏟았다.

박승봉은 서울 연동교회에 등록하고 신앙생활을 하였다. 1909년 서울 안국동에 서울 승동교회와 연동교회를 다니던 교인들 몇 사람이 제동에 살고 있던 김창제(金昶濟)의 집에서 모여 기도회로 시작하였다. 얼마 후에 박승봉, 황기연 등이 일부 교인들과 함께 안동교회를 설립하였다. 그 후 박승봉의 주선으로 어느 초가집을 매입하여 예배당으로 사용하면서 안동교회가 자리를 잡게 되었다.

여기에 예수교회보 사장인 한석진 목사가 부임하자 안동교회는 활기를 띠기 시작하였다. 이 일로 승동교회와 연동교회에서 환영을 받지 못했던 양반들이 이 교회에 모여들면서 갑자기 교회가 성장해 갔다. 당시 안동교회에는 서울에서 내로라 하는 양반인 민준호, 한필상 등이 모였으며, 그들은 안동교회를 신축하는 데 한몫을 하였다. 이 일에 박승봉도 열심히 봉사하여 초대 장로로 선임을 받게 되었다.

그는 교회에서만 봉사를 하지 않았고 당시 기호 지방에서 많은 인재들이 모여들었던 사립기호학당(私立畿湖學堂, 현 중앙중고등학교)을 설립하는 데 공을 세웠으며, 이 일로 2대 교장직을 맡아 수고하기도 했다. 민족의식이 강했던 박승봉은 이상재, 신흥우, 함태영, 현순, 김필수, 박희도, 최린, 오세창, 권동진 등과 함께 그의 집에서 3·1 운동의 거사를 꾸미는 데 한몫을 담당하였다. 1919년에는 최남선이 최초로 독립선언서를 와카구사죠(현 을지로 3가) 일본인 교회 교인이 살고 있는 어느 주택해서 작성했을 때, 그 초안을 박승봉의 집에서 최종 확인하고 손병희 대표에게 넘겨 인쇄하도록 하였다. 3·1 운동 후 상해에 임시정부가 수립되자 안동교회 교인 최창식을 통해 독립 자금을 보낸 일도 있었다. 그러나 한때 안동교회에서 그를 배척하는 교인들이 생기자 스스로 물러나 을지로 방면으로 집과 교회를 옮기고 하교교회(河橋敎會)를 설립하기도 하였다.

박승봉 장로는 조선에 아직 기독교가 들어오기 전, 이미 서양의 문화를 접해야겠다는 생각을 갖고 적극적으로 신(新) 시대를 연 개혁적인 인물이었다. 그는 구한말 관료로서 근세 유학의 거장인 근제(近齊) 박윤원(朴胤源)의 종오손(從五孫)이며, 조선 말엽 내각수반이던 박정양과는 사종숙질(四從叔姪) 간이다. 이러한 환경 가운데 성장했던 그는 역시 안동교회의 장로로서도 큰일을 감당했다.

88 평양 형무소 교수대에서 처형된 조진탁 장로

조진탁(曺振鐸, 1867-1922) 장로는 평안남도 강서군 성대면 연곡리에서 출생하였다. 어렸을 때부터 영리했던 조진탁은 한학을 수학하였다. 당시로서는 생각할 수 없을 정도로 머리가 영특하여 그 어려운 한문을 척척 외우는 바람에 그 지역에서는 신동(神童)이라는 별명을 받기까지 하였다.

1890년 마펫 선교사가 평양에 선교부를 설립하였으며, 지방순례를 가게 되면 항상 말을 타고 다녔다. 1896년 마펫 선교사는 방기창 조사를 대동하고 강서군을 순회하던 중 반석교회(班石敎會)를 설립하였다. 이 반석교회가 이 지역 최초의 교회로 설립되었다. 조진탁도 마펫 선교사의 전도를 받고 38세 때 예수를 믿기 시작하였다.

조진탁은 예수 믿는 일을 하나님의 큰 축복으로 알고 만나는 사람마다 "우리 집 근방에 반석교회가 설립되었다"라고 하면서 열심히 전도하였다. 당시 마펫 선교사와 방기창 조사는 그의 열심에 감동이 되어 그를 집사로, 또 영수로 임명하였다. 영수로 임명을 받은 조진탁은 하나님의 은혜에 감사하면서 자비량으로 전도를 하는 등 열심히 봉사하였다.

이 일로 반석교회는 계속 부흥이 되어 평남노회에 장로 가택 청원을 하고 처음으로 공동의회에서 장로를 선출했다. 조진탁은 교인들의 절대적인 지지를 받고 1909년 장로로 장립을 받았다. 반석교회는 계속 교인들이 모여들자 현대식 교육을 시켜야 한다는 조진탁 장로의 권유를 받아들여 사립 반석학교를 설립하고 조진탁 장로가 교장으로 취임하였다.

이 지역에 서양문화가 들어오자 많은 사람들이 반석학교에 학생들을 보내 매년 학생이 증가했으며, 이와 함께 반석교회도 계속 부흥되어 갔다. 특별히 방기창 조사가 1907년 6월에 평양장로회신학교를 졸업하고 그해 9월에 목사 안수를 받아 담임목사로 취임하면서 계속 발전하게 되었다. 그 후 강유훈, 사병순, 심익현 목사 등이 차례로 시무하였다. 그리하여 이 교회는 계속 부흥되었고, 1917년 노회에 장로 2명 가택 청원을 하여 최능섭, 최기락 집사가 장로로 선출되는 기쁨도 갖게 되었다.

조진탁 장로의 아들 형신이는 반석학교를 졸업한 후 평양으로 유학을 가서 평양 숭실중학교를 졸업하고 계속해서 평양 숭실전문학교에 진학하였다. 1919년 3월 1일 평양에서 일어났던 3·1 운동에 참여했던 아들 형신이는 곧바로 고향 반석교회로 돌아와서 독립선언서를 내놓았다. 그러자 조진탁 장로는 곧 이웃에 있는 교회에 연락하여 만세운동을 준비하였다. 드디어 3월 4일 사천교회와 반석교회가 중심이 되어서 독립 만세를 부르짖기 시작하였다. 《조선예수교장로회 사기》에 보면 다음과 같은 기록이 있다.

"반석교회가 만세 사건으로 인하여 대환난을 당하게 되어 교인은 사처(四處) 분산(分散)하고 제직(諸職)은 태반이나 재감(在監)되고 혹 사망하여 일시 비(悲)이 막극(莫極)하더니 후부여전(後復如前)하였다."

이 일로 반석교회 교인 2명이 사살을 당하였으며, 여기에 총상을 입었던 조진탁 장로는 피신하여 상복(喪服)을 입고 인근 황사평으로 피신하였다. 조진탁 장로가 황사평에 있다는 정보를 입수한 일본 경찰은 곧 황사평으로 갔다. 그러나 소식을 미리 접했던 조진탁 장로는 그 길로 원산에서 양조업을 하는 외가 친척 박경옥(朴慶玉) 여인의 집으로 옮겨 국외 탈출을 계획하고 있었다.

1921년 3월, 원산에 숨어 있다는 사실을 조선인 밀정(密偵)이 알려주자 결국 한국인 형사 김원열에게 체포되고 말았다. 3월 20일 곧바로 평양 경찰서에 수감되면서 혹독한 고문을 받고 있을 무렵, 그의 아들 형신이도 비밀결사대 대한청년단에 가입했다는 것으로 체포되어 진남포 형무소에 수감되어 옥고를 치르게 되었다.

조진탁은 이미 결석 재판에서 사형이 언도된 터라 죽을 것을 결심하였으나, 옥중에 있는 아들에 대해서 자세하게 설명하자 1922년 5월 스스로 복심 법원에 찾아가 재심 청구를 하였다. 그러나 고등법원에서 기각하여 사형이 확정되었다. 다행히 아들 형신은 만기 2년형을 받았으나 가출옥을 해서 부자간의 면회가 성사되었다.

조진탁은 이미 사형이 확정되었기에 조용히 평양 형무소에서 독방을 지키면서 매일 성경책을 읽고 찬송을 부르면서 주님의 나라를 사모하고 있었다. 가끔 평양 형무소 관리들이 회유책을 쓰면서 "일본 천황에게 죽도록 충성하기만 하면 감형을 시켜 주겠다"는 말로 수없이 유혹하였다. 그럴 때마다 조진탁 장로는 "우상을 섬기는 일본은 꼭 망합니다"라고 간수들에게 외쳐댔다고 한다. 그리고 간수들에게 "일본 천황은 신이 아니고 인간이다. 그런 인간을 위해서 살지 말고 내가 믿고 있는 하나님을 믿으면 당신도 복을 받을 것입니다"라고 했다. 그럴 때마다 천황을 모독했다고 하여 불경죄를 적용하여 다른 감방으로 이감시키고 추운 겨울이면 감방에 물을 흘려서 얼게 한 후 그 얼음 속에서 시간을 보낸 적이 한두 번이 아니었다고 한다.

조진탁 장로는 그 얼음 속에서도 주님의 은혜라면서 평양 형무소가 떠나갈 듯이 찬송을 불렀다고 한다. 1922년 10월 18일 사형장에서도 일본인들의 잘못을 다 용서하고 먼 훗날 천국에서 만나자는 찬송을 불렀다고 한다.

♪ 하늘 가는 밝은 길이 내 앞에 있으니
　슬픈 일을 많이 보고 늘 고생하여도
　하늘 영광 밝음이 어둔 그늘 헤치니
　예수 공로 의지하여 항상 빛을 보도다.

89 광주 제일교회 설립에 공이 큰 김윤수 장로

김윤수(金允洙, 1860-1919) 장로는 함경남도 원산에서 출생하였다. 일찍이 머리가 영특하여 한문사숙(漢文私塾)에서 《천자문》(千字文)을 다 통달하였으며, 그 후 《사서삼경》(四書三經)도 역시 머리가 영특하여 다 외울 정도였다. 이렇듯 비상한 머리를 갖고 있던 김윤수는 무과에 지원하여 그 시험에 합격하고 외가의 힘으로 좋은 자리에서 근무하였다. 그의 외가는 이미 조선 왕조의 왕손이었기에 그가 가고자 하는 곳은 얼마든지 갈 수 있었다. 그는 대한제국(大韓帝國) 시절 강원도 지방의 무관으로 재직하다가 진급하여 37세의 나이로 남쪽 지방인 목포 경무청(현 경찰서)의 총순(總巡, 현재 警監)이라는 높은 자리로 발령을 받고 전라도 사람이 되었다.

그가 관직에서 생활하던 중 뜻하지 않게 목포에 기독교가 들어오기 시작하였다. 목포에 기독교가 들어오기는 1897년 3월이었다. 배유지(E. Bell) 선교사의 조사였던 변창연이 목포에 내려와 대지를 구입하여 교회를 설립하려고 하였지만 이미 일본인들이 좋은 대지는 거의 매입해 버렸기에 그가 교회당을 설립할 수 있는 장소는 초분

(草墳)이 들어서 있는 조그만 한 계곡밖에 없었다. 그곳에 움막을 치고 예배를 드린 것이 목포 지방의 최초 교회였던 목포 양동교회가 되었다. 이렇게 해서 자리를 잡고 예배를 드리고 있는데, 그다음 해인 1898년에 전남 지방에 배유지 선교사가 이사를 오게 되었다.

뜻하지 않게 김윤수라는 젊은 청년이 목포 양동교회에 등록을 하고 배유지 선교사의 지도를 받으면서 신자가 되었다. 김윤수는 나라가 어려워지자 새로운 세상에서는 서양문명을 갖고 온 외국 선교사들이 전하는 기독교를 접하겠다는 생각을 갖고 열심히 신앙생활을 하게 되었다. 목포에 미국 남장로교 선교사들이 오면서 목포 정명여학교가 설립되고 목포 영흥학교가 설립되었다. 때마침 배유지 선교사가 자신의 일을 돌볼 수 있는 조사를 찾던 중 과거 목포에서 만난 김윤수를 발탁하였다.

목포에서 자리를 잡아 계속 성장해 가고 있던 차에, 전남지방의 내륙에 기독교를 전하겠다는 생각을 갖고 있던 배유지 선교사는 1904년 2월에 미국 남장로교 선교부에서 선교부 확장을 논의하던 중 광주에 선교부를 개설하기로 결의하였다. 이 결의에 따라 광주에서 그리 멀지 않는 하나말교회(현 장성 보생교회)와 영신교회를 설립하였다.

앞으로 광주가 전남 지방의 중심지가 되리라는 판단을 갖고 배유지 선교사는 자신의 조사였던 김윤수 집사에게 특권을 주어 광주 양림리에 선교사 주택을 신축하도록 하였다. 1904년 12월 15일이면 선교사들이 머물 수 있는 선교사 주택이 완공될 수 있다는 보고를 받고 1904년 12월 19일 목포를 떠난 배유지, 오웬(Dr. C. C. Owen) 선교사 가족이 1914년 12월 20일 마침내 광주에 안착하게 되었다. 광주에 도착한 배유지, 오웬 선교사 가족과 김윤수 집사 가족이 첫 예배를 드린 것이 광주교회(현 광주제일교회)의 출발이 되었다.

바로 이날이 1904년 12월 25일 성탄절이었다. 이렇게 해서 출발했던 광주교회는 점점 교인이 많아지자 다시 1906년 6월에는 시내 쪽으로 자리를 잡고 북문안교회라 불렀다. 뜻하지 않게 교인들이 모여들자 매주 400-500여 명의 교인으로 증가하게 되었다. 그런데 1909년 4월에 갑자기 오웬 선교사가 괴질로 사망하고 말았다. 그가 사망한 지 1년 만에 뜻하지 않게 광주의 깡패로 널리 알려진 최흥종이 회개하자 교회는 더욱더 성장하기 시작했다. 그리하여 1910년에는 광주 북문안교회 교인수가 어느덧 600명으로 증가하였다.

장로를 선출할 때 배유지 선교사의 조사였던 김윤수 집사와 깡패 출신인 최흥종이 장로로 선출을 받게 되었다. 이렇게 해서 김윤수와 최흥종은 광주 북문안교회 초대 장로가 되어 광주 지방에서 새로운 전도의 문이 활짝 열리게 되었다.

특별히 김윤수 장로와 함께 장로로 장립을 받았던 최흥종은 구한말 순검 출신으로 나라를 일본에 빼앗기자 그 자리에서 물러나 매일 깡패로 생활하였다. 오웬 선교사가 괴질에 걸려 사경을 헤매고 있을 때 목포 진료소에서 근무하던 포사이드(W. H. Forsythe) 선교사가 오웬 선교사를 진료하기 위해서 목포를 떠나 나주를 지나는 중에 논두렁에 쓰러진 나환자를 만나 그를 돌보게 되었다. 그 후 포사이드 선교사가 광주에 도착하자 이미 오웬 선교사는 삶을 마감하였다. 이러한 아름다운 이야기를 들었던 최흥종 깡패가 예수를 믿게 되자 광주 북문안교회는 갑자기 부흥 성장하게 되었다.

김윤수 장로와 최흥종 장로가 교회와 지역사회를 위해 헌신적으로 봉사하자 광주 북문안교회는 계속 성장하게 되었다. 광주 지방의 많은 사람들이 두 장로의 모범적인 행동에 감동하여 교회가 계속 성장하자, 1916년 북문안교회는 다시 2명의 장로를 피택하게 되었다. 바로 이때 선출된 장로는 남궁혁과 이득주였다. 남궁혁은 서울 태생으로 목포 세관에 근무하면서 목포 양동교회에 출석하였으며, 이득주도 서울 출신으로 구한말 순검을 지내다가 목포 지방으로 발령을 받고 역시 목포 양동교회에 출석하였다.

이들이 모두 광주 북문안교회에 출석하면서 광주 지방 선교에 크게 공헌하였다. 초대 장로였던 김윤수 장로는 1919년 3·1 운동이 일어나던 해에 삶을 마감하였다. 그러나 최흥종 장로는 목회자의 길을 걷기 위해서 평양 장로회신학교에 재학하던 중 서울에서 3·1 운동에 가담하고 옥고를 치르기도 하였다. 후에 최흥종 장로는 목사가 되어 한센병 환자를 위해 많은 일을 하기도 하였다.

90 영원한 Y. Man인 유성준 장로

유성준(俞星濬) 장로는 1860년 9월 7일 서울 계동에서 유진수(俞鎭壽)의 3남으로 출생하였다. 1867년 병인양요(丙寅洋擾)를 만나 할아버지의 고향인 경기도 광주로 피신하여 그곳에서 유년 시절을 보냈다. 이미 그의 가문은 학자의 가문이었기에 할아버지 밑에서 한학을 통달하면서 유년 시절을 보냈다. 개화사상이 강한 그였기에 곧바로 나라가 안정이 되자 다시 한양에 머물면서 학문에 열중하였다.

1881년 제1차 신사유람단이 일본을 방문할 때 단원의 일원이 되어 인천 제물포항에서 배를 타고 약 10일간의 항해를 한 후 일본의 개항인 요코하마 항에 도착하였다. 말로만 듣던 일본 요코하마에 도착하자 유성준은 일본의 근대화에 놀라고 말았다.

이미 일본은 기차로 교통망이 잘 형성되어 있었으며, 여기에 대학들이 있어서 최고의 지성을 키울 수 있는 학문의 전당이 여기저기 널려 있었다. 그는 일본에 유학 중인 형 유길준의 주선으로 귀국하자마자 곧 수속을 받아 도쿄에 있는 메이지대학(明治大學) 법학과에서 수학하였다.

정부의 부름을 받고 학교에 다니던 유성준은 귀국하여 관계에 진출하였다. 그러나 1884년 12월 갑신정변(甲申政變)으로 생명의 위협을 느끼자 김옥균, 서광범, 서재필 등과 함께 일본으로 망명하였다. 장기간 일본에 머물렀던 유성준은 1899년에야 사면을 받고 귀국할 수 있었다.

귀국하여 곧바로 탁지부 주사로 출발하여 내무부 주사, 내무부 협관, 지방 국장 등을 역임하면서 교육의 필요성을 깨닫고 대한국민교육회를 창설하여 교육사업에 힘을 쏟기도 하였다. 그러나 1901년 소위 일본유학생 혁명혈약서 사건이 발생하였다. 이 사건으로 유성준도 체포되어 태형(笞刑) 100대에 3년 유배형을 받고 결국 황해도 황주군 철도(鐵島)라는 섬에 유배되기도 하였다.

그런데 이곳에서 뜻하지 않게 독립협회 사건으로 이미 잡혀온 이상재(李商在)를 비롯하여 이원긍(李源兢), 홍재기(洪在基), 김정식(金貞植), 윤치호(尹致昊), 박승봉(朴勝鳳) 등과 만나 벙커 선교사가 전해 준 성경과 전도지를 받고 읽던 중 은혜를 받고 기독교로 모두 개종하였다. 다행히 1904년 모두 석방이 되자 이들은 한결같이 YMCA에서 만나 장차 민족이 나아갈 길을 의논하였다.

때마침 유성준은 게일 선교사가 시무하고 있는 종로 5가에 있는 연동교회에 출석하면서 게일 선교사의 지도를 받았다. 이때 유성준은 다시 YMCA에서 모여 장차 민족이 나아갈 길을 의논하던 중 YMCA 교육부 부원이 되어 민족교육에 힘을 쏟게 되었다.

교육에 관심이 많았던 유성준은 1909년에 기호학교(畿湖學校) 교장으로 취임하였다. 이때부터 유성준은 매일 아침마다 민족이 살아야 나라가 살 수 있다는 애국적인 훈시를 계속 외치고 있었다. 그의 뜨거운 교육열에 놀란 융희학교(隆熙學校)가 서로 병합하여 하나의 학교로 출범하게 되었다. 그래서 학교의 명칭을 중앙학교(中央學校)로 변경하고 유성준이 계속 교장직을 맡아 청소년 교육에 힘을 쏟았다. 바로 이 학교가 오늘의 중앙중고등학교의 출발이다. 이 학교를 모체로 김성수는 보성전문학교를 운영하다가 해방이 되면서 고려대학교로 이름을 바꾸게 되었다.

때마침 서울 시내 승동교회에서 장로를 선출하는데, 양반이 낙선되고 천민인 박성춘이 장로로 선출되자 일부 교인들이 이탈하여 안국동에 모여 1909년 안동교회를 설립하였다. 이때 승동교회에서 이탈했던 교인은 박승봉을 비롯하여 김창제, 조중완, 이주완, 장석윤 등이었다. 초대 목사는 일본에 초대 선교사로 파송되었다가 임기를 마치고 귀국한 한석진 목사였다. 그를 초빙하여 안동교회가 출발하게 되었다.

유성준은 이 교회에 출석하면서 뜻하지 않게 한일병탄을 만나게 되었다. 이때 그는 경기도와 충북 도청 관직에 잠시 머물기도 하였다. 그러나 1921년에는 윤치호, 이상재, 이승훈, 김석태, 박승봉 등과 함께 힘을 모아 출판사인 광문사(廣文社)를 설립하여 한글 도서를 출판하면서 민족을 깨우치는 일을 하였다. 이 일에 관심을 갖고 열심히 일하던 중 1922년 안동교회에서 장로를 선출하게 되자 장로 장립을 받았다. 그 후 그에게 몰려오는 일이 수없이 많아지게 되었다.

그는 안동교회를 중심으로 계몽운동에 앞장섰다. 이 일이 점차 확산되자 YMCA에서 매주 월요강좌가 개설되어 주강사로 계몽 강연을 실시하였다. 1923년에는 조만식 장로와 함께 물산장려운동을 벌여 서울 지역 물산장려운동 본부장을 맡아 활동하였다. 민립대학을 설립하자는 운동이 일어나자 조선민립대학기성회 상무이사로 취임하여 각 지방을 순회하면서 강연을 실시했다. 이뿐이 아니었다. 서울 YMCA 농촌부 위원, 흥업구락부 위원 등을 역임하면서 활발하게 계몽운동에 힘을 쏟았다.

1926년 일제는 그의 실력을 알았기에 그를 최대한으로 이용하겠다는 뜻을 갖고 강원도 도지사를 비롯해서 충남도지사에 임명하기도 했다. 그러나 1929년이 되면서 그는 모든 직책을 내려놓았고, 1934년 2월 27일 자택에서 삶을 마감하였다. 그의 장례식은 서울 YMCA 회관에서 엄수되었으며, 유족으로는 부인 서정은과 장녀 유각경(여성운동가), 외손자 이종상 장로(안동교회), 손자 유병태 등이 있다.

91 초대 해군 제독을 역임한 손원일 장로

손원일(孫元一) 장로는 1909년 평안남도 강서군 증산에서 손정도(孫貞道)와 박신일(朴信一) 사이에서 장남으로 출생하였다. 1915년 아버지 손정도 목사가 정동 제일교회에 목사로 사무할 때 서울로 이주하였다. 이때 박희도가 운영하는 영신학교에서 1년간 교육을 받다가 평양으로 이주하여 평양 광성학교에 재학하였다.

아버지 손정도 목사는 1919년 4월 상해임시정부가 출범할 때 임시 부의장을 맡았다. 4월 30일부터 5월 13일까지 개최된 의장원 의장이 되어 회의를 진행하였다. 1921년에는 만주 길림 성으로 이동하고 그곳에서 길림한인교회 목사로서 사역하였다. 이때 손원일은 아버지를 따라 길림 성 유문중학교에 재학하였다.

손원일의 동생인 손원태도 이 학교에 재학하였으며, 같은 반에는 김형직의 아들인 김일성도 있었다. 김일성 아버지 김형직은 손정도 목사와는 평양 숭실중학교 동기 동창으로서 아주 절친한 친구 사이였다. 김형직은 평양 숭실중학교를 졸업하고, 강돈욱 장로가 운영하는 소학교에서 교사생활을 하다가 생을 마감했다. 그러자 그의 아들 김일성은 아버지의 유언장 하나를 들고 손정도 목사를 찾아와 길림에 있는 유문중학교에서 손정도 목사의 둘째 아들인 손원태와 같은 반에서 교육을 받았다.

손원일은 잠시 유문중학교를 다니다가 기독교 계통 학교인 문광중학교로 전학하여 1925년 졸업을 했다. 그 후 아버지가 운영하던 길림한인교회 유치원 교사로 잠시 일하다가 상해로 유학을 떠나 중앙대학교 농학원 항해과에 진학하였다. 1929년 이 학교를 졸업한 후 항해사 자격을 취득하여 국영회사인 초상국(招商局) 소속 화물선을 타고 세계를 일주하면서 열심히 어학 훈련을 받고 세계 5개 국어를 능통하게 잘하였다.

그의 아버지 손정도 목사는 만주에 흩어져 있는 애국 독립운동자들을 찾아다니면서 그들을 규합하여 새 힘을 넣어 주는 역할을 하였다. 그러나 무리한 활동으로 1931년 길림동양병원에 입원하였으나 회복하지 못하고 1931년 2월에 가족도 없는 외로운 병상에서 숨을 거두었다.

손원일은 아버지의 묘가 있는 길림 성 북산에 다녀와서는 1934년 휴가 차 잠시 서울에 머물고 있었는데, 독립운동가 손정도 아들이라는 이유로 독립운동가라는 지목을 받고 일본 경찰에 체포되었다. 그는 서울, 평양에 있는 경찰서를 전전하면서 2개월 동안 혹독한 고문을 받고 출옥을 하였지만 가는 곳마다 감시의 대상이 되었다.

1936년에는 서울 안국동에 자리를 잡고 남계양행(南桂洋行)이란 식료품점을 열어 사업을 시작하였다. 이 일로 어느 정도 생활이 안정되자 1939년 홍은혜(洪恩惠)와 결혼을 하고 모처럼 안락한 생활을 할 수 있었다. 1940년 봄 동화양행(東華洋行) 상해지사장(上海支社長)으로 재직하면서 비교적 자유스러운 활동을 하게 되었다.

상해에 있으면서 사업이 활발하게 잘 진행되다가 뜻하지 않게 일본이 패망하자 그 길로 해방된 조국에 가서 일해야 한다면서 가족을 이끌고 서울에 안착하였다. 곧바로 연희전문학교 부교장인 유억겸(兪億兼)의 주선으로 해군 창설의 꿈을 실현시킬 수 있는 좋은 기회를 얻게 되었다. 그는 1945년 8월 말에 해사대(海事隊)란 명칭으로 해군 조직에 눈을 돌리기 시작하였다. 역시 같은 해 11월 11일을 기해 바다를 지켜야 한다면서 해방병단(海防兵團)을 창설하여 오늘의 한국 해군의 기틀을 만드는 데 크게 공헌하였다.

8·15 해방과 함께 남한에 미군이 상륙하자 미 해군의 협조로 1946년 해안경비대학교(海岸警備隊學校)를 창설하고 교장으로 취임하였다. 한편 그는 해안경비대 총사령관으로 승진하게 되었다. 미 해군의 절대적인 신임을 받았던 손원일은 1948년 대한민국 정부가 출범하자 해군 중장으로 승진하면서 초대 해군 참모 총장이 되기도 하였다.

손원일 장군은 아버지때부터 이어온 기독교 신앙으로 매일 아침저녁 집에서 가정예배를 드렸는데 그것이 그에게 큰 힘이 되었다. 이러한 신앙의 힘을 군대에도 심어야 한다면서 최초로 해군에 군종제도를 창설하여 1948년 9월 15일 감리교 정달빈 목사를 초빙하여 최초로 군목으로 임관하고 군종 업무를 보게 하였다. 이것이 계기가 되어 육군, 해군, 공군 3군이 모두 군목을 두게 되었다. 이때 군대 내에 찬송 소리가 끊이지 않았으며, 군인들의 사기는 더욱 드높아졌다.

그런데 손원일 제독이 군에 몸담고 있는 1950년 6월 25일에 전쟁이 일어나고 말았다. 북한 인민군의 침략을 받고 일시 후퇴를 하였지만, 1950년 9월 28일 인천상륙작전에 성공하자 그의 전과는 더 높아졌다. 그가 북한 인민군의 침략을 받았을 때 그 마음이 어떠했을까? 손원일 제독은 김일성을 너무나 잘 알고 있었다. 그의 동생 손원태는 김일성과 둘도 없는 친구였다. 손원일은 전쟁에서 혁혁한 공을 세웠고, 1953년 정부에서는 그를 국방장관에 임명하였다.

그는 1956년까지 3년간 그 직책을 잘 수행하였으며, 국방장관에서 물러나 주 서독 대사로 임명을 받고 1960년 4월 19일까지 일하면서 같은 분단의 아픔을 안고 있는 양국 간의 유대를 더욱 공고히 하였다. 군에 재직할 때에 해군교회를 열심히 출석했던 손원일은 해군교회 장로로 장립을 받았다. 해군에서 예편한 후에는 아버지가 시무했던 정동제일교회에 출석하였으며, 안타깝게도 통일을 보지 못하고 1980년 2월 15일 별세하였다.

후손으로는 아들만 4형제를 낳았으며, 그의 무덤은 서울 동작동 국립묘지에 안장되어 있다. 그의 아버지 손정도 목사의 묘도 서울 동작동 국립묘지에 있다. 손정도 목사의 묘는 길림 성에도 있고, 평양에도 있고, 국립묘지에도 있으니 죽어서도 남북으로 나누어지는 비극을 겪게 되었다.

92 '광주 5·18의 어머니' 라고 불린 조아라 장로

　조아라(曺亞羅) 장로는 1912년 전남 나주시 반남면 대안리에서 조형률 장로와 김성은 집사 사이에서 3남 3녀 중 둘째로 출생하였다. 나주에서 성장했던 그는 아버지가 미국 남장로교 선교부에 취직하자 광주로 생활권을 이동하였다. 이미 태어날 때부터 머리가 영특하여 다섯 살 때 한글을 깨우쳤으며, 여섯 살 때 소학성경문답이라는 100문항을 다 외었고, 어려운 성경교리 문답도 모두 외워버렸다고 한다. 특히 그의 이름을 아라(亞羅)라고 짓게 된 동기가 있는데, 그가 태어난 지 사흘째 되던 날 미국 남장로교 선교사 한 분이 방문했다고 한다. 그런데 아기 울음소리가 그렇게 아름다울 수가 없어서 이를 극찬하여 그의 이름을 아라(亞羅)라고 지어 주었다고 한다.

　영특하게 자랐던 아라는 광주로 이사를 오면서 광주에 있는 미션학교인 수피아여학교에 입학하였다. 그가 평생 YWCA와 인연을 맺게 된 것은 수피아여학교 4학년 때 은사인 김필례 때문이다. 김필례는 일본 유학을 마치고 광주 수피아여학교 교사로 재직하였으며, 이때 의사 최동욱(미군정 전남 지사)을 만나 교사의 감화를 받고 평생 광주 YWCA 사람이 되었다. 1929년에는 광주 학생운동 사건으로 체포되어 옥고를 치렀다. 수피아여학교를 졸업하고 서서평 선교사가 설립한 이일성경학교에서 여성교육에 힘을 쏟기도 하였다. 이 무렵 일제가 미션학교에 신사참배를 강요하자 호남지방 미션학교들은 이를 거부하고 폐교를 단행하였다.

조아라는 1937년 25세의 나이로 평양장로회신학교에 다니던 이택규(李澤揆)를 만나 결혼을 하게 된다. 장로교 총회에서 신사참배를 결의하고 평양장로회신학교에서도 전투기 구입을 위해 모금운동을 전개하자, 이택규는 그 자리에서 자퇴서를 내고 광주로 내려왔다. 그런데 불행하게도 장티푸스에 걸려 쓰러지고 말았다. 이 무렵 광주 지역 교회청년단들이 신사참배 거부운동을 전개하였다. 조아라도 그때 끌려가 옥고를 치르고 나왔고 미션학교는 모두 폐교되고 말았다.

해방이 되자 조아라는 동문들을 중심으로 수피아여학교 재건에 힘을 쏟아 광주 숭일학교 교실 한 칸을 빌려 재건을 하고, 미군이 사용하고 있던 수피아 본 건물에 입주하게 되었다. 해방된 광주 거리에 전쟁고아들이 방황하고 있는 모습을 보았던 조아라는 즉시 금남로에 광주 YWCA 간판을 내걸고 이들을 모아 학사를 운영하게 된다. 이 학사가 후에 성빈학사가 되었다.

성빈학사를 운영하면서 그의 일은 더 바빠지기 시작하였다. 1955년에는 200여 명을 수용하였으며, 이 아이들을 중심으로 호남여숙이란 이름으로 야간 중학교를 운영하였으며, 직접 아이들을 가르치기도 하였다. 1962년도에는 윤락여성이 사회문제로 대두되면서, 이 여성들을 그냥 방치할 수 없어서 그들을 불러모아 낮에는 미싱자수를 가르쳐 주고 밤이면 글을 가르치면서 자활의 길을 열어 주기도 하였다. 이 일로 광주에서 그의 활동을 인정받아 어디를 가든지 조아라가 손을 대기만 하면 그 일은 항상 성공한다는 소문이 났다.

이처럼 역사 의식이 뚜렷했던 조아라는 뜻하지 않게 광주 5·18을 만나게 되었다. 이때도 그는 시민군에 합세하면서 광주의 여성들을 불러 모아 길거리에서 민주화를 외치고 있는 시민과 대학생들의 끼니를 만드는 데 온 힘을 기울였다. 결국 이것이 문제가 되어 계엄군에게 체포되어 70세를 바라보는 노인이 감옥에 구속되고 말았다. 비록 여성이었지만 계엄군을 향해 '같은 동족을 총칼로 죽이는 군부 세력들은 역적'이라고 외치다가 6개월 형을 받고 광주 교도소에 수감되기도 하였다. 그녀는 죄 없는 이들이 동족의 총에 쓰러져 가는 모습을 보고 밤을 지새워 하나님께 기도했다.

이렇게 민주화운동에 앞장섰던 조아라는 일찍이 기독교 가정에서 출생하였으며, 아버지를 따라 광주로 옮긴 후 광주 제일교회(북문안교회)에 출석하였다. 그러다가 1924년 10월 북문안교회에서 양림동에 사는 주민과 미션학교 학생들의 신앙을 돌보기 위해서 광주 양림교회가 출발하게 된다. 이때 조아라는 수피아여학교에 재학하고 있었기에 이 교회에서 신앙생활을 하게 되었다. 그는 YWCA 운동과 계속 관계를 맺고 있었다. 해방 후 YWCA 재건에도 큰 공을 세우기도 하였으며, 이러한 공로로 1945년부터 총무로 일을 보다가 기장 한신교회에서 시무장로로 피택을 받고 여성 장로로서 교회에 봉사하였다. 1988년 그는 43년 만에 광주 YWCA 총무직을 물러나 광주 YWCA 명예회장이 되었다.

이러한 경력으로 조아라는 오늘의 광주 여성운동의 대모가 되었으며, 수피아여자고등학교 개교 80주년을 맞이했을 때 기념사업으로 대강당 건축을 제안하고 건축위원장직을 맡았다. 조아라의 이러한 노력으로 인해 수피아여자고등학교 강당은 보기 드물게 건축을 잘해 놓았으며, 대강당 입구에는 광주 3·1 운동 시 수피아여학교 학생들이 앞장서서 만세를 불렀다는 조형물도 만들어 놓았다. 1988년 5월 18일 광주시민대상을 받았을 때 상금 300만 원을 몽땅 내놓았으며, 희수(喜壽)를 맞이하여 행사를 진행할 때 각계각층에서 들어온 축의금 1천여만 원도 수피아여자고등학교 강당을 신축할 때 모두 희사했다고 한다.

조아라 장로는 비록 우리 곁을 떠났지만 근대 여성으로서는 보기 드문 인물임에 틀림없다. 그가 그렇게 그리던 조국의 통일은 끝내 보지 못하고 2002년 하나님의 부르심을 받았다. 광주시민들은 그를 그냥 보낼 수 없다고 하여 광주시민장(光州市民葬)으로 장례식(葬禮式)을 거행하였다. 그리고 그의 시신은 광주 5·18 민주화 운동으로 희생된 이들이 묻혀 있는 광주 5·18 민주 묘지에 안장되었다.

93 '김대중 선생 생명 지키는 회'를 조직했던
유하사 하찌로 명예총장

　유하사 하찌로[湯淺八次朗, 1890-1981] 장로는 유하사 지로(湯棧次朗) 장로의 다섯째 아들로 일본 도쿄[東京]에서 출생하였다. 그의 아버지 유하사 지로 장로는 당시 일본의 중의원[衆議員] 의장이었으며, 그는 1883년 5월 일본기독교대회 제3차 대회 때 이수정과 나란히 앞줄에 앉아 있었다. 그의 왼쪽에는 쓰다 젠[津田仙] 박사가 앉아 있었다.

　유하사 하찌로는 유년 시절을 교토[京都]에서 보내면서 도시샤[同志社]중학교를 졸업하였다. 이 학교를 졸업했던 유하사 하찌로는 미국으로 건너가 농촌생활을 하면서 곤충에 흥미를 갖게 되었다. 그리고 뜻하지 않게 미국 일리노이 주립 박물관 조사국 곤충기사 자리에 취직하게 되었다. 이때 유하사 하찌로는 곤충을 학문적으로 연구할 필요성을 느껴 캔자스대학 농학부에 진학하여 곤충학을 연구하게 되었다. 학부 과정을 마친 유하사 하찌로는 대학의 특별한 배려로 일리노이주립대학 대학원에 진학하여 석사 과정을 이수하고 다시 곤충학으로 박사 학위를 받기 위해서 공부하였다.

그는 밤낮을 가리지 않고 오직 곤충을 연구하는 것이 자신의 직업이며 삶으로 알고 매진하였다. 이렇게 해서 그는 곤충학으로 박사학위(Ph. D)를 받게 되었다. 이를 알고 일본 정부에서는 재외(在外) 연구원으로 독일과 프랑스에서 연구할 수 있도록 길을 열어 주었고, 그는 16년 만에 일본으로 귀국하였다.

이 무렵 유하사 하찌로 박사가 귀국한다는 소식을 접한 교토제국대학(京都帝國大學)에서 곤충학에 대한 과목을 만들고 그를 교수로 청빙하게 되었다. 이미 일본 정부 문부성(文部省)에서 그의 실력을 인정하였기에 교수로 재직할 수 있도록 허락하였다.

그런데 그의 실력이 일본 대학에서 널리 알려지자, 교토에 있는 도시샤대학에서 총장으로 그를 초청하였다. 그는 도시샤대학 부속학교인 도시샤중학교를 졸업하였기에 도시샤대학에 대한 전통을 잘 알고 있었다. 그가 총장으로 취임할 무렵 도시샤대학을 비롯해서 도시샤여자대학, 도시샤고등상업학교, 여자전문학교, 남자중학교, 여자중학교 등 학생 수가 4천 6 백여 명이 되었고, 일본에서 몇 손가락 안에 드는 큰 대학이었다.

당시 일본은 모든 교육이 철저한 천황제 중심 교육이었다. 그래서 학교 교실을 비롯해서 강당, 체육관 시설, 유도장실(柔道場室) 같은 시설에 가미다나[神柵]를 걸어놓고 먼저 그곳을 향해 머리를 숙이고 참배를 한 후 행사를 진행했다. 여기에 배속(配屬) 장교가 배치되어 군사훈련을 시킴과 동시에 가미다나를 향해 참배를 한 후 모든 행사가 진행되도록 되어 있었다.

그가 총장으로 재임하고 있는 동안에 대학 유도장에 도시샤대학

창설자 니지마조[新島讓]의 초상화 사진을 제거하고 그 자리에 가미다나를 설치해 놓았다. 사실을 늦게 알게 된 유하사 하찌로 총장은 당장 가미다나를 철거하고 그 자리에 니지마조의 사진을 걸어놓도록 하였다.

이러한 내용의 기사가 일본의 유명한 일간지인 〈아사히신문〉[朝日新聞]에 대서특필로 보도되었다. 일본 군부에서는 그냥 지나가지 않고 다시 니지마조의 사진을 떼고 그 자리에 가미다나를 설치해 놓았다. 이 일이 문제가 되자 유하사 하찌로 총장은 교토에 주둔하고 있는 일본 육군 제16사단 헌병대에 체포되어 조사를 받고 귀가하게 되었다.

또 유하사 하찌로 총장은 기원절(紀元節)에 전교생을 강당에 모아놓고 교육칙어(敎育勅語=敎育憲章)를 적당히 낭독하였다고 하여 문제가 되었다. 또 매년 4월 초가 되면 전교생이 입학을 하게 되고 입학식에서 교육칙어를 낭독해야 하는데, 이때 유하사 하찌로 총장은 적당히 낭독하고 넘어갔던 일이 몇 번 있었다.

이러한 사실을 안 군 헌병대는 유하사 하찌로 총장을 빨갱이로 취급하고 "나 유하사 하찌로는 빨갱이입니다"라고 앞뒤로 큰 글씨를 써서 붙이고 다니게 했다. 이 일로 그는 도시샤대학 총장직에서 물러나고 말았다. 유하사 하찌로 총장은 불명예가 되었지만 1945년 8월에 두 번에 걸친 원자폭탄으로 일제가 항복하자 자유의 몸이 되었다.

그는 일제가 패망하자 도쿄 비행장에 국제크리스천대학(I.C.U)을 설립하고 초대 총장을 역임하였다. 그는 초대 총장을 사임하고 다시 교토에 돌아와 시민운동을 하면서 1973년 8월 때마침 김대중(金大中)

이 한국의 정적에 의해 납치되어 가자 '김대중 선생 생명 지키는 회'를 조직하고 구명운동에 나섰다. 이때 필자가 미국 남장로교 해외 선교부의 장학금을 받고 도시샤대학 대학원에 유학 중이어서 이 모임에 참가하였던 일이 있었다. 사실을 그해 겨울방학 도쿄에 있는 도쿄신학대학에 유학 온 육군 군목 S모 목사에게 이야기했다. 이 일로 2년간 일본 유학을 마치고 귀국한 후 얼마 있지 않아 남영동 보안사에 끌려가 갖은 고문을 다 받았다. 마지막에는 간첩으로 조작하여 북한을 다녀왔다는 거짓 진술을 하고 나서야 풀려났다.

일본에서 유하사 하찌로 총장이 이끈 김대중 구출위원회에 참석했다고 하여, 이 사건을 확대하여 북한을 다녀와 남한에서 간첩 활동을 했다는 조작을 만들어 김수진 목사를 간첩으로 만들었던 사건이 서울에서 일어나고 있었다. 이때 김수진 목사는 남영동 보안사 분실에서 갖은 고문을 다 받고 간첩이 되어 매주마다 보안사 분실에서 파견 나온 조 과장(성명 미상)에게 가서 만나는 사람들의 명단을 제출했던 일이 있었다. 김영삼 정권이 들어서면서 그 일이 느슨해져 오늘에 이르게 되었다. 군목 S모 목사는 미국에서 살고 있다는 소식만 들었다.

94 목포 초대 시장을 역임한 최섭 장로

　최섭(崔燮, 1904-1997) 장로는 맹현리(H. D. McCallie) 선교사의 조사였던 최병호 장로의 아들로 전남 완도에서 출생하였다. 아버지 최병호 조사가 목포에서 선교사의 협력자로 사역했기 때문에 그 일로 인하여 최섭은 자연히 목포 영흥학교(현 목포 영흥고등학교)에 진학해 모든 과정을 마치고 졸업하게 되었다. 이때 최섭은 아버지로부터 목포에서 활동하던 의료 선교사가 얼마나 귀한 직업인가를 알게 되었다.

　목포에 미국 남장로교 선교부가 자리를 잡게 된 배경은 1897년으로 거슬러 올라간다. 목포 선교부로 배정을 받았던 배유지(E. Bell) 선교사는 자신의 조사인 변창연을 목포에 파송하였다. 변창연은 목포에 선교 부지를 마련하려고 하였지만, 이미 일본인들의 좋은 땅은 전부 매입해 버렸기에 할 수 없이 쓸모없는 땅인 초분(草墳)을 매입하고 그곳에 예배 처소를 마련했다. 그 장소가 목포 양동교회의 출발이 되었다.

　이 일로 배유지 선교사가 목포에 부임하게 되었으며, 의료 선교사인 오웬(C.C.C. Owen)이 1898년 목포 의료원을 개원하였다. 그러나 오웬 선교사가 1905년 12월 광주로 이거해 가자 그 후 놀란(J. W. Nolan) 선교사가 얼마 동안 목포 지방의 의료 선교사로 사역하였다. 그 후 그도 광주 선교부로 이거해 가자 1909년 포사이드(Dr. W. H. Forsythe) 의료 선교사가 목포로 부임하였다. 그런데 광주 제중원에서 사역하던 오웬 의료 선교사가 갑자기 알 수 없는 병에 걸렸다. 그러자 그를 진료하기 위해서 배를 타고 목포를 출발했던 포사이드 선교사가 영산강을 따라 영산포까지 도착하였다.

다시 말을 타고 광주로 가던 중 나주에서 뜻하지 않게 길거리에 쓰러져 있는 여인을 발견하고 그냥 지나갈 수가 없었다. 그래서 말에서 내려와 자세히 보니 한센병에 걸린 여인이었다. 그 여자를 자신의 말에 태우고 광주에 도착하였는데 오웬 선교사는 사망하고 말았다. 포사이드 선교사는 한센병에 걸린 그 여인을 양림동 건너편에 있는 봉선리 마을에 데리고 가서 그곳에 머물게 하였다. 그 후 여인이 삶을 마감하자 얼마 동안 한센병 환자를 돌보았던 그 병원은 1922년 여수 애양원으로 이전하였다.

최섭은 아버지 최병호 장로로부터 그 이야기를 듣고 마음에 큰 감동을 받았다. 그래서 상차 의사가 되어 어려운 환자를 돌보겠다는 뜻을 갖고 세브란스 의학전문학교에 진학하게 되었다. 이러한 소식을 들은 미국 남장로교 목포 선교부에서는 최병호 장로의 가정 형편을 잘 알았기에 전액 장학금을 지원해 주어 세브란스 의학전문학교를 졸업하게 되었다.

이미 목포 선교부 선교사들과 약속했던 대로 모든 과정을 이수한 최섭은 목포 프렌치기념병원에 취직하게 되었다. 이때 최섭은 매주 토요일이면 의료 선교사들과 함께 진료를 다니면서 많은 봉사활동을 하였다. 그런데 1940년 12월 미일전쟁이 일어나면서 미국 선교사들을 강제로 출국시켰다. 이 일로 의료 선교사들이 활동을 못하고 철수하자 목포 프렌치기념병원은 목포 제중원이란 간판을 내걸고 목포 시민들의 건강을 지켜나갔다.

그 후 해방을 맞이하자 일본 군부 세력은 물러가고 목포 시가지는 온통 태극기 물결로 가득 넘쳐났다. 곧이어 미군이 상륙하면서 미 군정이 시작되었다. 이때 최섭 의사는 영어가 능통하였기에 미국 군인의 고문을 맡아 얼마 동안 수고하다가, 그 후 미 군정으로부터 목포 부윤(시장)으로 임명받아 목포 시민들의 치안과 행정을 도맡아 수고하게 되었다.

최섭 장로의 부친인 최병호 장로는 맹현리 선교사의 조사로 활동하였으며, 1913년 완도군 관산리교회 장로로 시무하였다. 그는 맹현리 선교사의 조사가 되면서 활동 영역이 넓어졌다. 해방이 되자 전남 완도군 군민회 회장을 역임하였으며, 선교사들이 재입국하자 목포에서 활동하였다. 1950년 6·25 한국전쟁으로 고향 완도 관산리교회에서 협력하다가 공산당이 완도군 관산리까지 점령하자 인민군에게 체포되어 77세의 나이로 관산리 앞바다에서 순교하였다.

최병호 장로의 애국심에 감동을 받은 아들 최섭은 대한민국 정부가 들어서자 부윤의 자리에서 물러나 일제의 강압으로 폐교당했던 정명여학교(현 목포 정명여자중고등학교)를 재건하는 데 힘을 쏟았다. 일제는 강제로 목포 정명여학교를 폐교시키고 그 학교를 목포여자상업학교로 개교하도록 하였다. 그러나 해방이 되자 최섭 장로는 이

학교를 찾는 데 온갖 힘을 쏟고, 목포역 근방에 있는 미곡 창고를 개조하여 목포 항도여자중고등학교를 설립하는 데도 힘을 쏟았다.

이렇게 해서 목포 정명여자중고등학교는 미국 남장로교 선교부에서 운영하도록 하였다. 그런데 목포에도 교파 분열의 바람이 일고 있었다. 소위 대한예수교장로회(약칭 예장)와 한국기독교장로회(약칭 기장)의 분쟁이었다. 이때 목포 지방의 초대 국회의원을 역임했던 이남규 목사가 기장 편에 서서 미국 남장로교 선교부에서 설립했던 목포 영흥학교를 기장에서 독점하고, 이어서 목포 정명여자중고등학교도 기장에서 소유를 하려고 했다. 이때 목포 양동교회는 자연히 예장과 기장으로 분열이 되었다.

이 일로 목포 정명여자중고등학교는 분열이 되면서 기장이 차지하려고 할 때, 최섭 장로가 학교장이 되어 투쟁하여 결국 오늘의 목포 정명여자중고등학교를 만들어 놓았다. 한편 목포 양동교회를 기장이 차지하자 최섭 장로를 비롯해서 얼마 동안 정명여자고등학교 강당에서 예배를 드리다가 목포 프렌치병원터에서 예배를 드린 것이 지금의 예장 양동 제일교회가 되었다.

한편 최섭 장로는 제중원에서 환자를 돌보다가 가성 사정이 어려운 환자는 그냥 무료로 진료해 준 일이 한두 번이 아니었다. 이러한 소문이 목포 시내에 퍼지자 자연히 가난한 형편 때문에 치료를 받을 수 없는 환자들이 모여들기도 하였다. 그의 부인 김조홍 집사는 남편을 잘 내조하였으며, 해방 후 목포 양동교회 여전도회가 조직될 때 역시 최섭 장로의 부인인 김조홍 권사의 수고가 컸다. 해방이 되었지만 여교역자가 없을 때 그는 여전도사의 역할을 하면서 교회를 섬기기도 하였다. 이 일로 1952년부터 1970년까지 회장으로서 여전도회를 이끌어 왔다. 1971년에는 여전도회의 총무로 일을 맡아 수고하던 김애은 권사가 회장을 맡았고, 1973년에는 안일심 권사가 회장이 되어 1980년까지 봉사하다가 여전도회원이 증가하자 한나 여전도회와 에스더 여전도회로 분할하였다.

이처럼 목포 양동제일교회의 여전도회는 김조홍 권사의 힘이 참으로 컸다. 그러나 남편 최섭 장로가 서울에서 활동해야 한다는 제안을 받고 상경하게 되었다. 서울 연희동에 제중원을 개업하고 최섭 장로는 김종대 목사가 시무하던 서대문구 불광동 은광교회에 출석하면서 협동 장로로 협력했다. 부인 김조홍 권사도 이 교회의 시무권사로 교역자들을 도우면서 일하였다. 그러나 그렇게 열심히 최섭 장로를 협력했던 김조홍 권사는 1986년에 먼저 하나님의 부르심을 받았다.

최섭 장로와 김조홍 권사는 7남매를 두었는데 부모의 기도로 모두 잘 성장하였다. 그중 장남인 최상춘은 서울 불광동 은광교회에 출석하여 1981년 장로로 장립을 받고 시무하다가 2003년에 원로 장로로 추대를 받았다.

95 신사참배를 반대하다가 순교한 삼기교회 박병렬 장로

　박병렬(1877-1940) 장로는 전라북도 익산군 삼기면 간촌리에서 한의사인 박영호와 방 씨 사이에서 5남매 중 장남으로 출생하였다. 박병렬은 비교적 여유 있는 가정에서 자랐다. 그의 절친한 친구인 최하락에게 여러 차례 전도를 받았다. 옆에서 지켜보고 있던 그의 아버지는 화가 나자 그만 전도하는 최하락을 향해 농기구를 들고 내리치고 말았다. 이때 최하락이 흐르는 피를 닦으면서 무릎을 꿇고 기도하는 모습에 감동이 되어 그의 아버지와 박병렬은 함께 예수 믿기로 하고 서두교회에 출석하게 되었다.

　서두교회는 익산군 삼기면 서두리에 미국 남장로교 선교사인 마로덕(L. O. McCutchen) 선교사가 세운 교회다. 마로덕 선교사가 자신의 조사인 정창신을 대동하고 1898년 10월 10일 전도를 하면서 서두교회가 출발하게 되었다. 이렇게 출발한 서두교회는 자연히 정창신 조사가 얼마 동안 맡아 수고를 하였다. 정창신 조사는 삼기면만 전도한 것이 아니라 삼기면 이웃에 있는 익산군 망성면 선리교회(현 망성교회), 여산교회, 황화정교회, 금마교회(현 금마복음교회)를 설립하는 데 큰 공을 세웠다. 서두교회에 교인들이 모여들자 이 지역에서는 어머니 교회의 역할을 담당하게 되었다.

마로덕 선교사는 겨울철마다 전주 선교부에서 실시하는 달(月)성경학교가 개설되면 꼭 박병렬을 불러 달성경학교에서 성경을 공부하도록 하였다. 매년 실시하는 달성경학교에서 좋은 성적으로 공부했던 박병렬은 매년 겨울 농한기마다 1개월씩 공부했던 그 일을 3년간 한 해도 거르지 않았다. 그 결과 그의 신앙심은 계속 향상되어 갔다. 더욱이 삼기면 사람들이 놀란 일은 마로덕 선교사가 말을 타고 교회를 순방하게 되면 항상 박병렬의 집에 머물면서 이야기를 나누었다. 더욱이 박병렬의 집에서 며칠씩 머물면서 가가호호 방문하며 전도하는 일에 모두 놀라고 말았다.

전북 전주 지방에서 "신사참배는 일본 국민의 하나의 국민의례이기 때문에 신사참배를 하는 것은 기독교 신앙과 아무런 관계가 없다"는 이론을 전개했던 사람이 당시 전주 서문교회에 시무하던 김세열 목사의 주장이었다. 김세열 목사는 전북 지방에서 가장 역사가 깊고 제일 큰 교회 목사였기에 그의 영향은 대단하였다. 이 일로 전북 지방에 있는 전북노회는 신사참배를 결의하고 총회에 헌의까지 한 상태였다.

이에 평양에서 모이는 1938년 9월 10일 제27회 대한예수교장로회 총회에서, 신사참배는 우상 숭배가 아니고 일본 국민은 하나의 국민의식으로 참여를 해야 한다고 결의하였다. 이때 부총회장인 김길창 목사의 안내로 총회 임원들과 각 노회장들이 평양 신사에 가서 참배를 하고 말았다. 이렇게 총회에서 신사참배가 결의되자 지방에 있는 교회들도 총회의 결의에 따라 신사참배는 당연한 것으로 알고 있었다. 익산 서두교회에서도 신사참배는 당연한 것으로 알았지만, 박병렬 장로는 우상에게 참배를 했다면서 전북노회장 김세열 목사에게 항의를 하고 나섰다.

총회가 신사참배를 결의하자 선교사들은 이곳에 더 머물 수가 없어서 1940년 모두 철수하고 말았다. 익산도 미국 남장로교 구역이었기에 모두 철수를 하였다. 미국 남장로교 선교부에서는 일본 주재 미국 남장로교 선교부 해외 총무인 풀턴(C. D. Fulton)을 초청하여 이야기를 나누었다. 신사참배는 우상을 섬기는 일이고 제1계명에 위배되기 때문에 단호히 거절하고, 미국 남장로교 선교부에서 설립한 미션학교를 제일 먼저 폐쇄하고 철수하게 되었다.

이 일로 서두교회 설립자였던 마로덕 선교사도 자연히 철수하게 되자, 이에 큰 영향을 받았던 박병렬 장로도 신사참배를 반대하면서 일본 제국주의 정책에 항의하게 되었다. 이미 일제는 전 한국인들에게 신사참배를 강요하기 위해 군과 면마다 신사(神社)를 설치하였다. 여기에 초등학교에도 신사(神祠)를 설치하였다. 매월 1일과 15일에는 초등학교 전교생이 교장과 교사들의 인솔하에 참배를 하였고, 면민들도 부락 단위로 신사를 참배하도록 하였다.

이때 신사참배에 참여하지 않으면 각 지서에서는 지서장을 파견하여 감시하도록 하였다. 심지어 주일예배 시간 전에 동방요배(東邦遙拜)라고 하여 일본 천황이 머물고 있는 도쿄[東京]를 향해 참배하였다. 만일 참배를 하지 않을 경우 목사에게 항의를 하였기에 할 수 없이 목사들도 이에 협력하였다. 그러나 이 일이 신앙 양심상 허락되지 않아 교회를 떠나 개인생활을 했던 목회자도 있었다.

이러한 시기에 삼기면이라고 조용할 리 만무했다. 1940년 1월 1일에 삼기면장의 명의로 공문이 왔는데, 신정(新正)을 맞이해서 전체 삼기면 면민들은 삼기 신사에 집합하라는 것이었다. 모든 면민들이 면장과 분주소(현 지서장) 소장의 지시에 따라 삼기면 사무소에 집합하자, 얼마 떨어져 있지 않은 삼기면 삼기신사에 참배하였다. 다시 1월 15일이 되면서 이러한 행사는 계속 진행되었다. 그러나 이 일에 늘 반대 입장을 펴 오던 서두교회 박병렬 장로는 단호하게 반대하고 나섰다.

이 사실을 삼기면 분주소 소장이 확인하고 그 길로 박병렬 장로를 체포하여 삼기지서를 경유하여 이리 경찰서에 구속시켰다. 경찰서 유치장에 구속된 박병렬 장로는 틈만 있으면 찬송을 부르다가 발각이 되면 고문실에 끌려가 결국 그곳에서 쓰러지자 할 수 없이 고등계 형사들은 박병렬 장로를 석방하였다. 박병렬 장로는 고문자국을 하나님이 주신 상급으로 알고 찬송을 부르다가 1940년 9월 22일 하나님의 부르심을 받았다.

96 원님의 아들로 출생한 백낙철 장로

　백낙철(白樂喆, 1903-1970) 장로는 지금의 경상남도 충무시인 통영(統營)의 원님(지금의 군수)의 셋째 아들로 출생하였다. 그는 아버지 덕분에 말을 타고 경상도 통영을 비롯해서 여러 고을을 자주 왕래하였다. 그의 아버지는 원님 자리에서 물러나자 경상북도 김천시 삼락동으로 이사하고, 그곳에서 한문사숙(漢文私塾)을 설립하고 훈장으로서 아이들에게 글을 가르쳤다. 백낙철은 김천보통학교에 입학하여 그곳에서 모든 과정을 마치고 얼마 동안 생활하다가 자리를 잡자 자연히 혼담이 오고갔다. 이때 달성 서씨 양반의 가문인 서성도 씨의 3남 3녀 중 막내딸인 서계출과 혼담이 오고갔다.
　드디어 양가의 합의하에 혼인이 이루어졌다. 이때 신랑 백낙철은 18세였고 신부 서계출의 나이는 15세였다. 다행히 새색시에게는 시어머니가 예수를 믿어서 다행이었다. 시아버지는 예수를 믿지 않았지만 예수를 믿는 집안 식구들에 대해서 이해해 주는 편이었다. 시어머니는 금능교회의 여전도사로 사역하고 있었다. 큰오라버니는 기독교대한구세군 성직자로 사역하고 있었기에 신앙생활을 하는 데 큰 도움이 되었다.

　백낙철은 결혼한 지 5년째 되는 때에 부인과 함께 경상북도 김천에서 기차를 타고 부산에 도착하였다. 이미 부산은 일본인들이 많이 살고 있었다. 백낙철에게는 부산에서 자리를 잡고 양화점을 운영하고 있는 둘째 처남이 큰 힘이 되었다. 바로 부산에서 자리를 잡고 근처에 있는 부산 초량교회에 출석하게 되었다. 부산 초량교회는 1892년 미국 북장로교회 선교사인 배위량(Rev. W. M. Baird)이 설립한 교회로 부산에서는 모교회로 소문이 나 있었다.

　백낙철은 중국인 자녀들이 다니는 화교학교(華僑學校) 앞에 백철상회(白喆商會)라는 간판을 내걸고 포목장사를 시작하였다. 그런데 문을 열자마자 초량교회 교인들이 떼를 지어와서 물건을 사가자 뜻하지 않게 금고에는 항상 돈이 가득했다. 그는 매 주일마다 항상 십일조 헌금을 내고 감사헌금도 한 번도 빼놓지 않게 하나님께 바쳤다. 이렇게 열심히 신앙을 지켜왔던 백낙철은 자신의 재산을 교회 재산의 일부로 알고 신앙을 지켜나갔다.

　한참 장사가 잘되자 모든 교인들이 백철상회 주인인 백낙철 씨 부부를 칭찬했다. 그런데 어느 날 뜻하지 않게 상점에 화재가 나서 완전히 잿더미가 되고 말았다. 이 일로 백낙철 집사의 가족은 길거리로 나와 생활을 하게 되었다. 이 사실을 뒤늦게 알았던 지역 주민들은 이 가정을 비난하기 시작하였다. "그렇게 열심히 하나님을 섬긴 가정이 잿더미가 되다니……." 그러나 이런 소리를 들을 때마다 그는 한쪽 귀로 듣고 한쪽 귀로 흘려버리면서 "하나님, 감사합니다"라고 기도했다.

그런데 어느 날 새벽기도회에 출석했는데, 그날 새벽기도회를 인도하는 목회자가 욥기서를 내놓고 강해하는데 큰 은혜를 받았다. 그렇게 열심히 주를 섬긴 욥에게 하나님께서는 큰 축복도 주셨지만 하루아침에 거지로 만들어 버리기도 하셨다. 그러나 욥은 이 일에 한 번도 원망하지 않고 "이것도 주님의 축복입니다. 이것도 주님의 은혜입니다"라고 했다. 이러한 말씀을 들으며 백낙철 부부는 조금도 낙심하지 않고 더 열심히 기도했다. 그 결과 재기의 길이 열렸다.

이때 백낙철 부부가 깨닫게 된 것은 하나님이 그렇게 축복해 주었는데 새벽제단에 한 번도 나가본 일이 없었다는 것이다. 부부가 이 사실을 깨닫고 열심히 새벽제단을 쌓자 그날로부터 손님들이 가게로 몰려들기 시작하였다. 그 후 초량교회의 모든 행사는 그의 부인 서계출 집사의 몫이었다. 봄, 가을에 한 번씩 개최하는 부흥사경회 때마다 강사를 모시는 일은 백낙철 집사의 몫이었다. 또한 어린이 여름성경학교, 중고등부 하기수련회, 청년수련회, 여전도회 산상기도회 등 크고 작은 큰 행사의 경비도 언제나 부지런하게 앞장섰던 서계출 집사의 몫이었다.

이렇게 열심히 일하던 부부는 집사로만 있지 않았다. 백낙철 집사는 1941년 초량교회에서 일꾼을 선출할 때 구영기 집사와 함께 장로로 장립을 받았다. 그의 부인 서계출 집사는 1965년 공동의회에서 권사로 후보에 올랐다. 이때 모든 초량교회 교인들은 서계출 집사의 열심에 감동을 받아 그를 권사로 시무할 수 있도록 길을 열어 주었다. 백낙철 장로는 부인이 권사가 되기를 기도했던 대로 이루어지자 "우리 가정에 하나님의 축복이 이루어지고 있다"라고 하면서 더 열심히 봉사를 하자고 몇 번이고 부인과 함께 다짐했다고 한다.

　백낙철 장로는 하나님의 은혜로 부인이 권사가 된 일이 너무 감사해서 지금도 사용하고 있는 강대상 일체를 익명으로 헌납까지 했다고 한다. 그리고 자신들이 언젠가는 부산을 떠나게 되면 시신만이라도 묻을 수 있는 묘소를 찾던 중 부산 만덕고개에 교회 묘지를 마련할 것을 필생 사업으로 알고 오랫동안 기도하던 중 부활 동산을 마련하기도 하였다.

　백낙철 장로와 서계출 권사는 그들 사이에 4남 1녀를 두었다. 장남 남두 씨는 장로로 서울 옥인교회를 섬겼다. 차남 남우 씨는 집사로, 삼남 남인 씨는 감리교회 장로로, 4남 남준 씨는 평신도로, 딸 남희 씨는 권사로 부군과 함께 신앙을 지키고 있다.

97 열심히 나팔을 불렀던 봉기성 장로

봉기성(奉基聲, 1921-2012) 장로는 전라북도 진안에서 출생하였다. 그가 9세 때 부모를 따라 익산군 황등으로 이사하면서 생을 마감할 때까지 전북 익산 황등에서 생활하였다. 익산군 황등으로 이사를 왔던 봉기성은 부모의 안내를 따라 황등 동련교회에서 운영하는 개동학교에 입학하고 전 과정을 이수하고 졸업하였다.

개동학교에서는 매일 채플이 있었으며, 여기에 성경 과목도 있어서 자연히 기독교를 접할 수 있는 기회가 되었다. 이 일로 주일이면 동련교회 주일학교 유초등부에서 성경을 배우고 찬송가도 열심히 부르면서 신앙이 점점 성장해 갔다. 그러다가 1928년 7월 1일, 황등면 면소재지에 황등교회가 세워졌다. 그리하여 봉기성도 황등 시내에서 부모가 생활하고 있기에 자연히 황등교회에 출석하게 되었다.

이렇게 황등교회가 동련교회에서 분립되어 설립되기까지는 익산의 슈바이처로 널리 알려진 계원식 장로의 공이 크다. 그는 경성의학전문학교를 졸업하고 평양에서 기성의원이란 간판을 내걸고 의료진료를 하게 되었다. 그러나 1919년 3·1 운동이 일어난 후 암암리에 상해임시정부에 독립 자금을 보냈다는 소식을 접한 일본 경찰은 그를 괴롭히기 시작했다. 그때 그의 조수로 일했던 이가 군산 출신이었는데 그가 군산으로 가자고 하여 평양을 탈출하게 되었다.

그는 미국 남장로교 선교부에서 설립한 군산 구암병원에서 의사로 활동하다가 주말이면 시골 의료봉사를 하던 중, 황등 지역에 병원이 없음을 알고 1921년에 황등 시내에 기성의원을 개원하고 동련교회에 출석하였다. 그러다가 황등 지역에 사는 주민을 위해 삼일기도회를 기성의원에서 시작한 것이 황등교회의 출발이 되었다.

기성의원에 많은 사람들이 모여들자 1926년 20평의 목조 건물을 완공하고 입당예배를 드리게 되었다. 다시 1928년 노회로부터 황등교회 설립 허가를 받으면서 황등교회의 역사가 시작되었다. 그때부터 어린 봉기성도 황등교회에 출석하면서 새로운 삶을 살아가는 길이 열리기 시작했다.

때마침 계원식 장로의 동생인 계이승 장로가 일본 도쿄에 있는 무사시노음악학교에서 유학을 마치고 귀국하여 황등교회에 출석하면서 황등 시내에 시계점포를 개업하게 되었다. 이때 봉기성은 기술을 배워야겠다는 생각을 갖고 계이승이 운영하는 시계점포에 시계 수리공으로 취직해 기술을 연마하게 되었다. 계이승은 일본 도쿄 무사시노음악학교를 졸업하였기에 매 주일마다 교인들이 모여들 때 악기를 들고 나가 음악을 지도하였다.

황등교회가 점점 성장해 가면서 계이승 장로가 주동이 되어 그의 지도를 받으면서 새로운 악단이 출발하게 되었다. 이때 봉기성도 음악에 관심이 많아 계이승이 운영하는 시계점에서 일하면서 그를 통해 음악을 배우는 새로운 세계를 접하게 되었다.

1942년 황등교회 당회에서는 관악대를 조직하여 전도에 힘을 기울이기로 하였다. 이때 봉기성은 악기를 다루는 데 천재적인 재능이 있었기에 계이승은 봉기성을 중심으로 관악대를 시작했다. 매주 토요일 오후가 되면 교회에서 구입해 놓은 악기를 들고 나와 계이승의 지도를 받으면서 악기를 불기 시작하였다. 이처럼 열심히 교회에 봉사하여 계이승 집사는 1944년 5월에 황등교회 장로로 장립을 받고 그 일이 너무 감사하여 더 열심히 관악대를 운영해 갔다.

그러다가 일제가 망하고, 그 후 계일승 목사를 중심으로 조선기독교촉성회가 조직되었으며 계일승 목사가 회장으로 선임되었다. 이때 행사만 있으면 황등 관악대가 동원이 되어 행사 분위기를 더욱 빛나게 만들어 주었다. 주일이면 황등 장에 나가 관악대를 동원하여 시장터에서 악기를 연주하기도 했으며, 평일에 5일장이 서게 되면 역시 계이승 장로를 비롯해서 관악대가 동원되어 장터에서 연주를 하면 모두 큰 감동을 받았다. 이럴 때마다 관악대의 연주 후에 봉기성이 나와 자신이 예수를 믿게 된 동기를 설명하기도 했다.

그런데 6·25 한국전쟁으로 계일승 목사의 부인 안인호 여사가 공산당에 의해 학살을 당하고 말았다. 계원식 장로 가족도 체포되어 갔지만 의사였기에 목숨을 건질 수 있었다. 이때 이 교회를 시무했던 이재규 목사는 행방불명이 되었으며, 이 교회의 변영수 장로도 순교를 당하고 말았다.

다시 수복이 되자 황등교회 관악대는 활기를 띠기 시작하였다. 만일 다른 교회에서 부흥사경회가 개최되면 항상 황등교회 관악대를 초청하여 특별 연주회를 갖기도 하였다. 심지어 김제군에 있는 기역자 교회인 금산교회에까지 가서 연주회를 하기도 하였다. 그러나 계이승 장로가 사업 관계로 교회를 사면하고 서울 남대문교회로 이명을 하게 되었다. 하지만 봉기성 집사는 여전히 시계방을 운영하면서 교회에 봉사했다. 그래서 1962년 황등교회 창립 34주년에 맞이해서 안수 집사로 피택을 받았다.

1972년 새성전 봉헌과 함께 봉기성 안수집사는 장로로 장립을 받는 영광의 날을 맞이하였다. 봉기성 장로는 황등교회가 황등중학교를 설립하고 황등상업고등학교(현 성일고등학교)를 설립하는 데 한몫을 담당하였다. 또한 황등 신협, 황등유아원 설립에도 큰 기여를 하였다. 많은 수고를 했던 송현상 목사가 군산 신흥교회로 이명해 가자 그 후임으로 1983년 10월 김수진 목사가 부임하였다.

한때 군산노회가 분열되자 황등교회 당회도 둘로 나누어져 어려운 일을 만나기도 하였다. 그러나 이때 봉기성 장로는 인정에 휘말리지 않고 총회가 법적으로 인정한 군산노회를 지키는 데 최선을 다했으며 황등교회가 바른길로 갈 수 있도록 온 힘을 쏟았다. 이러한 그의 노력은 군산노회에서도 인정을 받았다. 그가 끝까지 바르게 갔기에 황등교회가 분열되지 않고 하나로 뭉치는 데 큰 역할을 하게 된 것이다.

이것이 인정이 되어 황등교회 창립 60주년을 맞이해서 봉기성 장로는 '황등교회 60주년 기념회 위원장'으로 선임되었으며, 황등교회 뜰 안에 '황등교회 창립 60주년 기념비'를 세우고 《황등교회 60년사》를 집필 발간하였다. 《황등교회 60년사》 발간사 내용 중에는 다음과 같은 말이 있다.

"오늘 우리 황등교회는 역사책을 갖고 있는 교회로서 위상이 정립되었으며, 이 책을 통하여 황등교회의 지나온 역사를 생동감 있게 읽을 수 있게 되었다. 아무리 역사가 오래되었고 훌륭한 역사를 소유했다 할지라도 역사 기록이 없으면 그 민족은 미개한 민족이라고 말할 수밖에 없다."

그는 모두 9남매를 두었다. 장남 봉현일은 전주 바울교회 장로이며, 사위 김진성 목사는 은퇴하였고, 사위 최영수 장로는 황등교회 시무 장로, 또 사위 남영완 목사는 익산 우리교회에서 사역하고 있다. 딸 7명 중 5명은 모두 권사로 봉사하고 있다. 그의 장례식은 황등교회 교회장으로 거행되었고 그는 황등교회 동산에 안장되었다.

98 정태성 장로의 대를 이은 정해덕 장로

정해덕(1925-1981) 장로는 유명한 성창기업의 정태성 장로의 아들로 경상북도 봉화에서 장남으로 출생하였다. 대구로 유학하여 미국 북장로교 선교부에서 설립한 대구 계성학교에 진학하였다. 당시는 일본이 태평양 전쟁을 일으켜 모든 조선 청년들을 징집해 가는 시기였다. 이때 진주사범학교에 지원하였다. 진주사범학교에 재학하는 학생은 일본군에 가는 것을 피할 수 있었다. 그래서 전국에서 수재들이 모여드는 진주사범학교에 합격한다는 것은 아주 힘든 일이었다.

8·15 해방이 되자 서울대 문리대 국어국문학과에 진학하였다. 그러나 당시 서울대는 좌익, 우익 학생들이 나누어져 수업 시간마다 매일 싸움을 했다. 이때 정해덕은 일본에 가면 공부할 수 있겠다는 생각을 갖고 일본에 건너가고자 했다. 그런데 밀항밖에는 다른 방법이 없었다. 그는 부산에서 밀선을 타고 일본에 도착했지만 밀입국자로 몰려 할 수 없이 규슈(九州)에 있는 오무라(大村) 수용소에 억류되고 말았다. 이 일로 그의 집안에서는 큰 난리가 나고 말았다.

오무라 수용소에서 풀려난 정해덕은 일본에 머물면서 공부하고

자 했다. 그래서 정해덕의 집안에서 어느 인편을 이용해 그에게 돈을 전해 주려고 했는데, 중간에서 심부름하는 사람이 그 돈을 가로채고 제대로 전해 주지 않았다. 그 당시 한국은 6·25 전쟁으로 경제사정이 좋지 않았다. 그래서 정해덕은 할 수 없이 아버지의 사업이 날로 번창해 가자 아버지의 사업체인 성창기업에 발을 내딛게 되었다. 대학을 졸업하지 못한 채 중퇴를 하고 아버지 사업을 돕게 되었다.

그 당시 국내는 산림자원이 고갈되어 외국에서 수입하지 않으면 안 될 형편에 놓이게 되었다. 그리하여 해상 교통이 용이한 부산으로 공장을 이전하면서 아버지의 사업을 적극적으로 지원하였다. 그는 공장장이란 직함을 갖고 종업원들과 똑같이 일하였다. 정해덕은 원목 산지를 돌아보는 것이 좋겠다는 생각을 갖고 시찰을 하였다. 그 결과 이 사업에 성공하기 위해 그는 해외에 나가 합판 기술을 연마하고, 귀국해서는 직접 공장 안에 침대를 마련해 놓고 공장에서 잠을 자면서 일하였다. 그의 아버지는 아들의 열심에 감동이 되어 공장장에서 상무로 승진을 시켰다.

정해덕은 상무로 승진하면서 그 일이 너무 감사해서 매일 출근할 때마다 점심과 저녁은 집에서 도시락을 싸가지고 와서 해결하고 밤 10시가 되어서야 귀가하였다. 늘 마음속에는 예수처럼 살겠다는 의지가 강하게 일어났다. 그는 초량교회 교인들 중 어려운 사람이 있으면 자신이 직접 돕지 않고 목회자에게 도울 수 있도록 재정을 맡겼다. 이 일로 초량교회 교인들은 더없는 즐거움이 생겨나게 되었다.

그런데 어느 날 교회에서 광고하기를 초량교회에서 장로를 선출한다는 것이었다. 이때 많은 교인들이 기도하다가 이번에는 정해덕 집사를 선출해야 한다는 여론이 암암리에 전해지면서, 아버지 정태성 장로의 대를 이어서 일할 수 있도록 하자는 의견이 일었다. 그래서 정해덕 집사는 장로로 피택을 받았다. 그는 하나님의 일을 더 열심히 하겠다는 굳은 의지를 갖고 장로로 장립을 받았다. 한 교회에서 부자가 장로가 되는 일은 흔하지 않는 일이었다.

자신의 건강도 챙기지 않고 열심히 일하던 그에게 갑자기 몸에 이상이 오기 시작했다. 그래서 1981년 3월에 일본에 유명하다는 명문 게이오대학[慶應大學] 부속병원에 입원하였다. 게이오대학 부속병원 의사들의 철저한 검진 결과 간암이라는 통고를 받았다. 이에 놀란 가족들은 모든 것을 하나님께 맡기고 할 수 있는 것은 기도밖에 없다는 생각으로 퇴원 수속을 하고 즉시 귀국하였다.

서울에 도착한 정해덕 장로는 다시 서울 한남동에 있는 순천향병원에 입원하였고, 그의 부인 조정실 권사는 금식을 하면서 병간호를 하였다. 이때까지 정해덕 장로는 자신이 간암이란 사실을 전혀 모르고 있었다. 순천향병원에 입원했을 때 비로소 이 사실을 본인에게 알리자, 정해덕 장로는 "이 모든 것이 주님의 은혜입니다"라는 말을 하면서 예배를 드리자고 했다. 그렇게 열심히 살려고 애를 썼지만 하나님께서는 천국에서 할 일이 더 많았는지 그를 불러 가셨다. 조정실 권사는 임종 시 남편의 환히 빛나는 얼굴을 보고 역시 하나님은 살아 계심을 실감하였다.

정해덕 장로가 세상을 떠난 후 성창기업 주식회사는 부두 확장

공사로 인해 헐리고, 부산 다대포에 있던 반도목재상사와 병합해 모든 종업원들이 더 열심히 일했다. 그리하여 다대포에 정 씨의 가문을 더욱 빛내기 위해서 다대중앙교회를 설립하였으며, 부산 문현동에 제2초량교회를 설립하였다. 비록 그는 하늘나라에 갔으나, 그의 후손들이 할아버지와 아버지의 귀한 신앙을 지키기 위해서 열심히 선교에 힘을 쏟고 있다.

정해덕 장로의 유족으로는 부인 조정실 권사, 장남 연우(처 최명화), 차남 연일(처 김영미), 3남 연식(처 김명수), 장녀 승은(부군 이영식) 씨가 있다. 이렇게 유족들은 이 땅에 태어난 그 자체가 하나님의 큰 축복으로 알고 각자 맡겨진 일터와 섬기는 교회에서 가장 모범적인 신앙생활을 이어가고 있다.

99 광주 전남 기독공보사 지사장을 역임한
조병무 장로

　조병무(1935-2012) 장로는 전라북도 전주에서 조관승과 고애주 사이에서 출생하였다. 이미 부모가 등록하고 다녔던 전주 서문교회에서 첫 신앙생활을 하였다. 전주 서문교회는 미국 남장로교 선교사인 테이트(L. B. Tate, 최마태)가 설립한 교회다. 테이트 선교사는 1893년 6월 자신의 조사인 정해원을 전주에 파송하였다. 이때 정해원이 전주 강 건너편에 있는 은송리 마을에 아담한 초가집 한 채를 26달러에 매입하고 예배를 드린 것이 전주 서문교회의 출발이 되었다. 그 당시는 전주 시내에 가옥을 매입하여 예배를 드린다는 것은 생각할 수 없는 시대였다. 전주는 한양 다음으로 큰 도시로서 양반의 고을로 소문이 나 있었다.

　그 후 정해원을 파송했던 테이트 선교사는 그의 활동을 지원하기 위해서 테이트 선교사와 전킨(W. M. Junkin, 전위렴) 선교사가 서울에서 가마를 타고 6일 동안 긴 여행을 하면서 전라도 삼례에서 만경강을 건넜다. 그러다가 그만 전킨 선교사가 발을 헛디뎌 강에 빠지고 말았다. 강에 빠진 전킨 선교사는 서툰 조선말로 "사람을 살려요"라고 외쳤다. 논에서 일하던 농부가 이 소리를 듣고 그 농부의 손에 이끌려 강에서 나오게 되었다.

어느 주막집에 잠시 쉬어 옷을 말리고 다시 전주를 향해서 전주강을 건너 은송리에 도착하였다. 이곳에서 함께 예배를 드린 테이트 선교사, 전킨 선교사는 그렇게 기쁠 수가 없었다. 이렇게 해서 사람들이 모여들자 전주 강을 건너 완산동에 자리를 잡고 이름을 서문교회라 부른 후에 전주에 기독교가 정착하게 되었다.

이렇게 해서 설립된 역사 깊은 교회에서 조병무의 부모는 신앙생활을 하게 되었다. 조병무는 주일학교 유년부에서 신앙생활을 하였으며, 매년 성탄절만 돌아오면 성극이 있을 때마다 예수의 역을 맡아 하면서 다른 학생들에 비해 신앙심이 깊어졌다. 그런데 뜻하지 않게 6·25 한국전쟁이 일어나자 부친이 전라북도 정읍 줄포로 이사를 하게 되어 조병무도 줄포교회에 출석하게 되었다. 이때 정영삼 목사의 집례로 세례를 받은 후 당회에서 유년부 교사로 임명을 받고, 유년부 교사로 봉사하고 찬양대 대원이 되어 주일이면 바쁜 나날을 보내게 되었다.

조병무는 뜻하지 않게 부산으로 직장이 발령나서 부산에서 살게 되었다. 다행히 집 가까운 곳에 부산 광안교회가 있어서 그 교회에 등록하고 신앙생활을 하게 되었다. 부산 광안교회에서도 유년부 교사, 찬양대 대원으로 활동하였다. 새벽기도회도 한 번도 빠지지 않고 열심히 신앙생활하는 조병무에게 집사 직분을 맡겼다. 이 일로 비록 전라도에서 부산으로 왔지만 전혀 지방색을 가리지 않고 그의 신앙심에 감동이 되자 뜻하지 않게 부산 광안교회 안수집사를 피택할 때 당당하게 1등으로 표를 얻게 되었다.

교회의 회계 업무는 조병무 집사의 몫이었다. 부산 광안교회가 성장해 가자 장로를 피택하게 되었다. 이때 부산 광안교회에서는 그의 열심에 감탄하여 장로로 피택하였으며, 이후 노회에서 실시하는 장로고시에 무난히 합격하고 1967년 부산 광안교회 장로로 장립되었다.

그러나 뜻하지 않게 사업체를 광주로 옮기게 되면서 모든 가족들이 정든 부산을 정리하고 고향에서 가까운 광주로 이사하게 되었다. 광주로 이사를 하였지만 얼마 동안 교회를 정하지 못하고 이 교회, 저 교회를 다니게 되었다. 그러던 차에 뜻하지 않게 학동에 자리를 잡고 있는 남광교회에 출석해 예배를 드렸는데, 남광교회 이인국 목사의 설교에 은혜를 받았다. 이렇게 해서 온 가족이 광주로 이사를 하고 남광교회에 등록하였다.

조병무 장로가 부산 광안교회에서 이명 증서를 갖고 왔기에 남광교회에서는 1970년 3월 18일 주일에 긴급 당회를 소집하고 그를 협동장로로 추대하였다.

남광교회는 계속 교인들이 늘어나자 1972년 12월 25일 전남노회로부터 장로 5명 증원 청원 허락을 받아 투표에 임하게 되었다. 투표 결과 조병무 협동장로와 김성태 집사만 선출되었다. 1973년 11월 25일 남광교회에서는 전남노회로부터 장로고시에 합격한 김성태 집사와 협동장로인 조병무 장로의 시무장로 안수식과 협동장로 취임식을 거행하게 되었다. 이렇게 해서 조병무 협동장로는 시무장로가 되면서 남광교회에서 크게 봉사할 수 있는 길이 열렸다.

  그는 아동부, 소년부, 중등부에서 해가 바뀔 때마다 각각 부장으로 봉사하였다. 또 제직회 내의 각 부서에서도 돌아가면서 주요한 제직회 부장을 맡아 수고하였다. 그의 봉사는 남광교회 내에서만 있었던 것은 아니었다. 남광교회 시무장로가 되면서 그는 전남노회 쪽으로 활동 무대를 옮겨갔다. 전남노회 장로회 회장, 전남노회장 등을 맡아 수고하였다. 그가 이렇게 활동하게 된 배경은 한국기독공보사 전남지사장을 맡아 수고를 하였기 때문이다. 그를 만나는 사람마다 그의 인간미에 놀라면서 그가 적극적으로 활동할 수 있도록 도와주었다.

| 판 권 |
| 소 유 |

한국 교회를 섬겨 온 장로 열전 1

2014년 7월 15일 인쇄
2014년 7월 22일 발행

지은이 | 김수진
발행인 | 이형규
발행처 | 쿰란출판사

주소 | 서울시 종로구 이화장길6
TEL | 745-1007, 745-1301~2, 747-1212, 743-1300
영업부 | 747-1004, FAX/745-8490
본사평생전화번호 | 0502-756-1004
홈페이지 | http://www.qumran.co.kr
E-mail | qrbooks@gmail.com
　　　　　qrbooks@daum.net
한글인터넷주소 | 쿰란, 쿰란출판사

등록 | 제1-670호(1988.2.27)

책임교열 | 최진희·김향숙

값 15,000원

ISBN 978-89-6562-643-5 03230

* 이 출판물은 저작권법에 의해 보호를 받는 저작물이므로 무단 복제할 수 없습니다.
* 잘못된 책은 교환해 드립니다.